序
PREFACE

如何根据国情来选择发展道路，是 21 世纪许多国家在思考的问题。20 世纪末，具有历史终结意义的普世模式曾经风靡全球，使人忽视国情，迷信其为唯一道路。由于普世模式在实践中的表现不尽如人意，越来越多的人开始思考国情与道路的问题。很多人认识到，如果一个国家有优秀的主政集团，领导国家选择了适合国情的道路，这个国家就能够成功地发展。因此，如何构建优秀的主政集团，成为道路选择中的一个重要议题。各种不同的道路，有不同的构建主政集团的方法，因而形成了不同的主政集团；这些不同的主政集团又为国家选择了不同的治国举措，造成了不同的发展结果。

我到很多国家做过考察，观察到人们对这个问题的探索，有成功，有失败，有经验，有教训。本书叙述了十几个国家在不同国情中所作的不同道路抉择，其成败曲折饱含着发人深省的启示。

在这些国家中，有的是初始国情相似，但选择了不同的发展道路，带来了不同的发展结果，津巴布韦和纳米比亚就是这样的两个国家。也有一些国家，虽然国情不同，但在普世模式的召唤之下，选择了相同的发展道路，结果遭遇很多挫折，受挫之后对发展道路又做出了再选择，埃及从"阿拉伯之春"到阿拉伯之冬的转变，东欧一些国家从自由主义到非自由主义的再转型，都展现了道路的再选择。

在时髦思潮风行的时候，有一些国家不为所动，执着于自己的道路。1980年代，新自由主义崛起，去管制、私有化的自由资本主义思潮风靡，北欧的一些国家没有跟风，坚持了自己的民主社会主义道路，当世界经历了2008年金融危机之后，很多当年的跟风者又开始赞赏北欧道路。除了民主社会主义道路，还有些国家坚持了正统的共产党领导的社会主义道路，古巴和朝鲜在这条道路上饱受艰辛，遭遇种种挫折失败，却也取得了意想不到的一些结果。越南坚持了共产党的领导，但是选择了市场化改革的道路，这条道路带来了经济快速发展，不过也带来了一些其他问题，这些问题推动越南进行着进一步选择的探索。

书中还有几个国家的道路选择具有独特的意义，可以从正面和反面给人以独特启示。委内瑞拉拥有世界最大的石油储藏量，在如此资源优越的国情中，经历了左翼、右翼、资本主义、社会主义等道路选择，却都不能解决众多社会问题，这是值得深思的教训。缅甸在独立后的70多年中，从吴努的民主道路，到奈温的"缅甸社会主义道路"，从军政府的专制，到昂山素季的民主化，经历了徘徊与曲折，给民主政治与优主政治提供了双重的反省启发。最独特的道路选择是不丹，这个边缘小国做出了不同于主流模式的道路选择，但30多年后世界居然把不丹的边缘道路模式奉为圭臬，这里同样蕴含着深刻的经验启示。

本书最后一章对道路选择的一些理论问题进行了梳理，希望能够超越普世模式的思维，从理论层面为新时代提供更为多样化的分析理念和思路。

尹伊文
2020年6月

目 录

第一章 津巴布韦 vs 纳米比亚：国情同，道路异 ⋯⋯ *001*

　　津巴布韦：党争激烈的历史路径 ⋯⋯ *003*
　　土地改革三部曲 ⋯⋯ *009*
　　从市镇到乡村 ⋯⋯ *015*
　　纳米比亚：超越土改的福利道路 ⋯⋯ *026*
　　选择道路的智慧与意志 ⋯⋯ *030*
　　执政党的自我建设 ⋯⋯ *046*

第二章 埃及：从"阿拉伯之春"到"阿拉伯之冬" ⋯⋯ *055*

　　经济自由化中的社会失衡 ⋯⋯ *065*
　　社会失衡中的宗教复兴潮 ⋯⋯ *068*
　　巴以冲突牵动的阿拉伯心结 ⋯⋯ *069*
　　"阿拉伯之春"后的自由派 ⋯⋯ *071*
　　民主理论中的逻辑误区 ⋯⋯ *075*

第三章　叙利亚：小国内战道路上的大国博弈 ········ *079*

美国自以为是的目标 ············ *081*
科索沃的幽灵在飘荡 ············ *084*
智者的声音被淹没 ············· *087*
从化武红线到和谈终线 ··········· *088*
自我决策错误的自伤自毁 ·········· *092*

第四章　东欧：转型道路的选择、再选择 ········ *094*

南斯拉夫的悔恨、同情、迷惘 ········ *094*
罗马尼亚流血革命后的变革 ········· *125*
匈牙利从自由主义到非自由主义 ······· *139*

第五章　北欧：民主社会主义的道路 ·········· *153*

福利国家的成功道路 ············ *155*
交税观念与成功之路 ············ *161*
挪威国企的出众表现 ············ *163*
丹麦道路与美国道路 ············ *169*
资源配置的理性之路 ············ *173*
思路创新：无增长的繁荣 ·········· *182*
社会衰退与另类享乐主义 ·········· *186*

第六章　委内瑞拉：民粹主义道路的陷阱 ········ *191*

石油之路的百年坎坷 ············ *194*
查韦斯模式的亮点和软肋 ·········· *199*
执行力低下的结构性原因 ·········· *209*

后查韦斯时代的重重危机 ·················· *213*

第七章　古巴：正统的道路，非正统的反常规结果 ············ 219
　　正统道路上的特色改革 ·················· *219*
　　古巴不步苏东后尘的原因 ················ *227*
　　革命精神与改革波澜 ··················· *234*
　　后卡斯特罗时代面临的考验 ··············· *241*
　　白色血路：创建医疗体制 ················ *244*
　　古巴医疗制度的独特亮点 ················ *252*
　　启发深思：市场 vs 科学 ················· *261*

第八章　朝鲜：主体思想的独特道路 ············ 265
　　超常压力下的苦难行军 ················· *265*
　　食品供应和住房水准 ··················· *270*
　　医疗卫生和教育状况 ··················· *279*
　　主体哲学的治理特色 ··················· *290*
　　朝鲜未来道路的选择 ··················· *297*

第九章　越南：通往自由民主的迷惘之路 ··········· 299
　　奠边府大捷的集体精神遗产 ··············· *299*
　　胜利将军在经济建设中碰壁 ··············· *306*
　　四巨头退下为"革新"让路 ················ *309*
　　富裕后的革命乌托邦怀旧 ················ *315*
　　政治革新的道路探索 ··················· *321*

第十章　缅甸：民主、优主的道路徘徊 ······ 337

- 缅甸特色的言论自由和民间组织 ······ 340
- 叛军活跃地区的漂浮酒店 ······ 350
- 西方的话语，西方的感觉 ······ 356
- 理想主义者的痛苦与期盼 ······ 366
- 缅甸的失败与新加坡的成功 ······ 370
- 交叉曲折的民主、优主历史 ······ 374
- 民主、优主的双重教训 ······ 381

第十一章　不丹：另类道路步入主流中心 ······ 387

- 大国压顶下的不自由国情 ······ 390
- 韬光养晦的独立之路 ······ 392
- 融合传统的政治现代化 ······ 396
- 民主化后面临的新挑战 ······ 405
- 避免不幸福陷阱的经济现代化 ······ 408
- 如何配置资源才能促进幸福 ······ 425

第十二章　理论梳理：对自由、民主、市场的反思 ······ 428

- 民主理论的三大逻辑误区 ······ 428
- 优主政治的五大原则 ······ 431
- 自由的二重性 ······ 434
- 个人自由与人类自由 ······ 436
- 温饱满足前后的市场质变 ······ 440
- 温饱后的六个"幸福行业" ······ 443
- 要点大纲 ······ 445

第一章　津巴布韦 vs 纳米比亚：国情同，道路异

津巴布韦：党争激烈的历史路径/土地改革三部曲/从市镇到乡村/纳米比亚：超越土改的福利道路/选择道路的智慧与意志/执政党的自我建设

津巴布韦和纳米比亚是非洲南部两个相距很近的国家，都有丰富的矿产资源，都经历过少数白人统治，都在1960年代爆发了民族独立革命战争。两国的革命党都倾向于社会主义，在革命党的领导之下，两国都取得了独立，革命党都成为执政党。

但是独立之后，两国的发展却很不相同。今天的津巴布韦，政治动荡，经济衰败；今天的纳米比亚，政治稳定，经济上已经跨入中高收入国家的行列。为什么这两个国家会有如此不同的发展结果呢？两国的初始国情有什么相同和相异之处呢？两国是如何选择各自道路的呢？两个执政党在选择道路的时候受到了什么因素的影响呢？两个革命党在向执政党转型的过程中，展示了什么经验和教训呢？

2017年5月我去过津巴布韦和纳米比亚，看到了西方媒体没有报道的现实，也感悟到两个执政党的巨大差异，更是引发了一连串关于国情与道路的思考。

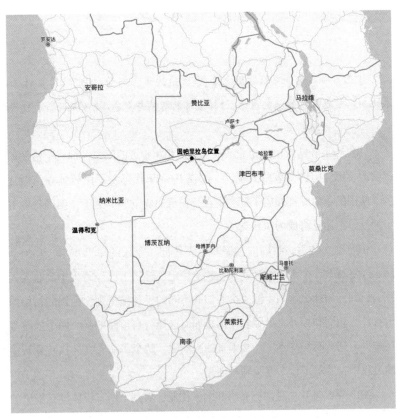

津巴布韦和纳米比亚地理位置示意图

第一章　津巴布韦 vs 纳米比亚：国情同，道路异

津巴布韦：党争激烈的历史路径

2017年11月津巴布韦发生党争激变，军人软禁了总统穆加贝①，迫使其辞职。自从津巴布韦1980年独立以来，穆加贝一直是最高领导人，对于津巴布韦的种种问题他难辞其咎，人们渴望变革，渴望激变能使国家走出政治经济的困境。在这次激变中，被穆加贝革职的副总统姆南加古瓦②归来了，先是行使总统职责，后来又于2018年7月的大选中正式当选为新总统。不过令人失望的是，新总统并没有带来人们渴望的新局面，津巴布韦的经济形势仍然糟糕：物价上涨，物资短缺，债台高筑……

津巴布韦的政治经济困境，和政党的激烈斗争相关。在津巴布韦的政治舞台上，激烈的党争是一大特色，有党内斗争，也有党外斗争，此起彼伏，连绵不绝。从1960年代直到今天持续不断，穆加贝时代如此，后穆加贝时代仍然继续。津巴布韦的政治体制是西方式的多党民主制，进行多党竞争，举行民主选举，激烈的党争就是在这个体制框架中展开的。

津巴布韦的执政党是"民盟"（津巴布韦非洲民族联盟——爱国阵线），成立于1960年代反抗殖民主义的革命运动中，③ 是从另一个革命政党"人盟"（津巴布韦非洲人民联盟）中因党争而分裂出来的。民盟和人盟的分歧，有路线之争，也有族裔矛盾。津巴布韦有两大土著民族，绍纳族和恩德贝莱族。绍纳族占人口的七八成，恩德贝莱族不到二成。穆加贝是绍纳族，民盟的成员多数是绍纳人；人盟的领导人恩科莫④是恩德贝

---

① Robert Mugabe（1924—2019）.
② Emmerson Mnangagwa（1942—　）.
③ 成立时的名称是"津巴布韦非洲民族联盟"，后缀"爱国阵线"是1987年加的，详细情况下文有叙述。
④ Johua Nkomo（1917—1999）.

莱族，人盟的成员多数是恩德贝莱族人。从路线倾向来看，民盟比较激进，人盟比较温和。

1980年津巴布韦举行了独立后的第一次议会大选，民盟获得80个黑人议席中的57个，人盟获得20个（当时的议会规定，黑人有80个席位，白人有20个席位，这个规定在1987年取消）。在那次竞选活动中，人们投票主要依靠的是民族身份认同，而不是路线认同，因为打族群牌、突出身份认同是更有效的拉票方法，大众选民更容易认同族裔身份而不是理解路线差别。执政需要团结族裔，而选举则需要分裂族裔来拉票。在多党竞选的框架中，"族裔认同战略"可以达到短平快的高效率，而超越族裔的"政党建设战略"虽有利于长期执政，但对竞选未必有短平快的效果。于是，为了拉到更多的选票，民盟不去做政党建设团结各族，而是任由极端的族裔主义在党内泛滥。

在族裔主义泛滥的影响之下，两党之争很快演变为长达五年（1982—1987）的"风雨"清洗运动。这个运动在津巴布韦被称为"Gukurahundi"，这是绍纳语，特指一种早于春天而至的风雨，能把谷物的秕糠清洗掉。这次残暴的清洗运动造成上万名恩德贝莱人死亡，无数人遭受监禁和酷刑。我这次访问了恩德贝莱人聚居的地区，听到当地人对当年惨剧的恐怖回忆。

清洗运动的缘起，是因为一些士兵擅自离开了军队，打家劫舍，为非作歹，成为危害社会治安的流寇。政府称这些流寇为"异己分子"，展开了打击他们的行动。在族裔主义泛滥的背景下，打击行动被引导成残暴的异党异族清洗运动。1982年前后穆加贝督导成立了"第五旅"，专门执行打击异己分子的行动。第五旅由绍纳族军人组成，他们开进恩德贝莱人聚居的地区，展开风雨清洗运动，抓捕了大量的恩德贝莱人，称他们为异己分子或者异己分子同情者，把他们监禁起来，施以酷刑，很多人被杀害。

第一章　津巴布韦 vs 纳米比亚：国情同，道路异

在津巴布韦西部的乡镇，一位恩德贝莱人的氏族首领对我说，他的妻子和她娘家的很多人都在风雨清洗运动中被杀害。我的一位导游是恩德贝莱人，也告诉了我她的经历。在她十岁的时候，有一天去乡下的外婆家和表姐妹们玩耍，晚上忽然听到军人进了村子，到处搜捕恩德贝莱人，幸亏她和表姐妹们都会说绍纳语，就冒充是绍纳人，万幸地躲过一劫，她外婆家的许多人后来都死于清洗运动。

风雨清洗运动终止于1987年，那是因为恩科莫和穆加贝达成了协议，人盟合并入民盟，人盟放弃了独立政党的地位，也就不再成为被清洗的对象。合并之后，民盟党名加了一个后缀"爱国阵线"，于是执政党的名称就成为现在的"津巴布韦非洲民族联盟—爱国阵线"。不少恩德贝莱人抱怨恩科莫的决定，指责他背叛了恩德贝莱人的利益。但恩科莫则认为，如果不和穆加贝达成这个协议，将会有更多的恩德贝莱人被杀害，为了恩德贝莱人的长远利益，必须作出妥协。恩科莫的作风一贯是温和的，在革命时代，他就比较愿意作出温和的妥协。

津巴布韦出现的这些军人流寇化、族裔矛盾极端化、清洗运动残暴化的现象，都是执政党内部衍生出来的问题，要解决这些问题需要进行整党和党的建设。但是民盟没有这样做，他们似乎没有"整党""党建"的概念。我在津巴布韦和人交谈的时候，无论是支持民盟的，或者是支持其他党派的，都没有人谈起党建的概念。他们熟悉的是"多党制""竞选"的概念，在这样的概念指导下，如果是执政党内的人看到党出现了问题，常用的解决办法就是跳出去组建一个新党；如果是选民看到执政党出现了问题，就会去支持另外一个党，希望通过竞选使坏党下台；如果新上台的党再出现问题，就再通过竞选使其下台。在交谈中我也听到有人表露出无奈的困惑，因为很多党都出现了问题，使人在选举中没有好党可投。现在对于新建立的党，不少人都持有怀疑态度，因为他们觉得新党会很快腐败

变坏。

民盟和人盟合并之后,族裔矛盾有所缓和,如果民盟有较强的党建意识,有可能借此机会把自己建设成团结各派力量的执政党,但民盟没有这样做。民盟没有成为团结各派力量的政党,而是在新的党内意见分歧出现之后,受"多党制""竞选"的理念引导,一位与穆加贝意见相左的民盟高级干部跳出了民盟,组建了一个新党"争取民主变革运动"(简称民革运)。

按照西方多党竞争的理论,两党竞选可以形成选民问责机制,因为两党为了争取选票,都必须向选民负责,都要实行对选民有利的政策。但是这个理论在津巴布韦并没有变成现实,相反,民盟和民革运两党的竞争给津巴布韦带来的却是一系列暴力竞选活动。

民革运成立于1999年,在2000年的议会选举中获得大胜。民革运在议会中得到了57个席位,民盟获得了62个席位。虽然民革运没有成为第一大党,但它使民盟不再拥有三分之二的议席。

在议会选举胜利的鼓舞下,民革运领导人茨万吉拉伊①参加了2002年的总统大选,挑战穆加贝。民盟在议会选举中看到了民革运的实力,因此在总统选战中不敢掉以轻心,全力以赴进行争夺。全力以赴是以"全武行"的形式展开的,这种现象在非洲屡见不鲜,不少国家的大选中都出现暴力事件。在2002年的竞选活动中,民盟和民革运的支持者都剑拔弩张,暴力行为此起彼伏,谋杀、毒打、强奸、骚扰……层出不穷。民盟是执政党,掌握军队等国家暴力工具,在暴力活动中处于优势地位。大选计票的结果是,茨万吉拉伊42%,穆加贝56%。

在以后的选举活动中,暴力行为更加猖獗。2008年议会和总统同年举

---

① Morgan Tsvangirai (1952—2018).

行大选，在议会选举中，民革运获得了96个席位，民盟只获得94个席位，民革运成为议会第一大党。在总统选举中，茨万吉拉伊获得了47.9%的选票，穆加贝获得43.2%的选票。茨万吉拉伊的选票超过了穆加贝，不过由于没有达到50%，需要茨万吉拉伊和穆加贝二人再举行第二轮竞选。在第二轮的竞选中，暴力活动达到顶点。那次民盟竞选活动的总负责人是姆南加古瓦，就是2017年政局激变中被革职后又归来成为总统的人；2017年软禁穆加贝的奇文加将军①当时也是竞选的干将，他力主采用"军事风格"来搞竞选。这种军事风格的竞选造成很多死伤，猖獗的暴力环境使得茨万吉拉伊不得不中途退选。最终的第二轮选举结果是：穆加贝得票85.5%，比第一轮增加了一倍；茨万吉拉伊只得到9.3%的选票，大大少于第一轮。这次大选的结果使得总统的党和议会的多数党不再同一，总统穆加贝属于民盟，而议会多数党是民革运。

五年后的2013年又举行了一次总统和议会的选举，仍然是穆加贝与茨万吉拉伊竞争总统。选举之前，一些西方观察家以为这次的暴力活动会更加升级，但结果却是暴力行为比以前少了很多。虽然民革运受到较少的暴力打击，但并没有因此获胜，反而是民盟大获全胜。在总统选举中穆加贝获得了61%的选票，在议会选举中民盟获得了三分之二的席位。关于民革运失利的原因，我听到的议论是，选民对茨万吉拉伊和民革运都颇为失望，因为五年来虽然民革运是议会中的第一大党，但并没有给津巴布韦带来什么变化，另外，社会上又有不少关于民革运腐败的传闻。显然，这个新成立的党也没有把自己建设成为优秀的执政党，因此很多人陷入了无奈，又回头去投票给老党。民革运走的几乎是民盟走过的同样道路，也发生了党内分裂，反对茨万吉拉伊的派别不断涌现。2016年茨万吉拉伊患了

---

① Constantino Chiwenga (1956—).

癌症，党内很多人都想成为他的继任者，互相倾轧。2018年2月茨万吉拉伊逝世，查米萨①宣布成为民革运的新领导人，但是遭到不少人的反对，茨万吉拉伊的母亲甚至说，如果查米萨来参加茨万吉拉伊的葬礼，她要自杀，民革运党内的撕裂纷争可见一斑。

我2017年在津巴布韦的时候，很多人在议论将要到来的2018年大选，人们关注的中心不是民革运，而是民盟中的穆加贝夫人格蕾丝，因为她显露出要当总统的野心。我听到的对格蕾丝的评价都是负面的，无论是绍纳人，还是恩德贝莱人，无论是支持民盟的，还是支持其他党派的。有人很形象地对我说："格蕾斯的脑子小，野心大，当了总统会把津巴布韦搞得一塌糊涂。"我问他，如果不是格蕾斯，谁当总统更好呢？他说是副总统姆南加古瓦。他对姆南加古瓦的评价也不是很高，只是觉得他比格蕾斯好，不至于搞得一塌糊涂，希望他能够给津巴布韦带来一些改变。

2017年11月穆加贝解除了姆南加古瓦的副总统职务，明显地要让格蕾斯当总统。这种作法严重违背了广大的民意，因此当军方软禁穆加贝、姆南加古瓦归来当总统的时候，大众欢呼雀跃，热烈游行。

姆南加古瓦就任了总统，人们期盼他能够给津巴布韦带来改变，人们最心切的改变是经济的改变，因为多年来津巴布韦的经济遭遇了很多问题。姆南加古瓦在就职典礼时强调要振兴经济，特别提出要对穆加贝时代的土地改革进行纠错。土改是津巴布韦经济发展中的一个症结，引起了很多经济问题。津巴布韦的土地改革究竟是如何实行的呢？又引起了哪些问题呢？津巴布韦的经济究竟有多糟糕呢？

---

① Nelson Chamisa (1978—).

第一章　津巴布韦 vs 纳米比亚：国情同，道路异

土地改革三部曲

津巴布韦的土地改革可以分为三个阶段，第一个是 1980 年代，那时的土改政策相当温和；第二个是 1990 年代，土改政策变得稍微激进一些；第三个是 2000 年之后，土改政策变得更加激进。这几个阶段中出现的变化，都是有历史的、国内的、国际的原因，具有不同时期的国情特点。

要全面理解津巴布韦的土改，需要从殖民地时代的历史开始。19 世纪末叶，大量白人殖民者来到津巴布韦这个地区，他们通过各种手段获得了原本属于土著黑人的土地。1923 年白人殖民者正式建立了"南罗得西亚"英国殖民政府，并且通过了殖民政府的宪法。1960 年代非洲的民族独立运动风起云涌，津巴布韦北面的"北罗得西亚"获得独立，成为由占人口多数的黑人统治的赞比亚。南罗得西亚的白人很害怕这种情况也在津巴布韦发生，因此宣布"单方面独立"，建立了由少数白人统治的"罗得西亚"。这个单方面独立的行动，遭到英国的反对，因为在当时的西方政治生态中，否定多数黑人权利的少数白人统治已经是"政治不正确"的了，英国不承认罗得西亚政府。罗得西亚的白人则不以为然，他们辩称这是以美国独立为榜样，当年美国殖民地从英国独立出来所建立的就是少数白人统治的政府。除了英国的反对，白人的单方面独立更遭到津巴布韦黑人的反抗，民盟和人盟都组建了游击队，展开武装斗争。津巴布韦周围已获得独立的国家，积极支持他们，民盟的游击队基地建立在东边的邻国莫桑比克。

1970 年代末，在游击战以及国内国际各方面的压力之下，少数白人政府终于不得不作出让步，同意结束少数白人统治。英国政府当即表态，如果罗得西亚结束少数统治，实行民主的多数统治，英国就会承认这个政府

代表的独立国家。英国在伦敦的兰卡斯特大厦召集了津巴布韦的白人黑人等几方会谈（穆加贝和恩科莫都参加了会谈），签署了《兰卡斯特协议》。穆加贝原本是不愿意去参加这个会谈的，他希望用武装斗争的方式终结少数白人统治，但是莫桑比克政府的领导人表示，如果他拒绝参加会谈，莫桑比克将不再支持民盟的游击队基地。

穆加贝在会谈中尽了很大的努力，争取黑人的权益，限制白人的特权。但最终的协议结果，白人还是保留了一些特权，这突出地表现在对白人占有土地方面的保护。在殖民地时代，黑人被赶到"保留地"去生活，白人占有大量的沃土良田。独立前夕，农村人口的80%是黑人，他们生活在40%的农村土地上，这些土地多数都不肥沃。"夺回白人的土地""实行有利于黑人的土改"，是独立战争的强烈诉求，但《兰卡斯特协议》把这种诉求大大地温和化了。协议规定，政府不能没收或者强制收买白人的土地，只能遵循"自愿买卖"的原则从白人手中赎买，这一原则"十年有效"（1980—1989），英国政府承诺对赎买进行援助，设立了一个援助基金，用来付给出售土地的白人。

在1980年代，土改进行得相当温和缓进，白人除了仍然占有大量土地，还拥有大量的工业、矿业、金融业等等。由于战争的结束，社会稳定了，制裁解除了，经济复苏了，津巴布韦的经济在1980年代有不错的增长，十年期间GDP的年均增长率5.2%，1989年的GDP总量比1980年增加了四成多。① 因为白人是各种产业的拥有者，所以增长的果实也多数由白人获得。虽然得到了很多利益，但有些白人仍然不满意，并且散布刺激性言论，譬如前白人总理就说，正是白人统治的90年使国家获得了发展，

---

① GDP增长率及总量均为世界银行数据，总量比较使用2010年可比美元价GDP。参阅 https：//data.worldbank.org/indicator/NY.GDP.MKTP.KD.ZG 和 https：//data.worldbank.org/indicator/NY.GDP.MKTP.KD, 2020.8.21。

现在黑人享受到这些利益,应该表示感恩。看到白人获得的巨大利益,听到白人的刺激性言论,黑人的不满情绪在不断增长。

土改的第二个阶段是在1990年代。从1980年代的温和变为1990年代的稍微激进,主要源于两个因素。第一个是"十年有效期"的结束,《兰卡斯特协议》规定的"自愿买卖"原则是十年有效,于1990年到期。第二个是黑人人口的巨量增长,1990年的黑人人口比1980年增加了四成多,狭小的原保留地难以支撑这样巨量增加的人口。津巴布韦的议会在1990年通过了土改的修正条款,允许政府征收白人的土地,只需按照规定的价格付款,而被征地者无权进行抗辩申诉。这个修正条款遭到英美的强烈批评,英美和世界银行、国际基金组织都警告津巴布韦,如果这样搞土改,尤其是剥夺被征地者的法律申诉权利,他们将停止给津巴布韦援助。在压力之下,津巴布韦不得不取消了不得申诉的条文,但是征地土改还是进行了下去。在推展开来的征地土改中,很多白人的土地被征收了,不少黑人获得了土地。由于民盟没有通过党建使自己成为良好优秀的执政党,在这涉及巨大既得利益的土改土地分配中,不可避免地出现了一些腐败的问题。1994年媒体报道说,许多土地没有分配给无地黑人,而是给了政府的权贵,还特别揭露了一个丑闻案,3000英亩的土地廉价租给了一位部长。英国对此丑闻反应迅速,立刻停止了在兰卡斯特会谈中承诺的向土改援助基金的注资。1997年英国工党取代保守党上台执政,他们不仅继续执行保守党停止向援助基金注资的政策,一位部长还公开宣称,英国没有道义责任来维持土改援助基金。这种说法激怒了津巴布韦人,很多其他国家的非洲人也都深感不满。

2000年土改进入了更为激进的第三阶段,这个阶段的土改被称为"快车道土改"。2000年5月,穆加贝发布总统令,规定土改不再需要向被征收土地者付出补偿金,他坚定地表示,这些所谓的补偿是应该由英国买

（左）2017年在津巴布韦的超市中看到食品并不匮乏，而在2002年这里发生过大饥荒，津巴布韦人去邻国赞比亚买食品，过国界桥时会遭猴子抢。（右）2017年在津巴布韦和赞比亚的界桥起端，只见猴子在路边叼出一个纸杯，它找不到有人拿大包食品过桥了

单的。津巴布韦政府成立了"国家土地鉴定委员会"来负责快车道土改,这个土改委员会有四个相关的政府大部参与。这样的土改委员会从中央到省、到基层都成立了,参与者除了有各级相关的政府部门,还有农村议会的代表、传统部落的领袖、独立战争老兵协会成员、民盟的地方领导等等。土改委员会的工作是要对没收和再分配的土地进行鉴定,确定哪些土地应该没收,被没收的土地应该分配给哪些农户。

津巴布韦的快车道土改遭到西方强烈的抵制,2002年津巴布韦被踢出英联邦,美国通过法案对津巴布韦实行信贷冻结,此后各种各样的制裁接踵而至。西方媒体对快车道土改的报道一片漆黑,批评重点是"贪污腐败"和"摧毁经济"。所谓贪污腐败主要是指穷人没有得到土地,沃土良田都被政府权贵以及与民盟领导关系密切的人占有了。所谓摧毁经济是指一系列问题:白人的商业化大农场黑人不会经营,使得产量收益大减;农业减产造成全国大饥荒;白人资本大量逃离;农业崩溃;经济倒退;通货恶性膨胀……自2000年以来津巴布韦的很多宏观经济指数都表现不好,使得摧毁经济的说法被广泛接受。譬如,2002年至2008年期间,GDP每年都是负增长;通货膨胀率在2002年至2005年期间,每年都是100%以上,2006年超过1000%,2007年更是超过了20000%。

不过,随着时间的推移,随着尘埃落定,快车道土改显现出的更为长期、广泛、深刻的后果,不少人对它的评价有所改变。快车道土改推出十年之后,一些英国的学者根据十年来的实地调研作出了比较中肯的评论,譬如Scoones等人发表了题为"津巴布韦的土改:神话与现实"(Zimbabwe's Land Reform: Myths and Realities)的论文。他们指出西方媒体的报道是不准确的,多年来媒体把津巴布韦土改描绘成彻底的失败:受益者都是政治亲信、农业被毁造成长期食品匮乏、农村经济崩溃……但实际情况并非全面黑暗,而是各地情况不同,有坏有好。他们特别指出土改使津巴布韦的农业经济结构发生了变化，一方面是小麦、玉米、烟草、茶叶的产量降低了，但另一方面是其他谷类、豆类、棉花的产量增加了。

这种有增有减的复杂情况给津巴布韦的整体经济究竟造成了什么影响呢？从宏观数据来看，土改在一段时期内的确造成了负面的影响，但经过阵痛之后，情况有所好转。自2010年之后，GDP已经持续增长，通货膨胀也在2010年降低到3%。至于2000年至2010年期间的负增长和高通胀也不能完全归罪于土改，那时的西方经济制裁起了很坏的作用，另外津巴布韦那时还介入了第二次刚果战争（1998—2003），穆加贝派了空军和陆军去参战，军费开支造成了政府的沉重负担。

从市镇到乡村

根据我自己在津巴布韦的观察，现在津巴布韦的经济状况虽然不是很好，但也并非如西方媒体描述的那么糟糕。首先是食品供应并不匮乏，当地人告诉我，2002年是发生过大饥荒，但现在的情况好多了，那时很多人不得不到邻国赞比亚去买食品，赞比西河是两国的界河，河上的大桥上涌满了带着大包食品的津巴布韦人。记得在美国我看到过相关的电视报道，描述的就是津巴布韦人过桥去大包大包地买食物，桥附近有很多猴子，它们总是来抢人的食物。这次我也是从赞比亚经过大桥进入津巴布韦的，仍然看到很多猴子，但没见它们抢食物，因为没有人携带大包食物了。

观察普通人的居家生活状况，也可以感受到津巴布韦的经济水平并不是很糟糕。在一个小镇，我拜访了一户人家。男主人已经七十多岁，现在退休了，以前在一家私人汽车公司做修理工，他并没有上过汽车修理的职业学校，而是在工作中跟着师傅学的。他住在镇中的一栋平房里，门前有一个约一二百平米的院子，靠墙的地方有一个鸡笼，养着几只鸡，旁边还

这是津巴布韦小镇中一位退休汽车修理工人家的客厅,有不少现代电器

第一章　津巴布韦 vs 纳米比亚：国情同，道路异

种着瓜菜。房子外表看起来很简陋，但屋里的家具设备却相当不错，有雕花大餐桌，有几套沙发，还有电视、音响等不少电器。厨房中用的是现代化的电炉灶，还有冰箱、微波炉、搅拌机等等。浴室也是现代化的，有抽水马桶、热水浴盆等设备。老人的妻子去世了，他的儿女都不在身边，有一个女儿是作导游工作的，早已出嫁，不住在小镇中。现在是老人的侄女陪他住，侄女的儿子也住在这里。

通过这位老人的生活，可以看到非洲传统和现代经济的互动，也反映出津巴布韦的经济状况。在津巴布韦的非洲传统中，家族大家庭是基本的社会经济单位，不同于现代社会中是以父母子女为核心结构的小家庭作为基本经济单位。在津巴布韦的家族大家庭中，兄弟姐妹的子女和自己的子女有同样的家庭经济责任和权利，譬如侄子或外甥女没钱上学，有经济能力的叔叔舅舅就有责任供养他们；老年人生活有困难，他的侄子或外甥女也有责任赡养他。在津巴布韦的城市里，经常可以看到这样的居家现象，家中有三个卧室，一个是男女主人的卧室，一个是男卧室，一个是女卧室。在男卧室和女卧室中，分别住着除男女主人外的所有其他男女家庭成员。这些成员可以是主人的子女、侄甥、亲的或堂表的兄弟姐妹，还有叔姑姨舅等等。家族成员有需要时，可以去其他成员的家中居住，这被视为家族成员的权利。在津巴布韦经济向现代化发展的过程中，由于农村人要去城市工作和上学，家族中已在城市立足的人就要照顾刚来城里的大家族成员们，所以这种居家现象在城市中非常普遍。这种大家族家庭的责任权利模式形成了家族式的"社会安全保障"和"福利制度"，在津巴布韦经历经济困难的时候，这样的家族福利使不少人渡过难关。

这样的家族福利会不会"养懒人"呢？会不会有好吃懒做的人到亲戚家占便宜、赖着享受照顾呢？通过那位老人的案例，可以看到微妙的制衡安排。在老人侄女的房间里，我看到一个电炉，还有一些做饭的炊具。

这是津巴布韦一户农民的家院,他们在土改中没分到土地,仍住在保留地中,院内住着一个家族家庭,有14口人

这是他们的部分家庭成员

我问她为什么要在卧室里做饭呢？原来她这是为儿子烹饪食物，她和老人在大厨房做饭吃，她儿子不吃大厨房的。这样的安排是基于下述的原则：
(1) 她照顾老人，老人有经济收入，所以她有权利吃老人的大厨房；
(2) 她自己有工作（她是医院的技术人员），有较好的收入，有能力和责任照顾自己的儿子，所以儿子不应该吃老人的大厨房。在家族家庭的福利制度中，人们形成的共识和习惯是，有能力的人是不应该偷懒享受照顾的，由于家族成员互相都很熟悉，因此容易互相监督，可以有效地制衡好吃懒做、占便宜的现象。农村孩子到城市去上学，虽然可以住在亲戚家，但如果孩子的父母有经济能力，就应该支付孩子的学费和食宿费，如果收入不太多，城里的亲戚会帮助付学费，父母还是要尽量付饭费。

从津巴布韦人的家族福利习惯中可以看到，他们对于"饭费"还是很计较的，这是因为食物开支在总消费中占有相当大的比重。根据恩格尔定律，食物开支占总消费的比重越大，经济水平越差。从这个角度来看，津巴布韦的经济状况还是比较差的。

虽然津巴布韦经济状况比较差，但其"汽车拥有率"却让我惊讶。那位老人家里拥有汽车，他周围的邻居，住房虽简陋但也拥有汽车。老人的亲戚告诉我，镇里大约有20%～30%的人家拥有汽车，多数是最近五年左右购买的，因为以前汽车要从港口托运进来，光运费就要3000美元，后来政策变了，汽车可以从邻国的陆路开进来，省了很多的托运费，而且日本车越来越便宜，买得起车的人家就多了，政府为了在进口税上多赚钱，非常鼓励人买车。以前人们都是先买房再买车，现在有不少人是先买车再买房。

在小镇的周围有大片的农村，我也去拜访了一户农民，从农村的角度来看一看津巴布韦的经济状况。这户农民仍然生活在原来的保留地中，没有在土改中分得土地。农民家的房子是圆锥型的茅草顶土房，相当"原始"，这样的房子在津巴布韦的乡村随处可见。房子虽然原始，但那农民可以说流利的英语，对现代的观念也很熟悉，可以用现代的概念来描述自己的生活。这位农民的知识水平反映了津巴布韦在教育方面的发展成绩，穆加贝本人是教师出身，民盟的意识形态倾向于社会主义，独立后津巴布韦政府提供了大量的免费或廉价的公立教育，使大量的贫穷黑人获得受教育的机会。

这位农民说他们的土地所有权是属于部落的，部落首领和长老们负责把土地的使用权分配给部落中的家族家庭，他们的部落有9个村落，共有600个家族家庭。他的家族家庭现在有14口人，包括他的妻子和孩子，还有他兄弟和兄弟的妻子孩子，他母亲生前也在这里生活，去年去世了。他们的土地使用权是从父亲那里继承下来的，如果以后他们的儿子太多、土地不够用了，可以向部落申请更多的土地使用权。

他的土地几乎全部用来种玉米，收获的玉米是家庭的主要口粮。他家有3头牛、2头驴，还养了许多鸡。这些鸡下的蛋是用来孵化小鸡的，而不是食用的。他们用这种蛋和孵化出来的小鸡与其他人进行以物易物的交易，换一些生活必需品。当玉米收成好时，他们也会用多余的玉米和别人交换物品。他们生活在自给自足的经济形态中，较少参与市场经济，手中很少有现金。对于需要用现金购买的东西，他们很渴望。我和同行的朋友们送给他一些从超市买来的东西，譬如肥皂、茶叶、花生酱、面粉等等，他们全家人都非常高兴。我看到他的地里有一棵香蕉，问他为什么不多种些香蕉？在这附近超市里的香蕉要卖每公斤0.99美元，如果卖香蕉的话可以得到不少现金。他说种香蕉需要很多水，需要投资搞灌溉，现在没有地方可以借到钱来投资，解决不了水的问题，所以没法多种香蕉。

像他这样的农民如果想多赚现金，多数是去城市里找工作，他的兄弟就在城里找到了工作，现在住在城里。不过，他兄弟的房子仍然留在农村。

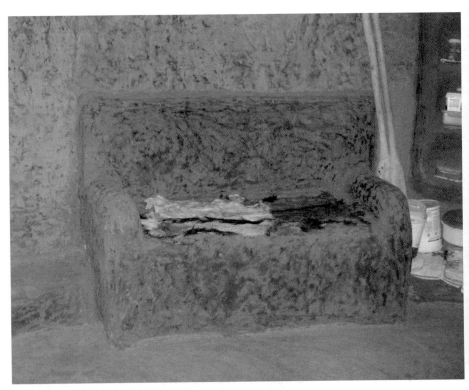

在原始的茅草土房中有泥土砌成的沙发

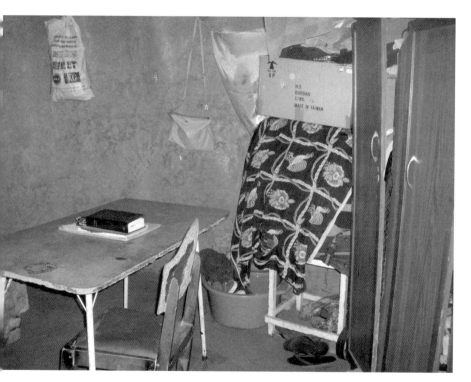

他们没有现代的家具,即便有一两件比较现代的也是破旧不堪的,像是城里人扔掉的垃圾

他告诉我，最近几年，不少在城里工作的人回到农村来盖房子。这些人说，在城市里买房和盖房都太贵了，所以要回来盖房子，而且最近几年买汽车比较容易，因此可以住在乡下开车去城里上班。根据部落家族的习惯，去外地工作生活的人仍然可以在自己的村中获得盖房子的土地，这种习惯使我联想到中国农村的"宅基地"概念。我问他在农村盖房子要花多少钱，他说如果是盖像他家住的这种房子，成本几乎是零，因为房顶是茅草的，墙壁是泥土的，都可以就地取材，不需要钱，需要的是劳动力。由于家族成员都有责任互相帮助，所以劳动力一般不是成本。

看看他的几个圆锥型茅草土房，的确像是成本为零。这些房子里面的家具也像是成本为零，一个圆锥型房子里有一个泥土砌成的"沙发"，上面铺了几张兽皮，另一个圆锥型房子里有极其破旧的一张桌子和一把椅子，还有一个门已经破损得无法关上的衣柜，这些家具破得像是城里人扔掉的垃圾。

从居家生活水平来看，这位农民和那位小镇老人的差距是很大的。这些自给自足经济中的农民要想达到镇上居民的生活水平，主要有两条出路，一是获得资金建好灌溉设施，以便种植经济作物，赚取较高的农业回报；二是在城里找到工作，赚取较好的非农工资。但是，目前这两条路都很不畅顺。农民抱怨无法借到钱来投资农业设施，没有机构来帮助他们解决问题；到城里找工作的人抱怨，工作非常难找，因为许多资本撤出了津巴布韦，尤其是大量的白人资本家，关掉了在津巴布韦的公司，把钱投资到其他国家。

白人撤资的确是一个大问题，西方媒体在这方面做过很多报道，姆南加古瓦上台后也在想方设法吸引外资，希望有大量资本涌入，帮助津巴布韦摆脱经济困境。资本是发展的一大要素，资本流到哪里，哪里就会有更多的发展机会。资本是发展的动力，良好的发展环境能够引导资本流入，

这位津巴布韦白人从津巴布韦撤资,转到纳米比亚投资,他在因帕里拉岛上投资了酒店

资本是向着有发展机会的地方流去的。暂时我还没有看到大量新资本涌入津巴布韦的现象，但却有机会接触到一个资本撤离津巴布韦的案例。虽然这只是一个个案，但却能说明很多问题。这个案例是一位津巴布韦的白人，把他在津巴布韦的企业搬到了纳米比亚。他告诉了我从津巴布韦撤资的原因，也告诉了我到纳米比亚投资的原因。通过和他的谈话，也通过后来在纳米比亚做的进一步调研，我看到了津巴布韦与纳米比亚的许多不同的政策举措，更窥见了在政策背后的一个更深刻的因素，正是这个因素牵动了执政党的成败，使革命历史相似的津巴布韦和纳米比亚在独立之后的发展差别如此之大。

津巴布韦和纳米比亚的初始国情有许多相似的地方，当然也有相异之处，但是导致今天这样大的差距并非是初始国情的相异。因为那些那些相异之处都是各有千秋的，都可以由相应的举措来利用其长弥补其短，关键是要选择适合的举措。这就是道路的选择。当一个国家选择了适合自己国情的道路，这个国家就可以利用国情中的优势、化解国情中的短处，使国家获得良性发展。当一个国家选择了错误的道路，就会在道路上窘迫不前，被别人远远抛到后面。

纳米比亚：超越土改的福利道路

从赞比西河溯流向西，不很远就到了纳米比亚最东端的领土，那是在赞比西河中的因帕里拉岛，是个很大的内河岛屿，上面有四十几个村落，没有城镇。我遇到的那位津巴布韦撤资白人，就在这个岛屿上投资了两个酒店。他告诉我，从津巴布韦撤资，是因为那里的政治不稳定，对白人资本的政策经常变化，而且社会上还时时发生暴力事件。他说，纳米比亚的政治和社会很稳定，这让他对投资的未来比较有信心。

第一章 津巴布韦 vs 纳米比亚：国情同，道路异

纳米比亚的稳定，不仅是这位津巴布韦投资者的个人看法，而且是国际金融机构的普遍评价。提供权威经济评论的彭博社把纳米比亚评为非洲最佳的新兴市场经济体，在廉洁反贪、商务便利、经济自由度方面都表现颇佳；世界银行、国际货币基金组织对纳米比亚的评价也很好。在纳米比亚投资的中国企业对其评价同样不错：国家治理结构比较完善，是"非典型的非洲国家"。中国广核集团在纳米比亚投资建设的湖山铀矿，是目前中国在非洲投资额最大的项目，这个项目建设得既平稳又快速，本来西方专家认为需要五六年才能建好的水冶厂，只用三年零八个月就基本建成并投入试运营，2016年产出了第一桶铀，这个公司的雇员95%以上是纳米比亚人。

自从1990年独立以来，纳米比亚的经济一直稳定增长，目前已进入了中高收入国家的行列，这在非洲是很罕见的，是非洲的"非典型"。

独立之初，纳米比亚存在着与津巴布韦类似的土地问题，大量的农业土地集中在少数白人手中，黑人缺少土地，非常贫困。虽然问题相似，但纳米比亚采取了与津巴布韦不同的方法来解决这个问题。

纳米比亚进行了土地改革，不过，它的土改极为缓慢，和津巴布韦"快车道"的激进作法很不相同。为了重新分配土地，纳米比亚政府推出了两种方法。第一种是政府购买白人的商业大农场，然后切割成小块分配给前弱势群体中的成员，前弱势群体主要是指黑人，他们在独立前殖民地时代处于弱势地位。第二种是通过农业银行贷款来进行的，政府设立农业银行，向前弱势群体提供低息贷款，有能力的人可以用贷款来直接购买白人的农场土地，不需要经过政府的再分配。这两种方法都要遵循"自愿买卖"的原则，不能强制征收，更不能强制没收。由于土地买卖要遵循自愿的原则，土改进行的速度就非常缓慢。有一个报告披露，独立17年（1990—2007）总共再分配的商业农场土地只有总量的12%，每年再分配

的土地还不到1%。①

　　缓慢的土改使得前弱势群体中的很多成员无法获得再分配的土地，他们的收入很低，而前强势群体中拥有商业大农场的白人则仍然享有非常高的收入，因此社会中的贫富差距很大。要解决这个问题如果只是从土地分配的角度来着手，其结果很可能把大农场分割成一块块小农地，从而堕入"商业化大农场衰落消亡"的陷阱，并且也可能导致白人的大量撤资，影响稳定的发展。

　　土地问题是纳米比亚独立后的初始国情，这和津巴布韦独立后的初始国情有很大的相似之处，当然也有不同。相似的是，占人口少数的白人拥有绝大部分利于农业生产的土地，大多数的黑人没有这样好的土地。不同的是，纳米比亚的农业土地在全国领土面积中所占的比例要比津巴布韦小很多，而且土地的质量也比津巴布韦差很多。纳米比亚绝大部分领土都极为干旱，无法用于农业生产，大多数的半干旱土地也不适于种植业，主要用来从事养殖业。联合国发展计划署对纳米比亚的干旱环境和土地问题曾经做过评议："在如此干旱的环境下，和其他大多数国家相比，纳米比亚的土地所有权成为较不重要的因素。"② 虽然由于环境干旱，拥有土地并非一定能够致富，但是至少可以帮助脱贫。纳米比亚的可用农业土地很少，农业的经济产出不大，但是在1990年代，纳米比亚三分之二的人口工作生活仍然是与农业相关的，四分之三的穷人需要农业的支撑。面对如此的国情，纳米比亚是如何选择发展道路的呢？

　　思想观念、意识形态是影响选择的重要因素，执政党的意识形态尤为

---

① 参阅 http://www.thenewhumanitarian.org/news/2007/11/15/land-reform-reproducing-poverty，2020.8.21。
② UNDP: *Namibia Human Development Report 1998. Environment and Human Development in Namibia*, Windhoek: UN development programme, 1998, p. 46.

重要。纳米比亚的执政党是"西南非洲人民组织",简称"人组党"。人组党是民主社会主义政党,它的党章宣称"要建立一个无阶级的、无剥削的,基于科学社会主义原则和理念的社会。"①社会主义的意识形态是主张土地改革的,因此纳米比亚进行了土地改革,但是采用了非常缓进的方式。纳米比亚参考了津巴布韦土改的经验和教训,它的土改方式和津巴布韦1980年代的温和缓进土改很相似。津巴布韦的经验显示,1980年代的缓进土改促进了经济发展,那十年津巴布韦的GDP平均年增长率是5.2%;1990年代津巴布韦实行了较为激进的土改,那十年的GDP平均年增长率是2.9%;2000年之后,津巴布韦进入快车道的激进土改,在2000年至2009年的十年期间,GDP大幅下降,平均年增长率为-5.2%。纳米比亚一直实行了温和缓进的土地改革政策,它的经济一直能够稳定地增长。

缓进土改虽然避免了对整体经济的冲击,但也使穷人难以脱贫,使社会贫富悬殊,这种状况是不符合社会主义理想原则的。面对这个问题,人组党避开了土改,选择了另一种符合社会主义原则的方法来缓解贫困问题。这就是构建社会主义性质的福利体系,通过社会转移支付,向弱势群体发放低保福利,帮助他们脱离贫困。政府在获得矿业收入和富人缴纳的税款之后,对社会财富进行了再分配,推出了几项帮助弱势群体的福利。

岛上的一位黑人告诉我,自从独立之后,政府给他们逐渐发放了三种福利。第一种是老人福利金,是1990年独立后很快就设立发放的,凡是60岁以上的老人,都可以每月领到大约相当于100美元的老人福利金。第二种是后来给残障人士发放的残障福利金。第三种是最近几年才设立的贫穷补助福利金。这些福利金当然不能使弱势群体达到富人那样的生活水平,但毕竟使他们获得了基本温饱,使他们的贫困有所缓解。

---

① SWAPO of Namibia: *The Constitution and The Political Program*, Lusaka: SWAPO Department for Publicity and Information, undated, p.39.

建立福利制度要面临的一大难题是资金问题，因为福利支出可能使政府赤字增加、债台高筑而无法持续。从纳米比亚的政府债务和财政赤字的数据来看，纳米比亚的情况是良好的，债务和赤字占 GDP 的比例低于发展中国家的平均值。纳米比亚能够在财政上可持续地维持福利支出，不少人将其归功于纳米比亚"人口少"的国情。1990 年纳米比亚独立时人口只有 140 多万，2017 年也只增至 250 多万，而津巴布韦 1980 年独立时已经有 700 多万人口，2017 年更是增加到 1650 多万，这的确是纳米比亚和津巴布韦的不同国情。固然，人口少需要的福利支出少，不过，人口少 GDP 的产出也会少，支出少收入也少，因此简单地把人口少视为纳米比亚能够成功的原因是不科学的。面对人口少的国情，纳米比亚做出了利用其长、避免其短的道路选择。人口少对经济发展有弊端、短处，尤其是对制造业而言，因为制造业需要规模，人口少就成为巨大的制约因素。在从农业转入工业的工业化初级阶段，非常需要发展劳动力密集的低端制造业，这是许多国家的经验，亚洲的几个成功崛起的国家都是走的这条道路。对于纳米比亚来说，如果选择亚洲国家那样的道路，很可能是穿上一双不合脚的鞋子。它没有选亚洲的鞋子，而是做出了其他的选择。在因帕里拉岛上，我可以看到纳米比亚艰难的道路选择，还有选择带来的结果。

选择道路的智慧与意志

就地理位置而言，因帕里拉岛是纳米比亚的边远地区，距离首都和大城市非常遥远，用中国作比喻就好像是贵州的边远贫困山区。我去岛上的几个村落看了看，村里的确贫穷，不过也蕴含着发展的气息，可以看到很多人家在盖新房子，每个村落都有正在建造的新房。

岛上的村子里没有津巴布韦那样的圆锥型茅草土房，这里的房子都是

因帕里拉岛是纳米比亚的边远贫困地区,这里农民的房子还没现代化,但已用上了现代化的太阳能光伏电池板

这是正在建造中的水泥墙房子,岛上的房屋墙体分三等:土墙(下等)、石墙(中等)、水泥墙(上等)

这是岛上的学校,比农民家的房子现代化得多,房顶上还有大片的太阳能光伏电池板

这是岛上的医院

方形的，建造的质量有好有差。根据材料质量，大致可以分为三个等级。最低等的是泥土作墙的，中等的是石头垒砌的墙，最上等是砖头水泥墙。这些房子的门窗多数是预制的铁框架，房顶极少用茅草，多数是用铁皮或者水泥预制板，这些都需要成本，不像是津巴布韦"成本为零"的茅草土房。村中看到的茅草，多数是用来作院墙的篱笆，那是岛边浅水中生长的类似芦苇的茅草，很有风土特色。由于各个村落中盖新房的人家很多，令我有"大兴土木"的感觉，在津巴布韦我还从没看到盖房子的场景。这里的建房场景使我有机会仔细观察他们的建筑材料、建筑方法、建筑内部。盖新房的人家，有的是从低等土房"升级"到中等、上等的石砖房屋，有的是仍然盖土房。房子内部面积大小不一，小的看来不到一百平米，大的像有二百多平米。

无论是下等还是上等的房子，看起来还都很"土气""落后"，不像发达国家的现代化房屋，不过在这些土气落后的房子中间，却也可以看到一样很"现代化"的东西——太阳能光伏电池板。我问岛上的村民，装这些光伏电池板需要多少钱？他们告诉我，光伏电池板的售价有高有低，贵的要 1000 美元，便宜的 300 美元，中国产的最便宜，所以自从有了中国产的光伏电池板，不少家庭都装了这种现代化的能源。

我在岛上看到的最好的现代化房屋是医院和学校，医院是天蓝色屋顶乳白色墙壁的漂亮平房，五六所房子整整齐齐地排在一起，这样的房子在美国的小镇也常可看到。学校的现代化房子是红砖灰顶的平房，有好几排，房顶上都装着太阳能光伏电池板，黝黑发亮一大片。岛上的人告诉我，这个学校只包括小学和初中，上高中就需要去岛外了，大学要去更遥远的大城市；教育是免费的，如果能够考上外国的大学，政府会提供奖学金。医疗不是完全免费，治疗疟疾等常见病只需要付极少的费用，每次约三十美分，看其他的病就需要多付一些钱，复杂的病这岛上医院还无法处理,需要到岛外去看。这岛上医院常年只有三名护士负责做治疗工作,岛外的医生每年会来巡诊两次。护士住在医院提供的房子里,那几栋漂亮的现代化房子当中就有护士的住所。学校老师的住房也由政府提供,就在学校附近,很像村子里土气落后的房子。看来护士和老师的住房待遇有很大差距,一位岛民向我解释这种差距,他说要成为一名护士需要接受很长时间的教育和训练,当小学初中老师就不需要这么长的时间。这种解释反映了他的价值观:能力高、付出多的人应该得到更好待遇。

岛上居民多数是农民,收入来源主要是种植农作物和养殖家禽家畜,有时还去河里捕鱼,多数是自己食用,少数在当地各村出售。我看到几个妇女,头顶大盆的蔬菜水果,到四周的村落去卖。

关于借款投资搞发展的问题,我问过一位岛上的黑人,他说政府有相关的机构提供资助,不过个人不能单独申请,必须联合五个人共同申请。这五人要共同起草一份申请书,陈述共同要做的具体项目,譬如想搞一个灌溉设施,或者想搞一个养殖场等等,政府机构会审查这份申请,如果觉得合理可行,就会提供资助。他说,不允许个人单独申请,是不想让资助集中到一个人手里,而是希望几个人共同发展。他还说,对项目的可行性审是很严格的,接装水管之类的简单项目比较容易获得批准,较复杂的就很慎重。我和他讨论了一些可能的"商机",譬如捕鱼或者生产香蕉水果出口到邻国的城市(这个岛屿距离外国的城市要比本国的城市近很多),他说运输是个大问题,还有关税、市场等问题,需要作复杂的调研。我感觉岛上好像还没有人在这方面作过认真的调研,也许这岛上的人口不多,搞这样的项目潜力不大,所以就缺乏了动力,这是"人口少"的"岛情"制约。

除了农业,旅游业是这个岛屿的重要产业,因为这里有独特的"非洲水乡风光",芦苇奇卉,水禽鳄鱼,千年猴面包树……那位津巴布韦白人

(左、右)那位津巴布韦白人投资建成的酒店具有因帕里拉岛的独特"水乡风情"

在酒店中工作的都是纳米比亚黑人

酒店的工作人员

就是看中这些旅游资源来投资建酒店的。目前在这白人酒店中工作的都是纳米比亚黑人，上至总经理，下至清洁工，还有和旅游相关的导游、给客人驾船的船工。我住在这个酒店里，通过和他们的交谈接触，感觉到他们的专业水平很高，而且有非常严谨的工作态度。譬如我房间窗户的一块玻璃坏了，我下午4点告诉了经理，然后出去办事，6点回来时窗户已经换了一块新玻璃。同行的美国朋友很惊叹，如果在美国酒店发生这种情况，多数是只会做些临时性处理（譬如贴些胶布），而安装新玻璃是要等到第二天才会做的，因为毕竟已经是下午4点，工人快要下班，库房里也可能没有合适的玻璃。这些纳米比亚人有这样的工作态度，又积累了专业经验，他们以后要是自己投资开酒店，可以经营得很好。

旅游业是纳米比亚选择发展的重点产业之一，纳米比亚的五年发展计划和《纳米比亚2030愿景》都强调要发展旅游业。如此的选择是基于"比较优势""竞争优势"的考虑。纳米比亚在旅游方面的优势主要是野生动物，政府意识到由于人口少、土地广阔的国情特点，使纳米比亚可以在没有污染的、充满生物多样性的旷野中提供具有竞争力的野生动物观赏旅游服务。同时也意识到，旅游业可以带来相当多的就业岗位，而且大多数岗位正是在弱势群体所居住的乡村、小镇、荒野。因此政府在推动旅游业发展方面下了很大功夫：兴建旅游所需的基本建设、吸引外国资本来投资、训练旅游业相关的人员、在全世界进行广告宣传、指挥航空公司协助拉生意……这些努力取得了不错的结果，旅游业已经给GDP带来了可观的贡献，最近十年旅游业贡献在GDP中的平均占比值是14.5%，大大超过农业的10%。和津巴布韦相比，更可以看出纳米比亚的成功，津巴布韦也有很丰富的野生动物资源，旅游业对GDP的贡献也曾经很不错，但近年来衰退，最近十年旅游业贡献在GDP中的占比还不到9%。

对于旅游业，纳米比亚除了在基建和资金等硬件方面下功夫，还很重

第一章　津巴布韦 vs 纳米比亚：国情同，道路异

视提高服务素质等软件建设。我在纳米比亚政府的旅游相关网站上看到过一篇很有意思的文章，那文章先是讲了发生在毛里求斯的一件事：一位外国商人到毛里求斯旅游，他的出租车司机和酒店经理给了他极好的印象，司机和经理关于毛里求斯的旅游业和投资机会的知识丰富得令他惊叹，这次旅游经验使他后来决定到毛里求斯来投资。通过这件事情，文章指出了旅游者得到的"第一印象和经验"的重要性，这些印象和经验将深深影响旅游者对这个国家的看法，以及他们未来对这个国家的态度。因此文章强调纳米比亚要在提高旅游业相关人员的素质方面下功夫，要让他们有丰富的知识、专业的修养。看了这文章令我想起我的"印象和经验"，酒店修理窗户玻璃让我得到了极好印象，问导游问题也让我有很好的经验，我问过导游很多问题，从河流地理、动物植物，到国家历史、政党活动、社会政策……每次他都很认真回答，我感到他的知识领域相当广阔。这些也许是和纳米比亚政府在旅游业方面下的功夫相关。

相对于旅游业的成功，纳米比亚的制造业就乏善可陈。制造业的 GDP 占比历年来上上下下不稳定，低时 9% 左右，高时能有 14%。纳米比亚发展制造业有其"人口少"的比较劣势，但是为了使在低端农业中的弱势群体成员能够有更多的就业机会，也为了使经济实现在产业链上的升级，制造业是一条不得不选的出路。在选择具体的制造行业时，纳米比亚政府尽可能利用国情中的相对优势，譬如畜牧业生产了肉类，就选择发展肉类加工制造；干旱土地上能够种植葡萄，就选择推动葡萄酒制造；大西洋沿岸有鱼类资源，就强调不要光捕鱼卖鱼，而是要发展鱼类加工品的制造业来扩大出口……在五年计划的文件中，"在价值链上爬升"是一个不断出现的句子，选择发展这些制造业就是为了从原材料出口的无附加值低端产品，向有附加值的高端产品爬升。尽管政府在制造业方面动了脑筋、下了功夫，但其成效没有旅游业那么好，制造业的 GDP 产出起伏不定，制造

业提供的就业量也不令人满意，失业率高依然是困扰纳米比亚的一大问题，执政的人组党也因为这些问题在国会中屡遭反对党的抨击。

矿业是纳米比亚经济中的一颗明珠，这使很多人误以为纳米比亚经济完全依赖矿业。从 GDP 中的行业部门占比来看，矿业在纳米比亚 GDP 中的占比是12%左右，比津巴布韦和南非的8%是高一些，但比依赖石油矿业的沙特要低得多，石油在沙特 GDP 中的占比是40%以上。① 矿业资源是国家经济发展的一个宝藏，但有时也可能成为祸根，西方发展经济学中有"资源诅咒"的理论，就是因为观察到很多国家被自己丰富的资源拖入经济或者政治的灾难。委内瑞拉是拖入经济灾难的典型，其症状是非石油行业萎缩、通货膨胀。拖入政治灾难例子更多，有的是国内各派为了争夺资源爆发内战，有的是外国政府或者跨国公司觊觎资源而煽风点火、挑动战争，还有的是资源带来的丰富收入催生了政府的腐败……纳米比亚附近的安哥拉、刚果都是活生生的案例，纳米比亚从近距离观察到了这些例子。

为了使自己的矿业资源成为宝藏而不是祸根，纳米比亚特别注意了两个问题。第一个问题是如何使矿业收入能够惠及社会中的更多成员，而不是只落入一小撮人手中。它的福利政策就是为这个目的服务的，从实践结果来看，福利政策确实降低了贫困人口的数量。纳米比亚的五年计划文件说，按照纳米比亚的贫困标准，从2009/10年度至2015/16年度，贫困人口已经从28%降低到18%；根据国际贫困线标准每人每日1.9美元，纳米比亚的脱贫成果更为出色，世界银行的文件指出，纳米比亚的贫困人口从2010年的21%降到2015年的16%。

---

① 此段关于矿产的数据来源，纳米比亚：https：//theodora. com/wfbcurrent/namibia/namibia_ economy. html；津巴布韦：https：//www. dailynews. co. zw/articles/2017/07/22/mining-sector-to-grow-5-1pc-chinamasa；南非：http：//www. statssa. gov. za/？p = 9720；沙特：https：//www. forbes. com/places/saudi-arabia/#16872f924e5c，2020. 8. 21。

纳米比亚注意的第二个问题是，如何使矿业资源能够为国家的长远发展作出贡献，而不是仅仅在开采期间有贡献。矿业资源是不可再生的，如果不考虑这个问题，矿产开采完了，资源消耗光了，贫困就会再次降临。纳米比亚是希望在开采期间能够利用资源收入来培养国家新的竞争能力，以便形成在后资源时代的新优势。它瞄准了教育和基建，努力加强教育提高人力资本，兴建基础设施改善发展环境，希望构建出高素质的人才队伍、高水平的基础建设，形成可持续的竞争优势，创造新的国情比较优势。《纳米比亚2030愿景》提出了雄心勃勃的愿景，它希望通过教育和基建在三十年中使纳米比亚成为"以知识和技能为基础的社会"，进而形成以高端服务业为主的经济。它表示，优良的基础建设、通讯网络、技术集注、地点优势，可以帮助纳米比亚发展成高端服务业中心，譬如银行业和保险业，这些行业需要交通、通信和技术人力。这份由人组党起草的文件表达了如此的宏伟愿景，不过，目前还不能看到这"高端服务业中心"的真正形成，反对派对愿景没有成真常常发出抱怨之声。

如此的宏伟愿景，是人组党根据国情选择的未来目标；为了实现目标，他们也根据国情在不断选择着道路。道路选择不仅要考验执政者的智慧，还要考验其意志。因为在选定的道路上前行时，很可能出现预想不到的挫折。

2016年前后，纳米比亚遇到了挫折。2016年由于矿产品价格的下跌和局部气候的异常干旱，纳米比亚经济下行，政府岁入大减。前些年为了拉动经济快速发展，政府投资了很多建设项目。当岁入减少后，财政赤字的问题凸显出来。纳米比亚政府对赤字和债务一直很重视，自我约束地给政府债务定了上限：不得超过GDP的35%。这个上限是很谨慎的，2016年发展中国家的政府债务和GDP的比例平均是47%，发达国家更是高达

106%。纳米比亚 2015 年的债务达到了 GDP 的 39.9%，超过了 35% 的上限。① 应该如何处置呢？如果要保增长，就不能大减赤字；如果要降低赤字，就要忍受经济下行的痛苦。纳米比亚的选择是降低赤字，要求政府大量减少开支，使许多工程不得不停滞，因此 2016 年和 2017 年的 GDP 出现了 -0.3% 的负增长，不过 2018 年又转为 0.7% 的增长②。我在纳米比亚时恰是经济下行的 2017 年，在那里我倒是没有看到普通人因经济下行而诉说痛苦，还有不少人在盖新房子，他们虽然未必富有，但福利收入使他们的生活有基本保障。看来政府在削减赤字时，主要是减少了工程投入，而没有减少福利。如此应对债务赤字，纳米比亚的选择表现了什么呢？的确，执政者表现了实行自律的意志，但是否也表现出前瞻的智慧呢？这大概需要更长一些时间，才能做出判断。

纳米比亚的国家治理表现被称为是"非典型的非洲国家"，非洲很多国家的治理非常糟糕、低效、腐败、松散、混乱……纳米比亚可谓是一枝独秀。在去纳米比亚之前，我就听到不少人的赞扬，在赞扬之余有人会给出其"一枝独秀"的原因。一位南非朋友给出的原因最令我印象深刻。这位朋友是南非的英裔白人，南非白人政权曾经统治纳米比亚，在纳米比亚独立后南非也继续和纳米比亚保持着千丝万缕的联系，因此南非人对纳米比亚有丰富的第一手微观经验。这位朋友是在华盛顿的世界银行工作，因此又拥有从宏观角度比较纳米比亚和世界上的其他国家的信息。这位朋友给出的"一枝独秀"原因是纳米比亚的"德国元素"。纳米比亚曾经是德国的殖民地，很多纳米比亚人受到了德国文化的影响。他说，南非人在和纳米比亚人打交道的时候，都感觉到他们守纪律、讲效率，很像德国人的

---

① 数据来源：https://countryeconomy.com/national-debt/namibia，2020.8.21。
② 世界银行数据。参阅 https://data.worldbank.org/indicator/NY.GDP.MKTP.KD.ZG，2020.8.21。

第一章 津巴布韦 vs 纳米比亚：国情同，道路异

风格，在南非殖民统治时期如此，独立后也如此。这个"德国元素"的说法我在非洲也听到了，那是一位喀麦隆黑人朋友说的。喀麦隆在非洲中部，与纳米比亚隔着安哥拉、刚果等国。当时我和这位朋友谈起我在纳米比亚酒店中窗户玻璃的修理经历，他立刻评论说："纳米比亚人办事就是这样，他们像德国人，办事情很认真、很有效率。"接着又说，这是因为德国人殖民统治纳米比亚，给他们留下了文化影响。我问他非洲还有其他哪些国家曾经是德国的殖民地？他说在东非有卢旺达、布隆迪和一部分坦桑尼亚，在西非有纳米比亚、喀麦隆……我马上接着问，喀麦隆人办事是不是也像德国人，或者说是像纳米比亚人？他叹了口气说："不是。"我不禁问道："为什么呢？"他说，那时德国人多数住在纳米比亚，很少住在喀麦隆，所以文化影响不大。

纳米比亚成为德国殖民地是在1884年，那是德国在欧洲崛起的时代，是"铁血宰相"俾斯麦执政期间。第一次世界大战德国战败，1918年举行了巴黎和会，后来签订了《凡尔赛条约》，德国的殖民地被剥夺了，纳米比亚不再是德国的殖民地，转由南非的白人政权继续进行殖民统治（南非白人主要是英裔和荷兰裔）。从1884年到1918年，纳米比亚被德国殖民统治了34年；从1918年到1990年，又被南非白人殖民统治了72年。我常听到人说"德国元素"，却没有听到过"南非白人元素"。在纳米比亚的确有不少德裔白人，来旅游的德国人也很多，是除南非人之外的最大客源。那么，"德国元素"是否真的存在呢？如果存在，它又是如何形成的？又是如何在发生着影响？……这些大概需要人类学家作长期的深入研究才能得到明确的结论。目前，"德国元素"还是一个难以把握的神秘元素，用它来解释纳米比亚治理的"一枝独秀"还缺乏扎实的根基。

要解释纳米比亚治理的"一枝独秀"，有一个元素却是有根基的、是不难把握的，这个元素存在于纳米比亚的执政党内。

执政党的自我建设

在和纳米比亚人交谈的时候，我感到与津巴布韦最大的不同是他们对执政党的看法。在津巴布韦，我接触到的所有当地人对穆加贝的看法都是负面的，对执政党民盟的看法也不很好，很多人之所以不反对民盟，是因为他们对其他政党的看法也不好。但在纳米比亚，我听到当地人对执政的人组党的评价都很正面。

在酒店担任经理的一位黑人告诉我他对人组党的看法。他支持人组党主要基于三个原因：一是人组党领导独立革命斗争使纳米比亚获得了独立，使纳米比亚黑人从白人的殖民压迫下解放出来；二是人组党领导人遵守任期限制，不是一个领导人长期担任总统，而是两届任期（共10年）；三是人组党的政策很务实、不激进，譬如人组党在独立斗争中反对白人统治非常坚决，而且经历很多苦难，但独立执政后没有对白人采取激进的报复政策，而是提出了"我们难以忘却，但是我们必须宽恕"的口号，这样的政策使得纳米比亚能够平稳地发展。

很多纳米比亚人都有类似的看法，我听到他们从不同的角度，讲述了艰苦的独立斗争、领导人的任期限制、务实的发展政策。

人组党成立于1960年，那时非洲的民族独立运动正如火如荼地展开，加纳在1957年获得独立，几内亚在1958年紧随其后，1960年更是有十几个国家独立了，这些国家都不在非洲的南部。非洲南部几个国家的殖民当局非常顽固，强硬抗拒着这如火如荼的浪潮，武装斗争成为必然的选项。人组党建党之后很快组建了自己的武装力量，展开反对南非白人殖民统治的游击战争。南非白人对人组党的镇压非常残酷，我听一位黑人说，当年村里有年轻人参加了人组党游击队，南非军人就把年轻人的家长抓去严刑

第一章　津巴布韦 vs 纳米比亚：国情同，道路异

拷打。另一位因帕里拉岛的黑人带我去看一棵巨大的猴面包树，树上有很多小圆孔，他说这是南非军人在这里打靶留下的弹孔。这个岛屿在游击战争年代是一个军事要地，因为它邻近北面的安哥拉和赞比亚，那里有纳米比亚游击队的根据地，南非在这里有很多驻军，岛上的人对南非军人的行为记忆深刻。在纳米比亚经常可以听到人们对南非白人殖民统治的控诉，这是一个"主旋律"的叙事结构，当人们讲述起来常常会"忆苦思甜"，流露出对人组党领导独立战争胜利的感激之情。

人组党的创始人之一是努乔马①，他也是纳米比亚独立后的第一任总统，连续担任了三届（1990—2005）。根据宪法总统是只能连任两届的，但1999年宪法作了改动，允许努乔马破例竞选第三届，解释如此破例的说法是，当时建国不太久，需要经验丰富的总统维持稳定。2004年第四届总统竞选将要展开的时候，很多人以为宪法将再次修改，努乔马将再次连任，不过他没有这样做，而是主动下台，很平稳地进行了新的选举。当选的第二任总统也是人组党的领导人，连任两届（2005—2015）后自动下台。现在的总统是第三任，也是人组党的领导人。当纳米比亚人讲起任期限制与平稳选举的时候，都流露出自豪的神色，他们会对比周边国家：津巴布韦的穆加贝连任三十多年，不肯主动下台；肯尼亚在选举总统时打得一团糟，造成混乱和动荡……

混乱和动荡是非洲很多国家的"常态"，族裔纷争和地区分离主义是混乱动荡的一个重要起因，由于非洲很多国家的国界是当年西方殖民政府根据西方的利益格局划分的，并不是当地民族在历史发展进程中逐渐凝聚形成的，因此很多非洲国家独立后在族裔方面缺乏凝聚力。纳米比亚的东北角领土被称为卡普里维地带，是像锅柄似的窄长一小条，纳米比亚绝大

---

① Samuel Nujoma (1929—).

部分领土在非洲西部，只有这锅柄伸展到了非洲东部靠近津巴布韦的地方，因帕里拉岛就在卡普里维地带。"卡普里维"是一个德国人的名字，他是继任俾斯麦的德国总理，这条狭长地带是在他任内和英国"领土交换"的结果，德国把在坦桑尼亚境内的桑给巴尔给了英国，还加上一个在欧洲北海中的极小岛屿，用以交换这条狭长地带。德国之所以想要这条狭长地带，是为了把德国在非洲西部和东部的殖民地尽量连接起来，德国设想可以通过赞比西河，沟通东西部的交通运输。不过德国的设想是"闭门造车"，因为赞比西河在这条狭长地带的很多河道不适于航行。西方人为了自己的殖民利益而闭门造车的领土划分，给纳米比亚留下了隐患。南非白人殖民统治也在这里留下了隐患，当年游击战争激烈的时候，南非在这里成立了"伪独立"的东卡普里维"家邦"（homeland），直接由中央政府管辖。

这些隐患后来成为分离主义的祸根。纳米比亚独立后不久，这个地区出现了分离主义运动，想要独立，最大的一次行动发生在1999年，分离主义分子用武力攻击该地区一个重要城市的警察局和军事设施，还占领了当地的国家电台。面对险峻的形势，人组党以其特有的治理方式，逐渐化解了分离主义运动，卡普里维慢慢平静下来。我2017年在这里的时候，曾经和当地人谈论过分离主义的问题。他们说现在这里的人根本不想独立，因为卡普里维除了有一些旅游资源，没有矿产等更有价值的自然资源，教育、医疗、金融、科技的资源也很落后，那些价值高、水平高的资源都在纳米比亚的其他地方；如果独立了，这里的经济发展会很艰难，人们的生活会很穷困；不独立的话，这里可以得到其他地区的帮助，现在得到的福利就和政府的矿产收入相关。他们对人组党推出的福利政策很满意，感到福利逐渐在增加、在改善，所以他们不想独立。不少人还参加了人组党，不仅不想独立，还想通过人组党参与整个纳米比亚的政治。

第一章 津巴布韦 vs 纳米比亚：国情同，道路异

因帕里拉岛上有许多人参加了人组党，但很少有人参加其他政党。我问他们为什么不参加其他党而愿意参加人组党？他们说是因为人组党的政策好。纳米比亚有相当多的政党，但多数因为在竞选中得票太少无法获得国会的席位，所以影响力很小。人组党在国会中有75%左右的席位，其他还有四个政党也比较有影响力，其中一个在独立前就成立的老资格政党曾经获得过20%以上的席位，但很快衰退，目前只有4%的席位。人组党之外的四个政党中有两个是新成立的，都是从人组党里分裂出去的，一个是因为不满意努乔马修改宪法竞选第三任总统，另一个的领导人曾经是人组党内的高官，因为未能成为人组党提名的总统候选人而离去组建新政党。无论是老资格的党，还是新成立的党，都不能吸引到很多的选票，都无法改变人组党在国会中三分之二多数的地位。这种情况和津巴布韦非常不同，津巴布韦当年新成立的民革运在第一次议会选举中就使穆加贝的民盟失去了三分之二的多数，第二次选举更是击败民盟、成为议会中的第一大党。纳米比亚的新党却无法取得如此的成果，因为人组党在大多数人心目中有很好的形象，除了"好政策"，还有一样东西是津巴布韦的民盟完全没有的。

我在因帕里拉岛和当地人聊天的时候，听到有人很自豪地说，他们岛上已经有人成为国会议员，不过还没有人成为内阁部长，因为还没人能够进入政治局。最初听到他们这样讲国会议员、内阁部长、政治局的时候，我有些诧异迷茫，政治局是党组织，而国会和内阁是政府组织，这两个系统是怎么交织在一起的呢？听到我的困惑，他们给我作了解释。人组党有细密的组织系统，从基层到中央，主要有四层。最基层的是党支部，上面是党委会，再上面是中央委员会，最高层是政治局。这四层党组织和政府的四层组织相对应：政治局对应内阁，中央委员会对应国会，党委会对应地区政府，党支部对应基层政府机构。由于人组党在各层的政府选举中都

能赢得大多数选票,所以,在党的各层组织选拔中当选的人,就成为各层政府机构的成员,譬如,当选政治局委员的人就成为内阁部长,当选中央委员的人就成为国会议员,当选党委会委员的人就成为地方政府的成员。我问他们什么人能够当选党委会委员、中央委员、政治局委员?他们说,这些人都是在人组党党内一层一层选拔上去的。自称为人组党的人其实有两种,一种是"支持者",他们是在政府选举中投票支持人组党的;另一种是"党员",他们要正式入党,要领取党证,要参加党的学习活动。支持者是只能参加政府选举的投票,党员才能参加党内的选拔。只有参加了党内的选拔,才有可能在党内一层一层升上去。他们还告诉我,人组党系统内有青年联盟、妇女联盟等组织,大家还可以通过这些组织参加人组党的活动。

在谈论人组党的基层活动和层层选拔的时候,他们表现得对人组党的基层组织很熟悉,很有亲切感,而且还表现出对参与政治的信心,相信通过参加基层人组党的活动,可以参与党内层层选拔,有可能进入中央,这和津巴布韦人讲民盟的情况是大不相同的。

关于人组党和国家机构之间的关系,这些纳米比亚人的讲法与一位反对派学者的讲法有着"异曲同工""不谋而合"之处,当然深层却蕴含着本质的不同。那位纳米比亚反对派学者的说法是:人组党强调自己在独立斗争中的功劳,把自己描述成纳米比亚的唯一解放者、领导者,进而形成了"人组党=政府=国家"的叙事结构公式,构建起自己一党执政的合法性,排斥了反对党。这种一党执政的政府治理模式违背了西方民主关于多党监督制衡的理念,他认为这将有害于纳米比亚的发展。岛上那些人的讲法一方面反映出"人组党=政府=国家"的叙事结构公式,但另一方面他们却不认为这会有害于纳米比亚的发展。相反,他们赞同这种做法,他们感到这种做法使他们得到了"好政策",而且还给他们机会通过参加人组党来参与国家政治。

人组党相当成功地构建了主旋律的叙事结构，为人组党执政模式的合法性作了宣传，为国家形成了凝聚力，成为人组党执政力的重要支柱。这个主旋律的叙事结构，并不是用高压强制的方法构建出来的，因为纳米比亚有反对党，有民主选举，有新闻自由。即使反对党人士在激烈批评人组党的时候都承认，纳米比亚是有新闻自由的，反对党可以发表各种反对言论。反对党人士认为，人组党的叙事结构的成功构建不是靠高压强制的方法，而是靠了其他的方法。他们认为人组党内的层级纪律是一个重要方法，由于人组党有二十年战争环境的游击队经历，使他们形成了游击队中严格的层级纪律，这样的作风演变为习惯，延续到独立后，就使得党内的主旋律声音很容易步调一致，没有唱反调的杂音，因此可以大声播放给党外，让全国听到统一的叙事结构。另外，他们还认为，由于独立后人组党一直执政，加入人组党可以当官，可以得到实际的利益，所以很多人愿意加入人组党，愿意跟着主旋律的音调讲话，这就使得主旋律的叙事结构越来越强劲。

"入党当官""入党获利"是执政党吸收党员时经常遇到的问题，一方面可以增加党员数量，但另一方面也埋下了党内腐败的种子。因帕里拉岛上的人谈到参加人组党的动机，是有人想"在党内一层一层升上去"。那么，人组党以及纳米比亚政府的腐败问题严重吗？用透明国际的清廉指数来衡量，纳米比亚的清廉程度和韩国很相似，2017年在世界180个国家的清廉排名中，韩国是第51名，纳米比亚是第53名。纳米比亚的清廉程度比绝大多数的亚洲、非洲、拉丁美洲国家都要好。欧盟对其成员国有相当高的反腐清廉要求，与很多欧盟国家相比，纳米比亚的清廉程度也表现得很不错，譬如意大利、希腊、匈牙利、克罗地亚、斯洛伐克、保加利亚、罗马尼亚等国的清廉指数排名都低于纳米比亚。看来，虽然有人抱着

"入党当官"的动机加入了人组党,但人组党并没有因此发生严重的腐败问题。人组党是如何防腐反腐的呢?

可惜,关于人组党的防腐反腐机制,我没有机会进行深入的实地考察。我猜想是否会与党内纪律有关,人组党在游击战争年代形成的纪律作风会不会有助于防止腐败?一名老游击队员曾经回忆说,当年他们自我流放,冒着生命危险加入人组党在国外根据地的游击队,在早上出操阅兵时,常会想象着自己未来将成为纳米比亚独立后的领导者。游击队员的这种"成为领导者"想法虽然也含有"当官"的意思,但其根本目的是要领导国家发展,而不是谋取个人狭隘的利益,那是怀着建设美好纳米比亚的"初心"。如果人组党中的很多成员怀有如此的初心,那将是抵御腐败的强大力量。如此的初心是否传递给了独立后加入人组党的党员了呢?

离开纳米比亚的时候,我没有得到答案。纳米比亚是靠什么反腐的?是靠什么能够"一枝独秀"的?……这些问题令我困惑,我没能看到清晰的答案。

2017年12月在北京召开了中国共产党与世界政党高层对话会,主题是:"构建人类命运共同体、共同建设美好世界:政党的责任。"纳米比亚人组党参加了会议,率团的是人组党副总书记,他在中国接受了访问。他的访谈让我蓦然看到了回答那些困惑问题的答案。

"党的建设"是他访谈的核心内容,他说纳米比亚一直在向中共学习"党的建设"。他本人已来过中国很多次,去各级党校考察过,学习中国的党建经验,现在纳米比亚已经根据中国的经验建立了类似于党校的机构对党员进行定期培训。他说:"我们创建了'学园'来进行党员培训,每个地区都有这样的'学园'。纳米比亚人口不多,但是我们的党员仍会参加短期或长期的进修。"他还说,中国能够取得巨大的发展成就是因为"中国共产党没有停止其自身建设",因此人组党希望能够借鉴中共的党纪与党建经验,"党的建设与人民的命运紧密相连。党的成长带来了人民生活的改变。"

在纳米比亚听人讲"忆苦思甜""党的活动""党的机构"的时候,我曾经有过似曾相识的感觉,因为让我想起中国的类似事情,当时我还以为这相似感只是我头脑中的自由联想,现在我才知道,这很可能是学习中国党建的结果。纳米比亚把学习党建作为学习中国发展经验的第一要务,这是和其他很多发展中国家非常不同的。在中国经济发展取得巨大成功之后,很多发展中国家都表示要向中国学习,但他们注重的多数是经济发展经验,譬如很多非洲国家在学习中国搞经济特区,或者学习一些中国的经济政策举措,还有一些国家会关注反腐,但没有把反腐提高到全面的政党建设的高度来认识。而纳米比亚则认为,中国取得发展成功的关键是执政党的党建,所以他们要集中精力在这方面进行学习。

纳米比亚的这种认识是独具慧眼的,因为它认识到了道路选择中的关键元素——构建优秀的主政集团。一个国家要发展,就要根据国情进行道路选择,选对了道路可以使国家健康发展,选错了道路会使国家困顿不前。主政的执政党在道路选择中扮演着关键角色,如何才能使执政党作出正确的选择呢?这需要执政党具备分析、决策、执行方面的高素质能力。如何才能使执政党具备高素质能力呢?党的建设是关键。党建可以使执政党成为优秀的主政集团,实现优主治国,为国家做出正确的道路选择。

纳米比亚学习的是中国的党建经验,而不是具体的经济政策,它没有学习中国的土地改革、制造业发展等等的具体举措。这些具体举措是中国的执政党根据中国的国情作出的道路选择,纳米比亚的国情和中国很不相同,如果把中国的道路照搬到纳米比亚去,将会发生水土不服的困顿。纳米比亚学习的是选择的方法,而不是选择的结果。

正是因为纳米比亚抓住了道路选择中的关键元素,使革命党能够成功转型，将其建设成为优秀的执政党，因而可以选择正确的道路。优秀的执政党能够根据国情，利用优势，化解短处，选择适合国情的具体道路，使国家在发展中登上一个又一个台阶。津巴布韦则没有抓住这个关键元素，革命党执政后没有进行党的建设，无法成为优秀的执政党，如此的执政党作出的道路选择，就会出现各种各样的问题，使国家困顿窘迫，无法健康发展。

环顾世界，在历史的变迁中，有的国家从小变大，有的从大变小，有的从弱变强，有的从强变弱……这些变迁展示了道路选择的历史性结果，向后人提供了选择的经验与教训。执政党的建设对道路选择的历史性结果，有着举足轻重的意义。

第二章 埃及：从"阿拉伯之春"到"阿拉伯之冬"

经济自由化中的社会失衡/社会失衡中的宗教复兴潮/巴以冲突牵动的阿拉伯心结/"阿拉伯之春"后的自由派/民主理论中的逻辑误区

"阿拉伯之春"转眼已是九年前的事情了。九年并不是一段很长的时间，在历史长河中，很多地方九年不会发生什么明显变化。但是在阿拉伯世界，这九年来的变化却是非常巨大的。从表象的变化来看，有经济的升降、政权的更替、战火的燃熄……与这些表象变化相较，深层的一个变化是更加巨大、更具深远影响的，那就是思想理念的变化。

九年前"阿拉伯之春"的飓风在中东卷起，呼啸着挑战专制政权，呼唤着建立民主制度。"阿拉伯之春"的参与者们都强烈不满自己的国家多年来所走的不民主道路，他们希望国家重新选择道路，走向民主。

九年过去了，环顾阿拉伯世界，几乎没有一个国家真正走上了民主的道路，① 更令人吃惊的是，呼唤民主的声音在许多人心中消失了。这种消

---

① 突尼斯是"阿拉伯之春"后民主表现最好的国家，至今仍能够举行西方认可的民主选举，没有发生大规模的动乱。但是突尼斯连年来发生了很多中小规模的动乱，譬如2018年底多个城市爆发示威抗议，起因是12月下旬一名新闻工作者为抗议政府而自焚身亡。此次自焚是呼应2010年12月的小贩自焚，正是那次小贩自焚，引发了突尼斯的大规模示威抗议，成为"阿拉伯之春"的起点。"阿拉伯之春"后，突尼斯经济情况一直不佳，增长乏力，2012年以后，GDP的年增长率都低于2010年的，失业率都大大高于2010年。（GDP和失业率数字根据截稿时世界银行发布的数据，参阅 https：//data.worldbank.org/indicator/NY.GDP.MKTP.KD.ZG； https：//data.worldbank.org/indicator/SL.UEM.TOTL.ZS，2020.8.21）

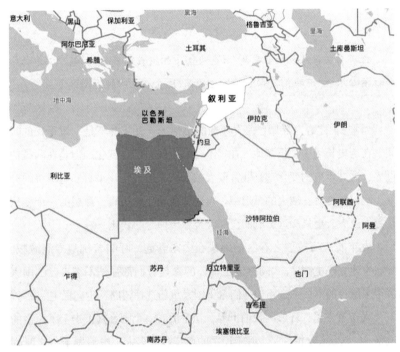

埃及地理位置示意图

2011年10月解放广场再次爆发示威,但气氛和2月推翻穆巴拉克时有所不同,人们已在民主化中感到焦虑迷茫

年纪大的人坐在广场上休息、思索

有人搬着大箱的食品和水,大概是为"坚持斗争"而作的准备

广场上有人戴着口罩,他们是怕警察会使用催泪瓦斯来驱散他们

有人打出胜利的手势

广场上的妇女，有戴头巾的，也有不戴的

这位戴头巾的女士挽着男伴的手臂走向广场

失正是思想理念变化的表现。为什么会发生这样的变化呢?当发生了这样的变化,道路的选择又会发生什么变化呢?

埃及是"阿拉伯之春"中的一颗闪亮明星,2011年1月25日是埃及的春雷惊起之日。那天在开罗爆发了解放广场的宏大示威,自由主义的热血青年和无数抗议者要求总统穆巴拉克下台,要求民主改革。解放广场的活动被媒体广泛报道,既有收视率极高的世界知名大媒体,也有正在蓬勃发展的社交媒体,日日夜夜牵动着无数人的心……18天之后的2月11日,穆巴拉克宣布辞职;随后,老议会被解散了,老宪法被悬置了。政府的职责暂时由军方委员会看守行使,在民主大选之后再交予民选政府。民主改革为埃及开拓了一条崭新的道路:选举新的议会,选举新的总统,制定新的宪法。民主的前景使无数人热泪盈眶,埃及人欢欣雀跃,其他阿拉伯国家的人备受鼓舞,"阿拉伯之春"的民主风暴席卷中东。

2011年我去过开罗,不是在革命高潮的一月、二月,而是在十月,是埃及已在民主道路上迈出第一步的时候,是在新的议会大选的前夕。那时解放广场上又连续几天爆发了激烈的示威活动,向当局提出了新的诉求。

我从横跨尼罗河的大桥进入解放广场,立刻看到了电视新闻中的熟悉场景,浅褐色的现代大型建筑,棕黄色的老旧楼宇……多数示威的人聚集在老旧楼宇附近,有人站在高处挥舞着埃及国旗喊口号,更多的人面露焦虑的神色在交谈、在凝思。很多人都戴着口罩,那是为了预防警察的催泪瓦斯。还有不少人搬运着大箱大箱的矿泉水和食品,大概是为"坚持斗争"而作的准备。我看到两位戴着伊斯兰头巾的女子,亲密地挽着男伴,我不知道他们是夫妻还是其他的什么关系,即使是夫妻也令我稍感惊异,穆斯林妇女在公开场合和男人能够表现得如此亲昵。

广场上的示威者主要是自由主义派,他们的诉求是要求临时执政的军方委员会立刻下台,把权力交给文官政府。对于这个诉求,我感到很费解，因为交权应是大选后的事情，现在即使搞出一个文官政府，也不是民主选举产生的。了解情况后才知道，在这个公开诉求背后有更为实际的目的。由于民调显示伊斯兰派的政党将在议会选举中获胜，自由派只能得到很少席位，而自由派是年初埃及"阿拉伯之春"运动的主要力量，他们付出鲜血推动了革命，但现在眼看革命果实要落入别人的口袋，他们想阻止大选。

大选结果不出所料，伊斯兰派的政党大获全胜，两个最大的伊斯兰派政党在议会里共得到约70%的席位，而在示威中积极奋战的自由派政党"继续革命"只得到约1.5%的席位。

如此的议会是民主选举的结果，而如此的议会又将对埃及未来的道路选择产生什么影响呢？埃及将走上什么样的道路呢？现在九年已经过去，已经可以清晰地看到这九年来埃及走过的道路。非常明显，民主的春天并没有来临，"阿拉伯之冬"正笼罩着当年民主激情热烈沸腾的埃及。更令人感到寒意彻骨的是，不仅民主制度没有建立起来，连呼唤民主的声音现在都在许多人心中消失。

这种消失反映了埃及人九年来的思想变化。要理解这种变化，以及这种变化产生的道路选择影响，需要回溯"阿拉伯之春"以前的一些情况，尤其是引发"阿拉伯之春"的原因，这样才能更好地理解这后九年的发展和变化。

引发"阿拉伯之春"有三个深层的原因：经济发展中的社会失衡、社会失衡中的文化价值困惑、外交政策偏颇造成的心结。

经济自由化中的社会失衡

失业是引发"阿拉伯之春"的一大原因。埃及的失业率很高，但它的经济增长并不缓慢，2000年至2005年期间GDP年增长率的平均值是4%，2006年至2008年期间更是连续三年达到7%，远高于世界平均水平，甚至在受到世界金融危机重创后的2009年，仍能保持5%的增长率。① 埃及的经济增长应归功于它自1990年代以来的新自由主义经济改革，埃及曾经有相当大的非市场经济成分，譬如国有企业很多、不少商品价格受政府干预等等。1990年代初，由美国资助的智库"埃及经济研究中心"（ECES）成立了，牵头推动了一系列新自由主义的经济改革，这些改革促进了经济增长，但也带来了潜藏的社会问题。

引起最多社会问题的一项改革是国企私有化。其问题一是增加了失业，私有化后的国企为了利润最大化，大量裁员。二是造成了垄断，很多国企是被同行业中的私企收购的，这些私企因此扩大了自己在此行业中的市场份额，譬如一个水泥跨国公司在收购了水泥国企后，就垄断了埃及的水泥行业，其后它利用垄断地位肆无忌惮地提价，使民生遭殃。第三个问题是引发了大量的腐败，在国企私有化的过程中，穆巴拉克的特权圈子及其关系户乘机攫取国有资产，很多国企的价值被有意地低估，贱卖给这些特权者。结果造成优质的国企很快被特权者廉价买光，劣质的国企无人问津仍留在国家手中。于是，特权者的财富剧增，而国库却亏损了。这三个问题使广大民众愤慨，他们看到改革的果实被特权富人独吞，而改革的代价却要由穷人来付出。造成如此恶果的原因可以从当时的埃及国情中找到。一是当时埃及的政治体制是穆巴拉克的专制政府，这为不公正的交易提供了平台。二是当时流行的思想理念中有一股强大的私有化浪漫情结，这使许多新自由主义者迷信私有化万能，以为只要私有化了，一切问题就能迎刃而解，因此不认真做全盘的筹划，没有提供相关的配套法制和政

---

① 世界银行数据。参阅 https：//data.worldbank.org/indicator/NY.GDP.MKTP.KD.ZG，2020.8.21。

策,譬如反垄断法、帮助下岗者再就业等措施。

埃及的经济改革使一批寡头崛起,操纵了国家经济。譬如钢铁大王伊兹,他以前做钢材进口生意,1999年在私有化中获得了亚历山大国家钢铁公司,2007年他属下的钢铁产量已占全国产量的70%。又譬如沙维瑞斯家族的几个成员,分别在电信、建筑、酒店等行业中拥有超大公司,其中三人同时登上福布斯2007年"中东最富20人榜"。崛起的寡头中有两个是穆巴拉克的儿子:贾迈勒和阿莱。贾迈勒在新自由主义改革中扮演了举足轻重的角色,他是智库ECES的创始人之一,还鼓动穆巴拉克任命了一批与ECES关系密切、有寡头背景的人作部长,形成了所谓的"贾迈勒内阁"。这个"内阁"按照新自由主义的理论重组了埃及经济,推出了一系列私有化、减税、去管制、撤销价格补贴的政策。

这些政策给上层富人带来了厚利,按照新自由主义的滴漏效应理论,下层穷人也会得到利益,理由是富人多赚了钱就会多消费多投资,因而能增加就业,穷人可以通过"滴漏"从增大的蛋糕中分到一杯羹。但滴漏效应并没有在埃及出现。经济增长并没有创造大量的就业,埃及的失业状况严重,尤其是年轻人的失业率一直居高不下,徘徊在30%左右。这是因为富人投资的那些经济增长行业不是劳动密集行业,劳动密集行业利润低难以吸引投资。另外,企业家为了利润最大化,宁愿让员工加班,也不愿雇新手,尤其不愿雇用刚从学校毕业的年轻人。在新自由主义的大环境中,私人企业家追求的是利润最大化而不是增加就业,他们不考虑企业的社会责任。滴漏效应的出现,需要企业社会责任感的催化剂。

埃及的高失业率和贫富悬殊造成了一个怪现象:经济增长,可贫困人口也增长。世界银行的报告指出,从2000年到2005年,埃及的贫困人口增加了17%,尤其是在农村,竟然增加了21%。

当大量人口陷入贫困的时候,伊斯兰组织伸出了民生服务的援助之手,颇得人心;他们还提倡传统道德,抨击自由主义政策导致的腐败,更是吸引了选民。这为伊斯兰派政党的崛起和发展建立了可观的群众基础。

社会失衡中的宗教复兴潮

与伊斯兰组织的发展相呼应的,是埃及出现了宗教复兴的浪潮。自1990年代后开始,埃及的清真寺数量大增,据一位美国中东问题专家的调研,1986年平均每6000个埃及人才有一个清真寺,而2005年平均每700多人就有了一个清真寺。年轻人在宗教复兴浪潮中扮演了重要角色,他们大批地涌到清真寺参加活动,年轻妇女不仅戴上了特殊的宗教头巾(hijab),还蒙上了面纱。而十多年前,埃及妇女戴这种头巾的人很少。2007年,穆巴拉克的文化部长曾批评妇女戴这种头巾是"倒退"行为,结果引起强烈抗议,最后他不得不辞职。我2011年在埃及街头看到戴头巾的年轻女子要比老年妇女更多。

造成宗教复兴的一个重要原因是人们对现实的失望,面对经济的不公、社会的失衡、道德的沉沦、消费主义的泛滥、工作生活的艰难,许多人感到在世俗社会中找不到出路,因而转向宗教去寻求解决的答案。

埃及的穆斯林兄弟会(穆兄会)提出了一个著名的口号:"伊斯兰就是答案"。穆兄会是1928年埃及在争取民族独立的时代创立的伊斯兰运动组织,它的终极目标是要使伊斯兰教法成为个人、家庭、社区、国家的指南。虽然它的一些成员曾卷入过暗杀等暴力行动,但它的大多数成员还是在体制内采用渐进的、非暴力的方法来追求终极目标。他们主要采用了三种方法。第一种是选举的方法,他们自己未必直接参选,他们的方法主要是支持某些候选人,在2005年的议会选举中,穆兄会支持的候选人获得

第二章 埃及：从"阿拉伯之春"到"阿拉伯之冬"

了 20% 的席位。第二种方法是渗入和控制许多专业行会组织，譬如，工程师联合会、学生联合会等等。这些组织以前多数是自由主义派、民族主义派的天下，穆兄会通过长期默默的工作，尤其是许多办福利的措施（如提供会员医疗保险等），渐渐取得了控制权。第三种方法是在草根社区建立社会服务网络，譬如提供教育和医疗服务，在许多贫困的社区，这些本应由政府或市场提供的服务严重缺失，穆兄会的服务成了唯一的"答案"。在 1992 年开罗地震的时候，他们给灾民提供的援助比政府的更快更好。

穆兄会的成员都要交纳会费，数额大小根据个人的经济状况，这为穆兄会的活动提供了可靠的经费来源。它的成员都很有组织性、纪律性，这在"阿拉伯之春"的示威活动中表现得非常突出。由于它的一些成员曾经卷入过恐怖暴力行动，也由于它的强大组织力量，穆巴拉克政府对它的活动屡加限制，而且对它的形象进行了恐怖化、妖魔化宣传。为了防止穆巴拉克利用穆兄会作借口来镇压示威，穆兄会在激情澎湃的解放广场抗议活动中极为冷静低调，它让成员们以个人身份去参与活动，不打出穆兄会的牌子，而且还进行了很好的组织分工，譬如派会员分批去游行，既能保持广场上的示威人数，又能避免自己的成员疲劳过度。负责人还让会员不要带《可兰经》而带埃及护照去游行，以便显示更大的包容性。

穆兄会的民生关注和组织能力使它在"阿拉伯之春"后的选举中大获全胜，它领导的政党成为议会中的第一大党。

巴以冲突牵动的阿拉伯心结

造成埃及人对现实失望的，还有另一个重要原因，那就是巴勒斯坦和以色列的问题。埃及是和以色列签订和平条约的第一个阿拉伯国家，虽然以色列退还了被占领的埃及领土，却百般刁难与和约相关的另一项中东和平协议。埃以和约是在美国斡旋下达成的戴维营协议的直接产物，戴维营协议包含两部分：一是《埃以和约》，二是"中东和平"。根据戴维营协议，《埃以和约》批准生效后一个月，就要进行磋商，以便在巴勒斯坦举行选举，产生巴勒斯坦的自治政府，迈向中东和平。但是，《埃以和约》在1979年签署之后，不仅"一个月后磋商选举自治政府"没有发生，以色列还大肆在巴勒斯坦地区建立犹太定居点。这种建立定居点的行为是完全违反国际法的，根据《日内瓦第四公约》，占领国当局不可以把自己的国民移居到被占领的土地上。美国是《日内瓦第四公约》的签署国，但它却允许了以色列这样的行为。埃及和巴勒斯坦唇齿相依，埃及人能从近距离感受到犹太定居点给巴勒斯坦人造成的种种伤害，譬如犹太定居点占据了巴勒斯坦的大部分水资源，犹太人使用了75%以上的水；在夏天供水紧张的时候，以色列控制的自来水公司经常切断对巴勒斯坦居民的供水，定居点里的犹太人可以用自来水浇草坪、灌泳池，而周围的巴勒斯坦人却连饮用水都没有。

以色列为自己的非法行为辩护的时候，常强调巴勒斯坦人不承认以色列的生存权，西方媒体也认同这种说辞，但许多埃及人却看到了这种说辞掩盖的一个关键问题：难民回归权利。在以色列发动的1948年和1967年的两次战争中，许多巴勒斯坦人被驱离家园，成为难民，目前这些难民及其后代超过400万人。联合国的《世界人权宣言》充分肯定了回归权利，联大3236号决议更是特别强调了巴勒斯坦难民的回归权利是不可剥夺的人权。以色列则一直极力反对这些难民的回归，因为如果允许他们回归成为以色列公民，将改变以色列的民族结构，犹太人将难以成为以色列的多数民族，以色列将不再是"犹太以色列国"。以色列要巴勒斯坦人承认的是"犹太以色列国"的生存权，而不是"多民族以色列国"的生存权。而巴勒斯坦人若承认了"犹太以色列国"的生存权，则等于是放弃了自己的回归权利。巴勒斯坦人可以承认的是"保障难民回归权利"的"多民族以色列国"的生存权。

定居点非法和回归权不可剥夺是国际法中的两条重要原则，这个国际法体系是西方国家主导建构的，是维护国际秩序的法制基础，然而当以色列公然违法的时候，西方国家却听之任之，这样的国际秩序现实使埃及人失望。穆巴拉克追随美国偏袒以色列，甚至不顾联合国人权理事会的批评，和以色列联手封锁加沙，摧毁加沙的经济，这更使很多埃及人愤怒。

伊斯兰派政党在竞选中表达了支持巴勒斯坦人的坚定立场，这使很多埃及人心中的巴以心结得以舒缓。

"阿拉伯之春"后的自由派

在"阿拉伯之春"后的最初一两年中，伊斯兰派的政党获得了一个又一个胜利，首先是在2011年底至2012年初的几次议会选举中，他们获得了超过70%的席位。接着在2012年夏天的总统大选中，穆兄会的穆尔西获得约52%的选票，当选为总统。在制宪大会中伊斯兰派政党也是多数，因此2012年末出台的埃及新宪法表达了伊斯兰的理念，譬如第2条明示伊斯兰法的原则是立法的主要来源，第44条又明确禁止侮辱先知和真主的使者，这些都是伊斯兰的理念，是有违于"言论自由"和其他一些自由主义理念的。

从议会，到总统，到制宪，伊斯兰派政党获得这些胜利都是使用了民主的方法，并没有使用"伊斯兰方法"。在当时的埃及国情之下，他们可以用民主的方法来选择走伊斯兰道路。

民主的方法本是自由派主张的，他们相信民主的方法可以使埃及走上自由主义的道路，但严酷的现实是民主的方法带来的却是伊斯兰道路，而不是自由主义的道路。自由派在民主的道路上跌了跟头，败给了伊斯兰派。

埃及自由派的失败有两个层面的原因，一是实践层面，二是理论层面。

在实践层面，埃及自由派很擅长搞广场活动、街头活动，能够在广场展开声势巨大的示威，在街头发动浩浩荡荡的游行，但是却不能踏踏实实搞好组织工作。在2011年的议会选举时，自由派阻止大选的一个理由是，穆兄会已有很强的组织，而自由派起步迟还来不及搞好组织。自由派认识到自己在组织方面的弱点，但却没有下功夫去克服弱点，自由派的组织力量始终很弱。穆兄会在发展自己的组织力量的时候，并不是全靠宗教信仰的召唤，而是做了很多扎根基层的工作，譬如在社区建立社会服务网提供教育医疗以及其他民生相关的服务、在专业行会组织中为会员办福利等等。在议会选举时，可以听到有的村民说，他们之所以投穆兄会的票，是因为他们村的碾磨机是穆兄会提供的。如果自由派能够踏踏实实深入基层，做些实际工作争取选民，他们可以发展出赢得选票的组织力量。可惜，自由派不愿意做这些艰苦细致的工作，而是更热衷于利用集会结社的自由权利来搞呼啦啦的街头活动。

在理论层面，自由派对西方自由主义的理论，既不作实践的检验，也不进行严格的逻辑思考。根据西方自由主义理论，民主的选举程序将实现人民的意愿。在埃及实行了民主的选举程序，结果实现了伊斯兰派的意愿。这伊斯兰派的意愿是不是人民的意愿呢？自由派断然否认这是人民的意愿，因为伊斯兰派的意愿有违于自由主义。自由派认为，只有自由主义才是人民的意愿。当民主程序产生了与预期矛盾的结果时，自由派不去进行认真的理性分析，而是情绪化地挥舞起自我定义的"人民意愿"大旗，以图实现他们自己的意愿、自己的理想道路选择。

自由派的这两个特点，在 2013 年夏天表现得尤为突出。2013 年 6 月 29 日，几千人聚集到解放广场开始进行示威，喊出了两年前迫使穆巴拉克下台时一模一样的口号："人民要求政权下台。"第二天 6 月 30 日，示威的人数急速膨胀到几万人，其他城市也积极响应，据说全国有百万人游行反对穆尔西。自由派在媒体上措辞激烈地抨击穆兄会，说他们是"恐怖分子"，电视节目自由派主持人更把他们形容为"虐待狂、极端暴力"，广场上还时时有耸人听闻的传单，有的说穆尔西政府要出卖苏伊士运河，有的说穆尔西政府要放弃西奈半岛……自由派搞基层组织工作低效，搞街头示威鼓动非常高效。他们知道自己的软肋，更知道自己的强项，所以，他们不想通过长期踏实的组织工作来合法地把伊斯兰派赶下台，而是想要利用自己的强项来非法驱赶。为了给自己的非法驱赶涂上"合法性"的色彩，他们打出了"人民意愿"的旗号，举起了"人民要求政权下台"的大旗。

自由派的口号立刻得到了军方的积极回应。7 月 1 日，军方给穆尔西下了最后通牒，让他 48 小时内满足示威群众的要求，否则军方就要采取行动。7 月 3 日，军方废黜了穆尔西，示威者的要求被"满足"了。这次自由派的示威比 2011 年推翻穆巴拉克的那次效率更高，那次经历了 18 天，这次只用了 5 天。

5 天后上台执政的正是那 18 天推翻的旧政府内的中坚力量——军人集团。军事政变推翻民选政府，这个反民主行动得到了自由派的支持，因为实现了自由派的意愿——赶走伊斯兰派。

在反民主方面，这个新的军人政府比穆巴拉克的老政府有过之而无不及，上台一个月就创造了暴力镇压和平示威民众的新记录。穆尔西的支持者不满穆尔西被废黜，在开罗的两个广场举行静坐示威，2013 年 8 月 14 日，这些示威者被暴力镇压驱散，数百人死亡，数千人受伤。据国际组织"人权观察"的调查，至少有 817 人死亡，很可能死亡人数超过 1000，据说这是世界上近年来，单日内示威者被杀害人数最高的记录①。新的军人政府不仅镇压伊斯兰派，也压制自由派，2013年底自由派的三位领导人士被判了三年徒刑，还有很多人被投入监狱。在其后的数年中，军人政府对伊斯兰派和自由派的打击持续不断。政府还使用修改宪法等手段，加强军队的影响力，扩大总统的权力。军事强人塞西2013年成为埃及总统，为了能够长期担任总统，2019年议会修改了宪法，使塞西的总统任期可以延长到2030年。这次修宪举行了全民公投，获得了通过。

虽然政府的反民主行为持续不断，但埃及大众的民主呼声却没有像2011年那样大规模地爆发出来，呼唤民主的声音在弱化消逝。九年来埃及大众的这个变化，可以从几个方面找到原因。

首先是对埃及自由派的不满，他们高举民主的旗帜，但却支持军人集团把民主选举产生的政府推翻，在军人政府镇压伊斯兰派的时候还幸灾乐祸。如此的举旗者，令人对他们旗帜上的口号产生反感。

其次，大众中倾向于伊斯兰派的人对民主非常失望，伊斯兰派遵循了民主程序，却遭到如此的下场，民主究竟有什么用？究竟能够带来什么？大众中不倾向于伊斯兰派的人也感到失望，因为他们看到民主程序使伊斯兰派当选，这是他们不愿意接受的。

另外，埃及周边国家的现实，更使他们看到民主可能带来的恶果，相形之下，他们感受到有些东西是比民主更为宝贵的。伊拉克实行西方民主制度，结果是经济衰败，治安恶化，"伊斯兰国"乘机崛起；利比亚在"阿拉伯之春"中追求民主，结果是国家分崩离析，百姓在混乱中深受苦难；叙利亚在"阿拉伯之春"中因民主之争饱经战火，血腥的战争使无数人背井离乡……面对伊拉克的衰败、利比亚的混乱、叙利亚的血腥，很多

---

① 参阅 https://www.hrw.org/report/2014/08/12/all-according-plan/raba-massacre-and-mass-killings-protesters-egypt#，2020.8.21。

人蓦然感到，安全和稳定是比民主更为实惠、更为重要的。

"阿拉伯之春"的现实，迫使很多人重新审视和思考民主，使他们改变了思想理念。

民主理论中的逻辑误区

民主的实践在埃及没有带来民主理论所预期的结果，面对理论在实践中碰壁的情况，应该如何处置呢？有人将其归咎于实践中偶然因素的干扰，认为理论本身是正确的，只是实践时出了差错，理论不容置疑。但是，也有人会质疑理论，探究其中可能的误区。

认真思考西方的民主理论，可以发现其中有几个基本逻辑层面的问题值得质疑，① 其中有一个问题特别突出地表现在埃及的民主实践中。这个问题是民主理论中核心概念之间的逻辑矛盾——人民概念的群体本位性和自由权利概念的个体本位性之间的矛盾。

民主的核心是"人民统治"，英文"民主"一词源于希腊文，本意是"由人民统治"。但是，在西方民主体制中，还有一个更为重要的核心理念："保障个人权利"。在西方民主的话语叙事中，"人民统治"和"个人权利"不仅是没有矛盾的，而且是相辅相成的一对概念，民主就是要保障个人权利，只有保障了个人权利才能实现人民统治的民主。不过，从深层逻辑的角度来看，这两个概念存在着矛盾。因为，"人民"是一个群体本位的概念，而"个人权利"则是一个个体本位的概念。在个体本位的框架中，人民是无数个人的集合，这些个人具有各自不同的利益和意见，不存在整体化的"人民利益"和"民意"。所谓"人民利益"其实是很多互相

---

① 参阅本书第十二章。

冲突的利益,所谓"民意"则是无数互相对立的意见。

民主理论为了解决"人民统治"中个人意见冲突的问题,使用了"大多数"来代表"人民",大多数人的意见就是人民的意见。不过,如何定义"大多数"又产生了新问题。若把"大多数"定义为"绝对多数",那么"大多数"就应该是大于50%。当只有两种意见A和B的时候,虽然有可能出现A和B各为50%,但只要稍有差异,还是可以确定微弱的"绝对多数"。不过,在现实生活中,不同的意见往往不止两种,如果有三种意见A、B、C,就很可能不存在"绝对多数",没有一种意见可以达到50%以上。此时可以作出的妥协是把"绝对多数"改为"相对多数",把A、B、C中人数最多的意见定义为人民的意见。譬如A是33%,B是33%,C是34%,那么C就是"相对多数",就代表了"人民"。如此的结果出现了悖论,"相对多数代表人民"导致"绝对少数代表人民",因为34%的人支持意见C,而66%的人不支持意见C,34%的"相对多数"本身是"绝对少数",民主制中的人民竟然演变成"绝对少数"。

关于民主制度中的"大多数"问题,历史上已有许多学者对此进行过研究,譬如,早在罗马时代的小普林尼①就已经注意到与此相关的问题;文艺复兴时期的德意志神学家库萨的尼古拉斯②在思考神圣罗马帝国的帝位投票时对有关多数的选举方法进行了很多研究,并觉察到其中的悖论;到了18世纪,波达计数法③和孔多塞悖论④研究检验了很多投票方法,系统地指出了民主选举导致的"非多数"悖论。在20世纪下半叶,美国经

---

① 小普林尼(Pliny the Younger, 61或62—113, A. D.),罗马帝国律师、作家和元老。
② 库萨的尼古拉斯(Nicholas of Cusa, 1401—1464),德意志科学家、哲学家和神学家。
③ 波达(J. C. de Borda, 1733—1799),法国工程师、海军军官和投票理论家。
④ 孔多塞(M. J. A. N. de Caritat, marquis de Condorcet, 1743—1794),法国科学家、革命家和政治理论家。

第二章 埃及：从"阿拉伯之春"到"阿拉伯之冬"

济学家阿罗①对这个问题进行了更为严格的推理研究，证明了"不可能定理"，指出不可能存在一种选举机制，可以通过多数票规则而使个人的偏好意见总合为社会的偏好意见，也就是说，不可能使个体本位的不同意见总合为群体本位的人民意见。

虽然有这么多的学者进行了严格的探讨，并得出了理性的结论，但西方民主体制理论却没有对"人民统治"和"个人权利"的概念矛盾作出认真的理性处理。根据理性的逻辑，如果民主制要坚持"个人权利"，就应该修正"人民统治"，应该改用一个个体本位的概念来描述"民主"的统治形式；如果民主制要保留"人民统治"，就应该修正"个人权利"，应该从群体本位的角度来考虑群体中成员的非个体本位的权利问题，来理性地寻求群体本位的人民利益。但是，西方民主体制理论并没有表现出认真理性的态度，而是蒙混理性地把"个人权利"和"人民统治"强行焊接起来。这种焊接术可以给民主制带来一些好处，可以使民主制在政治语境中"占领道德制高点"，可以使人产生自信的优越幻觉。不过，在政治实践中，却会引发很多问题。如果"人民统治"就是"保障个人权利"，每个人都可以认为自己是人民，自己的利益就是"人民利益"，自己的意见就是"民意"。但是个人是无数的，人民只有一个，把异质个体的集合误认为同质的单体，是会加深异质个体之间的对立，因为个体会把自己视为同质单体的代表，而将其他异质的人视为"非人民"，个体之间的异质差异，就会被视为"人民"与"非人民"之间的对立。

这种对立在埃及的政治实践中表现得非常突出，自由派自称是"人民"，高喊"人民要求政权下台"的口号，把伊斯兰派的人定义为"非人民"；这些"非人民"的人当选为政府的领导人，就应该把他们推翻；这

---

① K. J. 阿罗（Kenneth Joseph Arrow, 1921— ），美国经济学家，1972 年获得诺贝尔经济学奖。

些"非人民"的人遭到镇压,就可以幸灾乐祸地叫好……自由派如此行为,其他派别也会如此行为。不同意见的各派都可以自称人民,以人民的名义来攻击对方,来示威,来打斗,来政变。

由于"个人权利"和"人民统治"的非理性焊接,由于混淆"个人意愿"和"人民意愿"的逻辑误导,社会中的个人分歧很容易被渲染而演变成"人民"和"非人民"的对立冲突,导致国家撕裂、街头暴力、流血伤亡、经济受损等恶劣的社会后果。这些后果不仅会损害群体本位的"人民利益",也会使社会中大量的个体本位的"个人利益"受到伤害。埃及的民主实践就是一个活生生的案例。

"阿拉伯之春"爆发之后,埃及举行了民主选举,美国国务卿希拉里·克林顿曾经访问开罗,在那里信心满满地宣称:民主转型不会再走回头路。然而,一年之后,民主走了回头路,民选的总统被军事政变废黜了,军人集团控制的政府又回到穆巴拉克政府的老路上去。对于政府如此的道路选择,埃及人没有再涌入广场,没有再呼唤要选择西方式的民主道路……他们接受了教训,他们在进行着新的思索。

西方民主理论的推崇者认为,西方式的自由民主制度是普世的道路,各国无论国情如何都应该选择这条道路。但现实是,很多国家选择了这条道路,却遭遇了种种痛苦的磨难。当一个国家选择自己的道路的时候,必须考虑自己的国情,同时还需要思考,那些指导道路选择的理论中是否隐藏着误区。

第三章　叙利亚：小国内战道路上的大国博弈

美国自以为是的目标／科索沃的幽灵在飘荡／智者的声音被淹没／从化武红线到和谈终线／自我决策错误的自伤自毁

叙利亚内战经历了九年的流血磨难，终于渐渐进入了和解阶段，战火已经在绝大多数地区停息，和谈逐步取得了进展。这场叙利亚的"内战"，并不是一场简单的内部势力的"内战"，而是介入了很多外部的国家和势力的"外战"。

九年前当叙利亚战火初起时，叙利亚的政治舞台上最强大的声音是美国，但是当2017年叙利亚和谈开始取得实质性进展的时候，美国却被排除在和谈的关键国际会议之外。当2011年"阿拉伯之春"刚刚催生出叙利亚内战的时候，俄罗斯的声音在那里非常微弱，但在近年来的和谈进展中，俄罗斯却是举足轻重的力量。

为什么在叙利亚的内战中，美国会如此失败？而俄罗斯却能够一步一步地取胜呢？回顾叙利亚内战的历史，可以看到境外大国博弈道路上的一个一个脚印。这些脚印，展示了大国在外交政策方面的抉择。它们抉择的愚与智、错与对，以及它们作出如此抉择的深层国情原因，都在脚印中留下了痕迹。

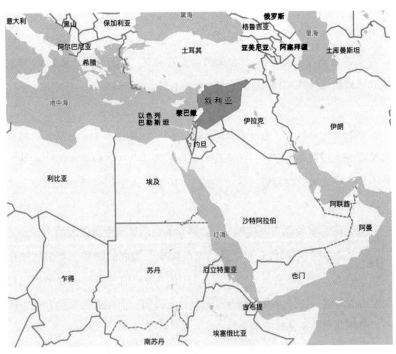

叙利亚地理位置示意图

第三章 叙利亚：小国内战道路上的大国博弈

美国自以为是的目标

2011年3月，"阿拉伯之春"的大火蔓延到叙利亚，首都大马士革和其他一些城市爆发了游行示威，示威者的一个重要诉求是释放政治犯。叙利亚总统阿萨德一方面动用军警镇压示威，同时另一方面也对示威者的诉求作出了让步，譬如释放了政治犯、改组了政府等等，并且在4月解除了历时48年的"紧急状态"。但是，示威并没有因为政府的让步回应而缓和，却很快地融入了暴力元素，尤其当越来越多的外国势力介入了叙利亚的各种反对派组织之后，武装反叛在一些地方壮大起来，政府军和反政府军展开了激烈战斗，造成了难民潮、平民死伤等惨剧。6月，阿萨德呼吁要和反对派们就改革问题进行"全国对话"，但反对派断然拒绝对话，并于7月在土耳其首都伊斯坦布尔召集了会议，要成立一个统一的反对派机构。

自从叙利亚爆发示威游行以来，美国大声宣扬要推动民主，具体的目标就是"阿萨德必须下台"，因为阿萨德是"独裁者"，是民主转型道路上的障碍。提出"阿萨德必须下台"的目标在美国很容易得到多数民众和政客的认同，因为阿萨德不仅是"独裁者"，而且是"反美者"，他不追随美国的中东政策，而是反其道而行之，对以色列强硬，对伊朗友好。当时很多美国人认为"阿萨德下台"是一个很容易实现的目标，美国的大小官员就多次说过阿萨德在台上的日子"屈指可数"，媒体更是散布着乐观信息。这种乐观情绪来源于埃及、利比亚等国执政者在"阿拉伯之春"中的下场经验，穆巴拉克在埃及爆发解放广场示威后18天辞职下台，卡扎菲在利比亚抵抗了6个月后被推翻，并且在逃亡中被处死。

不过，叙利亚的国情和其他那些国家不同，有国内因素的不同，也有

叙利亚内战给叙利亚人民带来了血腥的灾难,在内战的背后是外部大国的博弈

"阿拉伯之春"蔓延叙利亚后,美国说阿萨德很快会下台,但他至今没下台,而美国主宰力却从叙利亚舞台"下台"了

国际因素的不同。叙利亚国内的反对派背景复杂，派系众多，各自为政，不能像埃及的自由派和伊斯兰派可以在反穆巴拉克的斗争中形成反对派同盟；叙利亚在国际上又不像利比亚那样孤立无援，俄罗斯是其坚定的支持者，尤其在发生了西方对利比亚滥用联合国关于禁飞区的决议之后，俄罗斯坚决反对联合国再次通过类似的决议。俄罗斯的心境是容易理解的，因为近年来它有过许多次西方"食言""滥用"的教训，科索沃战争就是一次刻骨铭心的记忆。

科索沃的幽灵在飘荡

在科索沃战争期间，俄罗斯通过G8方案帮助北约摆脱了进退两难的窘境，但是北约却使用"偷梁换柱"的方法，对G8方案的关键条款"食言""滥用"。

1999年3月，北约发动科索沃战争，对南斯拉夫科索沃地区进行轰炸，企图迫使南斯拉夫接受北约的和平方案，从科索沃撤军。不过，轰炸并没有取得预期的结果。由于科索沃地形多山，空袭难以击中坦克等军事目标。南联盟塞尔维亚的军队把坦克藏在科索沃的山谷洞穴，还用伪装来欺骗北约的飞机，用纸板木板作成假坦克误导轰炸目标。北约的飞机不能进行低空飞行作精准打击，因为山地地形太过复杂，而且很怕飞行员伤亡会引起国内的反战情绪。因此南联盟在科索沃的军事力量受到的损失非常有限，根据北约在战争结束后的检测，南军的600辆坦克中只有97辆被击中，其中被击毁的只有26辆。如果北约单单依靠空袭，很难击垮南斯拉夫在科索沃的军事力量。

北约也考虑了出动地面部队，但南斯拉夫周边国家的态度却对北约的地面行动非常不利。多数国家不允许北约利用其领土发动入侵，北约可能

第三章 叙利亚：小国内战道路上的大国博弈

利用的只有北面的匈牙利和南面的阿尔巴尼亚。若从匈牙利入侵，需要通过南斯拉夫的首都贝尔格莱德，那将是一场和南斯拉夫的全面战争，而不是科索沃的局部有限战争，北约诸国显然都没有胃口打如此的"大战"。若从阿尔巴尼亚入侵，则又有很多难以解决的问题。阿尔巴尼亚是欧洲的"第三世界"贫穷国家，在1990年代的转型中经济又搞得很糟糕，港口和公路都非常落后。它的港口缺乏运输北约大量军事设备物资的能力，它的公路承受不了北约的重型坦克和装甲车，而要改进港口和公路的状况，则需要很长的时间。另外，阿尔巴尼亚和科索沃接壤的地方山势险峻，地形"易守难攻"，北约需要付出相当的伤亡代价才可攻入。1996年我去过阿尔巴尼亚，对那里基础设施的落后深有体会，公路坑坑洼洼，我乘坐的小汽车都不能快速行驶，更别说重型车辆。当时阿尔巴尼亚的转型处于混乱状态，政府失能，到处可见"无政府主义"现象，譬如，道路当中会出现一座新房子，这是有人任意侵占公地建造起来的；国企的门窗七零八落一片狼藉，这是人们到国企里面去偷抢物资和设备的结果……1999年阿尔巴尼亚的情况稍有好转，但仍然非常糟糕，北约要想快速改进公路和港口几乎是不可能的。

北约面临的"不可能"难题，给了南斯拉夫战略机遇。南斯拉夫可以采取"持久战"的战略，拖住北约，等待转机。在经过一两个月的轰炸之后，北约陷入了越来越窘迫的重重困境，尤其是大量平民被误炸伤亡，使北约受到越来越多的国际舆论批评。科索沃的很多平民为了躲避北约的轰炸，逃到山里居住，如果到了秋冬的时候北约的轰炸仍不停止，山上的严寒将会引发饥寒伤病等一系列"人道主义灾难"，北约将会受到更严厉的国际舆论谴责。

4月底北约在华盛顿召开庆祝北约成立50周年峰会，当时气氛非常紧张沮丧，以至美国国防部的新闻通讯称："这次峰会不是庆祝，而是工作会议",是要想法找到解决科索沃危机的办法。那么,北约是如何找到了解决科索沃危机的办法?是发明了什么新的先进武器吗?不是,北约的解决办法是俄罗斯、是叶利钦提供的。

1999年春天,叶利钦也处在困境之中,那是俄罗斯的经济困境给他造成的政治困境。8个月前俄罗斯经历了卢布崩溃的打击,叶利钦在国内声望扫地,他急需资金来挽救颓势。叶利钦很渴望得到西方的经济援助,想通过帮助北约摆脱科索沃困境来帮助自己摆脱国内困境。

由于俄罗斯是南斯拉夫的最重要支持者,俄罗斯对南斯拉夫的决策有巨大的影响力。俄罗斯人和塞尔维亚人都是斯拉夫民族,又都信奉东正教,有着历史深远的纽带。科索沃战争爆发时,俄罗斯的总理是普里马科夫,他很支持南斯拉夫,反感美国的单边主义政策,对北约采取了比较强硬的立场。为了帮助北约,叶利钦5月12日撤了普里马科夫的总理职务,任命了亲西方的前总理切尔诺梅尔金作为解决科索沃问题的特别代表,负责和北约谈判。

1999年5、6月期间,俄罗斯和西方及日本等8个大国举行了G8会议讨论谈判解决科索沃战争问题,会议的结果产生了所谓的G8方案,要求南斯拉夫从科索沃撤军,战争停止后在科索沃由联合国驻军维持和平稳定,驻军中必须包括俄罗斯和乌克兰的部队。但是,当俄罗斯说服其盟友南斯拉夫接受了G8的建议后,转眼之间就发生了"偷梁换柱"。"联合国驻军"被偷换成"北约驻军",只是外加俄罗斯和乌克兰的部队,而且是要在北约的"统帅"之下。俄罗斯本是在帮助西方解决难题,帮助西方从轰炸科索沃的进退两难窘困境况中解脱出来,想不到却受到了如此的"食言""滥用"对待。

冷战后的俄罗斯转型激变,国力一落千丈,昔日的超级大国被完全边缘化了,俄罗斯别无选择,只得忍气吞声。6月中旬北约"凯旋"进驻了科索沃，伴随北约胜利的是叶利钦的彻底失败，他连西方的经济援助都没有得到。不过，在忍气吞声的背后，一场巨变在俄罗斯政治舞台上被静悄悄地触发了。8月9日，叶利钦任命普京为总理，12月底叶利钦辞去了总统职务，俄罗斯开始了普京时代。

叙利亚内战发生在普京时代，俄罗斯此时的外交行为已与叶利钦时代完全不同。在叙利亚，俄罗斯也曾经帮助美国走出过一个窘迫困境，但其动机和后果与科索沃大相径庭。

智者的声音被淹没

俄罗斯在科索沃羞辱失败，美国在科索沃的自豪胜利，这使得科索沃战争在俄罗斯人和美国人心中的记忆截然不同。在绝大多数美国人的心中，科索沃战争是一场美国"零伤亡"的胜利，仅仅依靠优势武器的空袭就大获全胜，是美国单边主义可以解决国际问题的经典范例。极少有人会去认真研究科索沃战争发展的事实，去了解俄罗斯扮演的角色，并且认识到科索沃的结局其实是"政治解决"而非"军事解决"。这种思维，令大多数人享受了心理满足，也令美国轻易地发动了两年后的阿富汗战争、四年后的伊拉克战争。这两场战争都让美国吃了苦头，使美国在经济、政治、外交方面遭受了长远的损失。

不过，当大多数人沉浸于自我陶醉的思维中时，也有理性的智者很早就看到了问题，譬如前总统卡特就在科索沃战争时撰文给《纽约时报》，批评美国不耐心进行谈判、鲁莽动用武力、绕过安理会、弱化联合国，还特别强调要依靠俄罗斯的外交活动来解决美国的困境。但是，智者的声音总是被大多数人的喧嚣淹没。

在叙利亚的问题上，智者的声音也被众人的喧嚣淹没，譬如前国家安全顾问布热津斯基就多次批评过奥巴马的政策,指出大多数叙利亚人未必希望阿萨德下台,指出美国政策中的"情绪化"问题,并警告这种情绪化政策将造成中东地区大规模的不稳定。但是,他的意见并没有被决策者采纳,情绪化的"阿萨德必须下台"成了雷打不动的目标。

如果美国的政策能够"去情绪化",能够理性面对叙利亚的现实,能够灵活利用现实中出现的机会,美国应该可以利用阿萨德要和反对派"全国对话"的机会,来"推动民主",实现有利于自己的目标。当时阿萨德提出了很具体的改革内容,譬如要召集100人组成的委员会来讨论政治改革框架,开放党禁,修改议会选举法和传媒法等等;还建议了时间表,表示改革框架草案可以在2011年9月完成。但是美国对阿萨德的改革建议嗤之以鼻,说是"要行动,不要言辞",其实当时阿萨德已经释放了政治犯,并且解除了"紧急状态",不能说没有"行动"。美国完全没有鼓励反对派去进行"全国对话",其西方盟友更是要加大对叙利亚的经济制裁,于是,对话无法展开,叙利亚形势越来越恶化。如果美国当时能够推动反对派和阿萨德对话,能够利用国际压力使阿萨德落实更多的改革,叙利亚内战也许不会造成如此多的悲惨伤亡,美国也不会如此陷入后来的窘境。改革后的叙利亚政府,即使阿萨德仍在台上,也很可能会对美国采取比较亲善的态度,因为在危难时美国帮了他一把。

从化武红线到和谈终线

阿萨德并没有在美国自以为是所预期的"屈指可数"之日下台,但"阿萨德必须下台"的情绪却难以被理性克服,依然弥漫在很多美国人心中。他们希望"阿萨德下台"的目标能够实现,千方百计想推翻他。为了推翻阿萨德,美国倾力支持各种反阿萨德派。叙利亚的反阿萨德派多种多

第三章 叙利亚：小国内战道路上的大国博弈

样，美国不去仔细了解他们的底细，只是从"反阿萨德"出发来利用他们。利用反对派来推翻美国不喜欢的政权，这是美国惯常使用的方法。这种方法在很多情况下是有可能给美国带来负面结果的，这样的例子相当多。譬如，美国为了推翻苏联支持的阿富汗政府，利用了"神学士"反对派，这个伊斯兰极端分子的团体后来发展成塔利班；美国为了推翻萨达姆政府，利用了反萨达姆的伊拉克什叶派，由于什叶派和伊朗关系密切，后来伊朗的势力在伊拉克壮大扩展……对于这些负面结果的例子，美国没有进行理性的分析，更没有理性地改变自己的惯常行为，而是情绪化地执着于老方法。

由于美国正在阿富汗和伊拉克同时打着两场战争，再要自己出兵进入叙利亚这个第三战场，有点儿力不从心，所以推翻阿萨德非常需要利用反对派的力量。为了鼓舞反对派的士气，美国又需要表现得自己愿意出兵，于是美国总统奥巴马在 2012 年宣布，如果阿萨德越过红线使用化学武器，美国就会军事介入，直接打击阿萨德政府。在化武红线提出之后，使用化武的传言逐渐出现，先是小规模的，反对派和政府军都指责对方使用化武。2013 年 8 月 21 日，在首都大马士革郊区发生了一次大规模的化武袭击，引起国际社会的强烈谴责，双方又都指责对方。

反对派的根据只有一点：反政府军的军事能力落后，不可能进行这样的化武攻击。

政府军的指责主要根据下述几点：第一，联合国专家小组于 8 月 18 日抵达大马士革来调查化武问题，政府军即使要使用化武也不会在该小组抵达三天之后，而且还在离该小组这么近的地方；第二，叛军正想利用"化武红线"触发美国和西方的军事介入，此时此地恰是符合他们目的之选择；第三，叛军中有许多前政府军的反叛官兵，他们懂得如何使用化武；第四，外国势力全面介入了叙利亚的内战，某些国家很可能给叛军提供化武。

叙利亚的反政府军成分非常复杂，其中不乏宗教极端主义者和恐怖分子。阿萨德政权主张世俗主义，其父哈菲兹·阿萨德当政时，曾在1973年取消了宪法中关于总统必须是穆斯林的条文，结果引发宗教主义者的抗议暴乱。到了1980年代，宗教主义者的势力有了更大的发展，几个城市爆发了起义。叙利亚的穆斯林兄弟会在1980年企图暗杀老阿萨德总统，还于1982年在哈马举行了大规模的起义，结果遭到严厉镇压，有约两万人死亡。这些历史纷争埋下的仇恨种子，在这次叙利亚的内战中都重新爆发出来，当年起义的那几个城市此次都是叛军活跃的重镇。由于阿萨德及其政府中许多成员都属于伊斯兰的什叶派，而反对派几乎都是逊尼派，反对派得到了逊尼派主政的国家的大力支持，譬如沙特，同时也得到了逊尼派的基地组织的援助，很多基地组织分子进入叙利亚建立了反政府军武装，攻击阿萨德政府军。

当奥巴马把"使用化武"定为"红线"时，美国有些人指出此举是"不明智"的，因为这很可能被反政府军中的恐怖分子利用，他们可以嫁祸政府军使用化武，迫使美国军事介入叙利亚。陷入了阿富汗和伊拉克的两场战争之后，大多数美国人都不愿意再卷入第三场战争，都怕美国的经济被战争拖垮。尤其是叙利亚反政府军中有很多基地组织的恐怖分子，不少美国人更怕美国动武会助长这些人的势力。8月21日的化武事件发生之后，奥巴马立刻面临了进退两难的窘境，若不对叙利亚动武，美国总统就是言而无信，信誉将受到损害；若对叙利亚动武，美国必须应付政治、经济、外交、军事等一系列难题。民调显示大多数人强烈"反战"，国会议员受民意的影响很大，从国会辩论的大趋势来看，国会很可能会反对军事介入，让总统信誉扫地。美国政府站在进退两难的窘境边缘。

正在此时，普京拿出了一个方案，帮助美国摆脱了窘境。这个方案是：叙利亚把化学武器全部交给相关的国际组织，并且进行销毁。美国松了口气，接受了这个方案。历史似乎是在重演，1999 年，叶利钦帮助美国走出科索沃的窘境；2013 年，普京帮助美国走出了叙利亚的窘境。难道历史真是在重演吗？从 2013 年以后的发展来看，显然不是。俄罗斯利用了这个契机，扩展自己在叙利亚的力量，增强自己在中东、在世界的影响力。

自从化武解局之后，俄罗斯利用了各种机会在叙利亚大展拳脚。打击"伊斯兰国"是一个好机会，2014 年"伊斯兰国"猖獗异常，大肆攻城略地，在叙利亚西北部和伊拉克北部占领了很多城市，2015 年俄罗斯应阿萨德政府的要求，正式派遣武装力量进驻叙利亚。俄罗斯在叙利亚一方面打击"伊斯兰国"和恐怖组织，另一方面也打击反阿萨德的各种反对派力量。叙利亚的反对派错综复杂，有的和极端组织关系密切，有的徒有其名缺乏战斗力，五花八门各种各样，美国当时为了追求"阿萨德必须下台"的目标，广泛支持各种反对派。阿萨德政府军在俄罗斯的协助下，又加上伊朗的大力支持，渐渐收复失地，把反对派一个一个击败。反对派中还有库尔德人，他们和土耳其境内要求独立的库尔德人有联系，土耳其政府将其视为眼中钉，对他们猛追猛打。被阿萨德、俄罗斯、伊朗、土耳其打击的这些反对派中，很多都是美国要利用来推翻阿萨德的力量，现在被清除或者削弱。2014 年后，由于"伊斯兰国"在叙利亚的猖獗，美国也开始进行军事介入，不过美国的军事影响力，远逊于俄罗斯。

从 2016 年底开始，在阿萨德力量越来越强、反对派力量越来越弱的背景下，俄罗斯主导在哈萨克斯坦的阿斯塔纳召开了一系列阿萨德政府和反对派的和谈会议，参与会议的有土耳其和伊朗，但是没有美国。这些会议虽然不是一帆风顺，但在和解的道路上逐步前行，几年来取得了一些成绩，向最终解决叙利亚问题的目标走去……在这个最终解决的大舞台上，美国被排挤在外。

自我决策错误的自伤自毁

美国在叙利亚舞台上如此失利，是其一系列错误政策造成的。从"阿萨德必须下台"的自说自话、不切实际的目标，到支持那些或者具有危险性、或者不具战斗力的反对派，还有"化武红线"等轻率愚蠢的大话……美国给自己酿出了最终的苦酒。分析美国这些政策可以看到，这些政策不仅错误，而且错得低级愚蠢。如果当时能够做些理性的实事求是的调查研究，是可以不犯这些错误的。在美国，当时也有理性聪明的人提出过异议，希图纠正这些错误。但是，一而再，再而三，总是愚蠢的意见占了上风，聪明的意见被摒于门外。为什么美国会如此一而再、再而三地重复错误的抉择呢？分析每一次抉择，也许都可以找到一些具体的原因，譬如，某个利益集团的游说、某个政客的特殊作用……但在这些具体原因之外，还可以看到一个深藏的结构性原因。这个结构性原因深藏在西方民主制度中，是民主制结构隐含的"趋中化"问题。

什么是"趋中化"呢？根据优主政治的理论，① 趋中化是指趋向于中等水平，既不趋向于低端，也不趋向于高端。由于民主制遵循"多数制""多数决"原则，这给趋中化提供了制度环境。

假设可以对全国所有人的智慧能力进行测试，最低者定为 0 分，最高者定为 100 分，那么该智力分数的分布曲线应呈现出正态分布特征：多数人的分数集中在 50 分左右，越趋近低端 0 分或高端 100 分，人数逐渐递减。因此，遵循多数制原则做出的决策，其智力特点应该是趋近 50 分左

---

① 参阅本书第十二章。

右的水平，因为多数人的智力水平是在 50 分左右。从好的方面来看，这种决策避免了接近 0 分的最低智愚蠢结果；但从坏的方面来看，这种决策也使接近 100 分的英明卓见无法被采用。民主制具有这种"中位数效应"的趋中化机制，虽然防止了趋弱，但也阻碍了趋强。

当美国进行政策辩论的时候，卡特、布热津斯基那些智者的声音往往被淹没，能够获得大多数人认同和拥护的往往是缺乏理性深思的声音，譬如，科索沃战争证明美国军事力量可以"零伤亡"取胜，阿萨德下台的"日子屈指可数"……这些声音满足了大众的情绪，获得大众情绪化的支持，在情绪化的喧嚣声中，理性智慧被淹没，错误抉择应声而出。

在一国之内的小框架中，中位数效应是趋中的，并不是趋弱的；但若在多国竞争的国际大框架中，民主制的中位数效应就不仅仅是趋中，而且很可能引起趋弱的后果。因为，在一国之内，趋中所作出的错误抉择是大多数人都会犯的错误，错误水平是中等的；但在多国竞争的情况下，某国的中等错误很可能要面对的是别国的高超正确，如此竞争的结果，中等错误国将被挤压排斥，这个国家将在国际竞争中趋弱。

智者声音被淹没、缺乏远见理性的意见被采纳，这已经成为美国外交决策的常态，甚至在屡吃苦头的情况下仍然如此。民主制的趋中化拒绝了高明智者的意见，再加上利益集团的游说和蛊惑，使政府意见往往被误导，造成政府决策有利于小集团，有损于国家社会的长远利益。冷战结束之初，美国的国际地位曾空前优越，但三十年来，它不断下滑。如此的下滑都是自我决策错误所导致的自伤自毁，并非受到外部力量的攻击。在叙利亚的大国博弈战场上，美国留下了自我决策错误的一个一个脚印，通过这些脚印可以看到美国的决策机制结构性缺陷，以及这种缺陷酿成的大国滑落。

第四章　东欧：转型道路的选择、再选择

南斯拉夫的悔恨、同情、迷惘/罗马尼亚流血革命后的变革/匈牙利从自由主义到非自由主义

南斯拉夫的悔恨、同情、迷惘

2014年和2015年，我曾经两次去巴尔干，是在中东难民洪流泛滥巴尔干半岛之前。2015年我刚离开那里，就在新闻上看到难民潮滚滚而来，他们拖家带口，成群结队，漫涌在克罗地亚、塞尔维亚、斯洛文尼亚的道路上……在那些我熟悉的山川、田野、道路上，他们向西北行进。他们是要去德国、去奥地利、去更加富裕发达的国家，他们并不想留在巴尔干，只是要通过这条所谓的"巴尔干航线"抵达目的地。2015年和2016年，是巴尔干航线最"火"的时候，据说有近百万难民穿越了这条航线。这样的"火"使航线途经的国家非常"恼火"，它们想方设法切断航线，修墙设岗，阻拦难民，克罗地亚做得很成功，把大量的难民挡在了国门之外。于是，巴尔干航线改道了，但它并没有离开巴尔干，只是偏离了临海的克罗地亚，向山区的波黑移去。原本通过克罗地亚到斯洛文尼亚，是可以马上越境去到奥地利、德国的，这是近道。不过近道被堵，只好绕远路。自

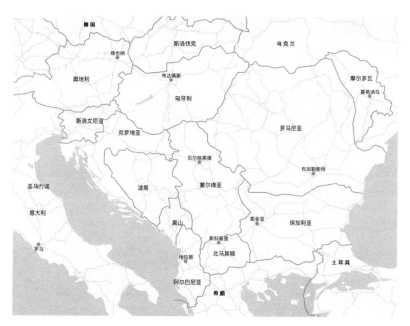

前南诸国、罗马尼亚和匈牙利地理位置示意图

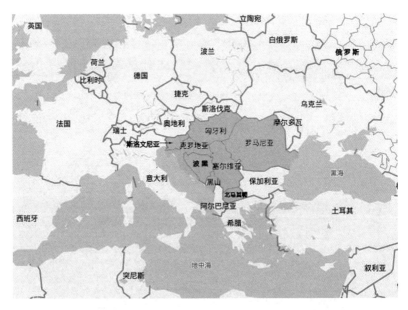

前南诸国、罗马尼亚与匈牙利在亚欧非三大洲中所处的地理位置示意图

2017年起,从希腊经过阿尔巴尼亚,再通过黑山共和国到波黑的巴尔干新航线渐渐开辟出来。

走上这条新航线的难民并未能够顺利到达奥地利和德国,大多数最后都滞留在了波黑的比哈奇市的难民营中,那里是波黑的西北边陲,离克罗地亚很近。难民们无法进入克罗地亚,就只好留在这里。波黑没有像克罗地亚那样驱赶难民,他们对难民有同情之心,因为二十多年前,他们亲身经历过当难民的滋味,那是他们无法忘却的刻骨铭心之痛。我在波黑的时候,听到不少人向我讲述过那段痛苦的记忆,战争、围城、死亡、难民……

在1992年至1995年的波黑战争中,比哈奇是激战的战场之一,被围城三年。波黑战争是南斯拉夫解体过程中最为惨烈的一幕,解体之前南斯拉夫有六个联邦共和国:塞尔维亚、克罗地亚、波黑、斯洛文尼亚、马其顿、黑山。解体始于1991年斯洛文尼亚的独立,由于斯洛文尼亚境内民族单一,都是斯洛文尼亚人,因此独立没有引发激烈的内战。南斯拉夫有三个大民族:塞尔维亚人、克罗地亚人、波斯尼亚人;分别信奉三种宗教:东正教(塞族)、天主教(克族)、伊斯兰教(波族)。三族中塞尔维亚人是最大的民族,克罗地亚人和波斯尼亚人都想摆脱塞尔维亚人,走斯洛文尼亚那样的独立道路,但是他们的国情和斯洛文尼亚不同,因为他们境内民族混杂,不像斯洛文尼亚那样单一。1991年克罗地亚宣布独立,塞尔维亚人的反抗非常激烈,克罗地亚境内的塞尔维亚人占总人口的12%左右,他们得到了境外的塞尔维亚人的支持,克塞两族进行了三年苦战。波黑的情况比克罗地亚还要复杂,境内的波斯尼亚人占总人口的43%,塞尔维亚人占31%,克罗地业人占17%,境外的克塞两族都派兵来援助本族同胞,波黑成为族裔厮杀的战场。

比哈奇城内是波斯尼亚人，他们被塞族的军队紧紧包围。塞族军队非常重视这个城市，因为这里和他们在克罗地亚的战争紧密相关，那里的塞族人正和克族鏖战，需要通过这里来运送战争物质。比哈奇市最终解围是因为克族军队在克罗地亚发动了"风暴行动"战役，把那里的塞族军队击败，同时横扫了比哈奇附近的塞军。比哈奇的波斯尼亚人在围困中苦苦生活了三年，直到1995年夏天才得以解围。

从比哈奇围城到中东难民潮涌来，25年已经逝去，但人们对战争、难民的痛苦记忆还没有消失。生于比哈奇的一位文化学教授在分析波黑民众对中东难民的心态时说："在当地人的意识和叙事中，总是会有强烈的比较，会联系到他们自己在1990年代战争中经受的痛苦，被围困的经历，死亡、匮乏……"

中东难民给比哈奇带来很多困扰，譬如，由于波黑自身经济不佳，没有很多资源来修建足够的难民营，营中条件很差，非常拥挤，很多难民就去公园的长凳上睡觉，还到体育馆去如厕洗浴，影响了市民的正常生活。比哈奇人没有驱赶难民，而是他们的市长和数十位议员跑到波黑首都萨拉热窝去举行了一次抗议，他们说："我们不反对难民，我们理解他们的问题，不过，我们要求部长理事会给难民提供足够的住宿设施，让他们不要睡在我们城市的马路上。"除了比哈奇，波黑的其他城市也都表现出对难民的同情心，许多地方有志愿者的组织，给难民提供帮助，捐献食品和衣服。

我在波黑的时候，那里还没有难民潮，所以没有看到他们如何对待难民，但是我听到了他们对战争的回忆。不少人的回忆，超越了对战时生活痛苦的描述，更多讲述的是心灵的痛苦。那痛苦不仅仅涉及战争年代，还超越了战争期间，深入了战前和战后的岁月……他们回忆自己一步一步走向战争、走出战争的心路历程。

南斯拉夫解体后的战争,给波斯尼亚留下了深刻的创伤,这是至今仍能看到的被炸毁的房屋

南斯拉夫解体前波斯尼亚的异族婚恋很普遍，2015 年这对坐在清真寺旁的年轻人，大概是同族的穆斯林

第四章 东欧:转型道路的选择、再选择

我和一位波斯尼亚的法律工作者有过一次长谈,给我印象最为深刻。1990年代初的时候,她二十多岁。她说那时她和大多数波斯尼亚人一样,激进狂热地相信独立会带来自由、发展、幸福,但是现在她深深地后悔。她把手放在自己的心口,几乎要流泪地说,现在每当谈起这些悔恨的事情,她的心口就会深深地疼痛。她记得1990年以前的生活,那时候波黑的三个族群,波斯尼亚人、塞尔维亚人、克罗地亚人,关系是很和睦的,他们生活在同一个社区,居住在同一条街道,在同一所学校学习,在同一个单位工作。年轻的异族恋人约会谈情,异族通婚相当寻常。1989年柏林墙倒塌,整个苏东地区发生了剧变。要自由,要民主,要独立……这些激动人心的诉求使人狂热。从苏联到南斯拉夫,掀起了一股争取民族独立的狂潮。那时候人们热切向往的是,结束共产党的一党执政,实行多党民主制;各民族不应该集中在一个共产党的国家里,民族要独立自由。人们热烈讨论着独立后的美好前景,有了民族的尊严,有了发展的自由,有了民主的参与,生活将美好幸福。为了这美好的前景,大家愿意流血奋斗,于是人们义无反顾地踏上了厮杀之路。现在,她看到了"奋斗"的后果,不仅那美好前景没有实现,情况比独立前更坏了。她痛心悔恨,竟然是自己流血毁掉了自己平静和睦的家园。她说,那时的激情冲动,一方面是缘于人性的弱点,但另一方面也是由于政客的煽动。在社会发生剧变的时候,政客为了召唤支持自己的追随者,需要打出一面旗帜来唤起人们的认同,民族主义是一面容易利用的旗帜。当时共产党的旗帜倒了,新兴起的政党就打出了民族主义的旗帜。她说,目前在波黑的国会中,三个主要政党的领导人仍然在用民族主义拉选票、搞竞争,她是再也不会追随这样的政党了。她是法律工作者,她丈夫独立前是飞机工厂的工程师,但是现在他们都没有正式工作,她丈夫给游客开车,她给游客导游。他们若想得到政府工作,就需要加入国会中的强大政党,否则根本没有机会,而他们不愿意

在萨拉热窝被围困的三年中,人们挖了一条地下隧道通到外面,全城给养物资只能靠此隧道输送

加入那些鼓吹民族主义的大党。

对于南斯拉夫解体后的战争发生原因,她还从国际视角来进行了分析。她说,巴尔干地处东西方交汇的战略敏感地带,当国际大局发生变化时,各大国都要在变局中为自己攫取最大利益,要在战略敏感地区争夺较量,巴尔干的小国就成为较量的战场。19世纪奥斯曼帝国的衰落引起了国际大局的变化,奥匈、沙俄、英国、法国、德国就都涌来了,奥匈占领了波黑,沙俄支持激进的塞尔维亚人通过搞独立来反奥匈,那个刺杀奥匈帝国大公的人就是塞尔维亚激进党的,正是这次刺杀事件引爆了第一次世界大战。苏联解体后又引发了一次国际大局的剧变,大国又来这里争夺较量,俄罗斯支持塞尔维亚,西方支持克罗地亚、波斯尼亚、科索沃,他们真正的目的是为了争夺自己的势力范围,为了打击对手大国的势力,而不是为了要帮助这些小国独立发展。结果,小国的族群被撕裂,同胞自相残杀,家园被摧毁,社会被破坏。

听着她分析大国博弈造成的小国悲剧,还有人性在政治争斗中的弱点,我很赞叹她的深刻认识,我想这大概是她在战争中通过自己的痛苦心路历程凝华出来的。后来,我还遇到一位波斯尼亚的年轻人,他是在战争年代出生的,没有真正经历过战争,但是他对引起战争的那些独立幻想,还有对波黑的一些历史问题的看法也颇有深刻之处。

他是萨拉热窝人,在围城中的萨拉热窝降生,而他的祖父则在围城中死去。萨拉热窝被围困的时间是最长的,超过比哈奇。在围困年代里,水电供热都停了,食品极度短缺。那时萨拉热窝挖了一条地下隧道通到外面,全城给养物资靠此隧道输送,现在那里是一个战争博物馆。独立战争之前的萨拉热窝,各族混居,非常融洽,这里的异族婚姻超过三分之一。就在战争期间,这里还发生过一起轰动的"萨拉热窝的罗米欧与朱丽叶"事件。那是在1993年,一个24岁的塞尔维亚小伙子,要和他的波斯尼亚

奥斯曼帝国 15 世纪在萨拉热窝修建了这个穆斯林风格的老城

19世纪中叶奥匈帝国赶走了衰落的奥斯曼帝国,占领了萨拉热窝。在穆斯林老城旁边,修建了奥匈风格的新城

在新城和老城之间有一道白线,上面写着"文化的萨拉热窝之会",表示东方和西方的文化在这里相会

第四章　东欧：转型道路的选择、再选择

女朋友一起逃出萨拉热窝。当时城里是被围困的波斯尼亚人，城外是塞族军队，他们俩人想一起逃出这个是非之地。在出城的一座桥上小伙子被射杀，他的女朋友重伤，她倒下后拖着重伤的身体，慢慢向他爬去，然后躺在他的身边，静静地死去……由于那座桥是在双方的无人控制区，他们的尸体在那里躺了四天四夜，最后塞族军队让被俘的波斯尼亚"战俘"去桥上收拾了尸体。

关于战争年代的那些具体事情，这位年轻的波斯尼亚人大多是听长辈们述说的，因为那时他还太小，还不懂事。但是对于战争起因，以及对于波黑更加久远的历史，他却有自己的理解和看法。我和他沿着城中的铁托大道，一边漫步一边漫谈，我听他讲述着萨拉热窝、波黑、南斯拉夫的漫长历史，还有历史给今天年轻人的生活造成的影响。

萨拉热窝位于群峰间的一道河谷中，城市像一条修长连绵的纽带。它的起端是奥斯曼帝国 15 世纪修建的穆斯林风格的老城，在穆斯林征服萨拉热窝之前，这里曾经是东罗马拜占庭帝国的领土，有东正教的教堂。在奥斯曼帝国统治萨拉热窝的四百多年中，很多基督徒改宗伊斯兰，据说不少人当时是为了少交些税，因为非穆斯林要多交税，这些改宗伊斯兰的人就是今天的波斯尼亚人祖先。后来奥斯曼帝国衰落了，19 世纪中叶奥匈帝国赶走了奥斯曼，占领了萨拉热窝。在那个穆斯林老城旁边，奥匈帝国修建了巴洛克风格的新城，现在新城和老城之间划了一道白线，上面写着"文化的萨拉热窝之会"，表示东方和西方的文化在这里相会。后来奥匈帝国也衰落了，第一次世界大战之后，南斯拉夫摆脱奥匈帝国获得了独立；第二次世界大战之后，南斯拉夫建立了共产党领导的社会主义国家。在奥匈帝国的新城旁边，萨拉热窝又修建了"共产主义区"。这个区中的建筑，多数是高层板楼，既没有新城巴洛克建筑的美感，也没有老城穆斯林建筑的历史感，但是非常实用，适于普通人居住。

20世纪初奥匈帝国衰落,南斯拉夫人普林西普在这座拉丁桥畔刺杀了奥匈帝国王储,引爆了"一战"。如今桥上有老妇在乞讨

"二战"之后南斯拉夫建立了共产党领导的社会主义国家,在奥匈的新城旁修建了共产主义城区,建筑多数是高层板楼

波斯尼亚人是欧洲的穆斯林,他们把穆斯林的头巾融入了欧洲式的婚纱

第四章 东欧：转型道路的选择、再选择

我们从老城，到新城，再到"共产主义区"，一路走一路谈，他讲述着各个历史时期给波黑带来的变化。在穆斯林的老城，他告诉我，奥斯曼带来了伊斯兰教，使波斯尼亚人成为穆斯林，不过，波斯尼亚的穆斯林和其他很多地方的穆斯林不同。他说，波斯尼亚人是非常世俗化的，饮食的禁忌不那么严格，很多人不常去清真寺作礼拜，甚至极少读《可兰经》。他强调："我们是欧洲的穆斯林，和中东穆斯林不一样。"

在奥匈帝国的新城，他特别强调奥匈帝国给波黑带来了很多现代化的东西，譬如公共电车就是在那个时候引进的，是欧洲最早修建的电车系统之一。他很无奈地说，可是当时有些人却忽视奥匈帝国带来的这些有益于波黑发展的东西，激进地想着要独立，要从奥匈帝国中独立出来，于是一个激进党人在萨拉热窝刺杀了奥匈帝国的大公，结果引发了第一次世界大战。那个刺杀事件的发生地点是在拉丁桥畔，我们经过那里时，看见一个孤零零的女人蹲坐在桥边乞讨。那桥是著名景点，乞丐可以向游客多要些钱，不过萨拉热窝的游客并不多，远少于克罗地亚。

到了"共产主义区"，他首先告诉我，大多数的萨拉热窝居民现在都住在"共产主义区"里，因为这里的房子最多，而且适于普通人居住。他对铁托的"共产主义时期"有不少的的赞扬。他说，在铁托的共产党统治时期，波黑有很多发展，盖了很多住宅，建了很多工厂，西方的公司也到南斯拉夫来投资。萨拉热窝还举办过奥林匹克运动会，这是南斯拉夫人的骄傲，更是萨拉热窝人的光荣。他遗憾地说，但是 1980 年代的时候，人们又都忽视了这些，又激进地想着要独立。结果现在，波黑的经济情况非常糟糕，大公司都不愿意来投资，失业率很高。我后来去查了世界银行的数据，波黑的失业率竟然高达 30% 左右。

由于就业机会很少，他像很多波黑的年轻人一样，希望能够去欧洲的发达国家找到好工作。他的英语很好，在发达国家可以有相当好的就业机

在卢布尔雅那市中心的广场公园里,老人坐着聊天。斯洛文尼亚加入欧盟之后,出现了"空心化"现象

会。可是，波黑不是欧盟国家，想去欧盟发达国家工作很不容易。他羡慕斯洛文尼亚，因为斯洛文尼亚已经是欧盟成员国了，他希望以后波黑也能够加入欧盟。

南斯拉夫的几个国家都在申请加入欧盟，但成功的目前只有两个，第一个是斯洛文尼亚，2004年被批准加入，第二个是克罗地亚，2013年才被批准成为欧盟成员，其他国家还在等待之中。斯洛文尼亚能够那么早就加入欧盟并不奇怪，因为它一直是南斯拉夫联邦中最富裕的国家，人均GDP最高，在南斯拉夫解体之前就如此。

2015年我也去了斯洛文尼亚，那里给我留下的印象相当好，倒不是因为它的GDP高，而是因为它的社会诚信度高。不过，斯洛文尼亚在加入欧盟后也有它自己的问题。

在斯洛文尼亚，我曾经和一位三四十岁的人谈起他们的"富裕"和"加入欧盟"，他说，虽然斯洛文尼亚是前南斯拉夫联邦中最富裕的，但加入了欧盟，和其他欧盟富国相比，斯洛文尼亚就是"穷国"了。到富国去工作能够赚到更高的工资，于是大批的斯洛文尼亚人都去了德国或奥地利打工，尤其是年轻人，蜂拥着离开了斯洛文尼亚。他的朋友们几乎都去外国工作了，他颇有孤独之感，他很希望外国公司能够到斯洛文尼亚来多做些投资，这样就能够把斯洛文尼亚人留在家乡了。

对于这种年轻人到外国打工的情况，我在斯洛文尼亚短短几天就能够切身感受到。譬如，我住的民宿的主人家，他们的孩子就去外国打工了。我碰到几个外国游客，他们说他们住的民宿情况也是如此。这让我想起中国的农民工涌入大城市打工的情况，颇有相似之处。其中不同的是，中国农民工是在本国之内，起码是在同样的文化大环境中。而斯洛文尼亚人是在异国他乡，是在不同的语言文化环境中，如果年轻人长期在异国生活工作，当他们回到祖国时，他们和斯洛文尼亚的亲人朋友之间，是否会产生

斯洛文尼亚的首都卢布尔雅那是一个美丽优雅，清净宜居的城市

卢布尔雅那街上的行人很少，车也很少，许多人骑自行车

卢布尔雅那河中有游船,但经常是空船

难以逾越的鸿沟呢？更令人忧虑的是，中国发生的是局部农村的空心化，而斯洛文尼亚发生的则是整个国家的空心化。

在斯洛文尼亚首都卢布尔雅那散步，我享受着极佳的宜居环境，不由得想到了空心化和外国投资的问题。如果从宜于人居的角度来看，卢布尔雅那远胜于大多数欧盟富国的首都，这里空气质量好，没有堵车问题，人际关系诚信……但是卢布尔雅那却吸引不到很多的投资，因此也就提供不了好的工作机会，于是就发生了空心化的问题。

吸引资本的不是宜居环境，而是其他的元素；资本能够给当地社区带来的，也未必是宜居环境，而是就业、GDP。"宜居"和"宜资"应该如何协调呢？这是道路选择时需要考虑的重要问题。虽然难以做到两全，但是可以使二者间的矛盾减少。国情给"宜居"和"宜资"提供了各种各样的选项，道路的选择就是要进行全盘的考量，斟酌各选项的利弊，协调舍取。

斯洛文尼亚选择了加入欧盟的道路，虽然发生了空心化的问题，但我还没有听到有人后悔，只是不少人表示这条道路并不像当初想象的那么美好。尤其是2008年美国次贷危机引发了全球经济危机，此后欧洲又发生了金融危机、欧债危机，使得加入了欧盟和欧元区的斯洛文尼亚受害不轻，2009年斯洛文尼亚的GDP暴跌8%，到了2016年GDP总量还没有恢复到2008年的水平。

尽管斯洛文尼亚经受了这些不愉快的挫折，但他们的诚信没有被挫伤，在这里我时时可以体验到诚信助人的温馨"幸福感"，这是我在巴尔干最愉快的经历。有两次经历特别令我难忘。一次是我在银行门外的自动取款机没有取到钱，银行经理亲自从里面的办公室出来为我查看，还很认真地把他的名片和取款机的GPS地址给我，说若是我的银行卡出现错误的记录，可以和他联系更正。还有一次是在卢布尔雅那河上坐游船，那天只

(左、右)克罗地亚有许多美丽的海滨城市,地中海的国际邮轮带来了大量客源,旅游业成为重要产业

有我一个人要坐游船，没有其他游客，船长说至少要有两个人才开船，让我等下一班，结果等了两班都没有人来，那时已到六点钟，是末班船时刻了，我对船长说我愿意多付些钱，是否可以开船。想不到他说，我如此"忠诚"地等了两班船，他不要我多付钱，让我享受 VIP 服务，为我一个人开船。

与斯洛文尼亚的诚信形成鲜明反差的是我在克罗地亚遇到的"不诚信"。我在克罗地亚买东西常会被骗被讹，譬如，给超市收银员 5 个库纳的硬币，① 她把钱迅速扔进钱柜，然后说那是 3 个库纳；在饭店和几个朋友一起吃饭，因为菜点得多，账单繁杂，饭店就趁机作假，把一个菜写成两个。这种环境迫使人时时疑虑、处处提防，生怕被骗被讹。这样的紧张防范心境，使人顿失"幸福感"。

旅游业是克罗地亚的龙头产业，独立后获得了迅猛发展。在亚得里亚海滨，克罗地亚有美丽悠长的海岸线，沿着海岸线有几个中世纪的美丽城堡，这是它的独特资源。在一个美丽的城堡城市中，我观察到它"独特"的经济特色——生活围着游轮转。地中海游轮的游客是这个城市的主要客源，游轮靠岸，游客上岸来逛街、购物、喝咖啡、吃东西。于是这里的商店、餐馆、酒吧、咖啡厅的作息就围着游轮的作息转，而不是遵循城市中本地居民的作息。游轮靠岸，店家灯火齐明，餐馆酒吧门口摆出了一排排一圈圈的桌子，提琴师开始演奏，歌唱家放开了歌喉……灯红酒绿闪烁，琴声歌声缭绕，无论是白昼还是黑夜。当游轮离去之后，一切戛然而止，即使是在正常上班的时间段，那里也萧条寂寞。

我听一位克罗地亚导游讲过从事旅游业的感受。她说，旅游业和其他行业不同，不能像其他行业那样正常作息。旅游业的季节性还特别强，旺

---

① 库纳（kuna）是克罗地亚货币，在 2015 年 5 月，5 个库纳约合 0.75 美元。

第四章 东欧：转型道路的选择、再选择

季要雇用很多人，淡季这些人就都失业了。克罗地亚的失业率很高，工作不好找。她三十多岁，希望趁着年轻，在旅游业工作多赚些钱，以后是想找一个更正常稳定的工作。旅游业是独立后大大发展起来的，以前人们多数是做正常稳定、工资不高的工作。她说，现在很多人怀旧，希望回到那个虽然工资不高，但生活正常稳定的时代。她理解那些人的怀旧之情，但她觉得那是不现实的，那个时代是回不去了，人应该面对现实，在现实中找出路。

我也很能够理解南斯拉夫人的怀旧之情，这不仅是因为南斯拉夫解体的创伤和转型后的经济压力，而且还因为南斯拉夫在转型之前，经济和政治状况都相当不错。南斯拉夫的经济模式和苏联不同，铁托没有实行斯大林那样的把资源全部投入重工业的经济政策。南斯拉夫在发展重工业的同时，也相当重视发展轻工业。另外，由于铁托和斯大林发生矛盾，南斯拉夫从苏联集团中分裂出来，西方从冷战角度考虑拉拢南斯拉夫，给它提供经济帮助。与苏联集团的很多国家相比，南斯拉夫的消费品供应相对较好，生活水平不错。我在保加利亚时，就听到当年保加利亚人去南斯拉夫买消费品的故事。

在政治方面，南斯拉夫也没有实行斯大林那样的政策，相对宽松。我询问过在南斯拉夫联邦的几个共和国生活过的人，他们都表示，那时有一定程度的言论自由，在私下发表言论是没有什么问题的，但是不能在电视等媒体上公开说。当然，如果是公开出书，进行反共反党宣传是可能"有罪"的。我所知道的"言论入罪"是德热拉斯案件。德热拉斯是南斯拉夫著名的"反党"人士，激烈批评铁托和共产党，他言论的激烈程度相当可观，常常会使很多人深感惊叹。他的言论不是私下说的，而是写成文章，写成书，并且在海外出版发表。他因此两次被投入监狱，总共服刑将近十年。

德热拉斯是黑山人,黑山独立后,俄罗斯的投资和游客大量涌入,这个黑山人正在一个景点吹奏苏联歌曲《莫斯科郊外的晚上》

第四章　东欧：转型道路的选择、再选择

德热拉斯本是老共产党员，在1930年代就参加了共产党。当他是大学生的时候，他投入了反对当时的南斯拉夫独裁政府的活动，因此被捕入狱三年，在狱中他接触了不少共产党人，出狱后他正式加入了共产党。在1940年代，当法西斯轴心国入侵南斯拉夫后，他成为在黑山地区抗击意大利军队的游击战将领。他在军事上犯了"左"倾错误，主张对意大利军队实行正面打击，而不是采用游击战术。他的错误导致了军事失败，铁托撤去他的军事职务，让他转而从事党报的出版工作。

他开始"反党"是在共产党成为执政党之后，那时他已经是南斯拉夫的副总统。促使他反党的主要原因是他看到共产党成为执政党之后发生的问题，这些问题发生在南斯拉夫，也发生在苏联。共产党的理想是要消灭阶级，但在执政之后，党内却产生了一个"新阶级"，这些人是政治官僚，利用执政的权力，为自己谋取特权，剥削劳动人民。他根据苏联的历史，把苏联共产党的演变分为三个阶段。第一个阶段是革命的，以列宁为代表，那时的共产党人充满了共产主义的革命理想，建立了严密的组织，为理想作出无私的牺牲奉献。第二个阶段是教条主义的，以斯大林为代表，此时的共产党人在意识形态上只是重复教条，不作创新的思考，并且利用教条来行使强大的国家权力，建立自己的特权系统。第三个阶段是非教条主义的，以赫鲁晓夫为代表，他们不再强调共产主义的教条，而是实用主义地使用权力来谋取自我利益。

德热拉斯对第一阶段的共产党有充满激情的描写："有史以来，像共产主义这样的运动并不很多。它开始进行时有那种崇高的道德原则，它的斗士都忠贞、热诚而能干，他们相依为命，不只由于志同道合，甘苦与共，并且由于无私的爱、友谊、团结一致，以及只有在不成功即成仁的战斗中才会产生的那种战友们的温暖与赤诚。……这一切都是运动刚起头时或运动仍名副其实时真正的共产主义者的理想。""女共产党员也不仅是一

个同志或战友。我们绝不可忘记,她在加入这个运动的时候已经决定牺牲一切——爱情与母性的乐趣。在这运动里培养出一种男女之间的纯洁、朴实而又温暖的关系,本着这种关系,同志间的关切已成为不分性别的爱。忠诚、互助、连最秘密的心事也坦白表露出来——这些通常都是真正的、理想的共产主义者的理想。"①

他对第二和第三阶段的"新阶级"则有很多的激烈抨击。他认为,苏联共产党成为执政党之后,很多人加入共产党不是为了理想,而是为了新阶级的特权;同时,党内已经享受特权的新阶级领导人,大力压制排斥有理想的人,提拔自己的跟随者,使党成为他们的权力工具,于是共产党腐败恶化。他呼吁组建一个新的民主社会主义党,以便形成"两党制",解决新阶级的问题。

如果德热拉斯活到21世纪,他可以看到"两党制"已经在解体后的南斯拉夫共和国中实践,但是执政党腐败的问题并没有解决。在波黑,议会中的多数党并没有崇高的理想,他们利用民族主义拉选票,因为选票可以给他们席位,席位可以给他们权力,他们再用权力把政府的好工作派给自己人,使自己的"党派阶级"更壮大、更有权力。这种行为和新阶级很相似,新阶级是通过一个党来行动,现在是几个党同时行动。在几个党的同时行动中,"新新阶级"问题出现了。

铁托当年选择的道路,出现了新阶级的问题;现在的多党制道路,出现了新新阶级问题。正如新阶级问题并非苏联独有,现在的新新阶级问题,也并非波黑独有,在巴尔干的其他国家,在转型后的东欧不少国家,都出现了类似的问题。当我从南斯拉夫进入罗马尼亚,再进入匈牙利,我看到了这个问题的多种形态,也看到了企图解决这个问题的新探索尝试。

---

① 引自德热拉斯:《新阶级》第七章,世界知识出版社,1963。

第四章　东欧：转型道路的选择、再选择

罗马尼亚流血革命后的变革

　　罗马尼亚在南斯拉夫的北面，它们的一段边界是多瑙河，塞尔维亚在河南，罗马尼亚在河北。多瑙河北的这一片罗马尼亚土地，在古代是罗马帝国的一个行省。罗马帝国的领土绝大多数在多瑙河以南，基本没有行省在多瑙河的北面，这里大概是唯一的一个。罗马帝国之所以要建这个行省，是因为这里有金矿，对帝国的财政非常重要。在罗马人建省之前，这里是达契亚人的王国。当年达契亚人为了抵抗罗马人，进行了殊死斗争，领导斗争的那位国王的巨型头像现在被镌刻在河岸的峭壁上，非常壮观。这里的金矿当年吸引了大批罗马人来淘金，这些人带来了罗马的拉丁语，冲刷了当地人的语言（达契亚人属色雷斯人，是希腊人的近亲），于是，多瑙河北岸的这片土地被快速罗马化了。后来罗马帝国败落消亡，但罗马的拉丁语却在这里存留下来，罗马尼亚人成为讲拉丁语的民族，迥异于周围讲斯拉夫语的塞尔维亚人、保加利亚人、乌克兰人。

　　罗马尼亚矿产丰富，除了金矿，石油也很著名。1930年代的时候，罗马尼亚的产油量在欧洲名列前茅，纳粹德国二战中所需的石油大量来自罗马尼亚，是其生命线。二战之后，罗马尼亚成为社会主义国家，建了很多炼油厂，还有很多高耗油的工业（重化工业等）。这些高耗油产业的发展使得罗马尼亚国内石油产出无法满足供给，逐渐需要进口石油。1970年代爆发了石油危机，石油价格飞涨，这给罗马尼亚造成了大量的贸易赤字，它不得不借外债来支付石油的进口。当时好几个东欧社会主义国家都已经开始向苏联集团以外的国家和机构借款，譬如波兰、匈牙利、捷克等等，这些国家借外债主要是为了进口西方的消费品。社会主义的计划经济在生

齐奥塞斯库兴建的人民宫占地面积很大

人民宫内部风格壮观宏大

产消费品方面先天不足，冷战中"美国生活方式"的宣传展现出西方消费品的丰富，引起很多东欧人满腹牢骚，为了安抚大众，这些国家通过进口消费品来维稳。西方国家也乐得给其贷款，既可以在华约集团中打入楔子，也可以让其融入西方控制的世界经济体。罗马尼亚虽然也有消费品不足的问题，但它借款是为了进口石油。罗马尼亚领导人齐奥塞斯库在东欧集团中是一个异类，他在处理外债和消费品方面的政策表现得非常异端。

1979年美国忽然大幅度提高了利息，世界资本市场的贷款变得非常昂贵，借了外债的国家必须用越来越多的外汇来支付利息，借新债还旧债，"高利贷"使很多国家的外债滚雪球式恶化。1982年，罗马尼亚需要用80%左右的出口收入来支付外债利息，这种情况是不可持续的。齐奥塞斯库曾经向国际货币基金组织（IMF）申请贷款来救急，IMF几乎要批准了，但波兰出现的债务危机使IMF改变了主意，罗马尼亚没有得到贷款。此后，齐奥塞斯库作出了一个惊人的异端决定：罗马尼亚要紧缩国内消费来快速付清外债。于是，政府拼命压缩国内消费，省出消费品来出口换外汇，用以偿付外债，经过几年的努力，罗马尼亚在1989年大致付清了外债。对于付清外债所付出的代价，人们至今记忆犹新，我在罗马尼亚听到不少人谈到当年严酷的紧缩政策。

在布加勒斯特的"人民宫"参观的时候，讲解员常常提到当年的紧缩状况，她告诉我那时连用电都有管制，每天只能用几个小时的电，而且电灯泡要限制在40瓦以下。罗马尼亚人非常憎恶齐奥塞斯库，在"人民宫"里时时可以听到对他的控诉批判。根据罗马尼亚人的介绍，"人民宫"是齐奥塞斯库搜刮民脂民膏、耗费巨大资源为自己建造的超级豪华宫殿。我本以为这是他的私人住宅宫殿，参观之后才知道，他根本不住在这里，这宫殿是给议会开会用的，政府各部也在这里办公。至于豪华，这宫殿除了占地面积很大之外，并非很豪华，美国的国会大厦就比它豪华。最初我以为罗马尼亚人没见过世面,所以把这里形容为豪华,但我后来参观了罗马尼亚国王的佩莱斯堡,才对罗马尼亚人的"豪华"概念有了更深的认识。

豪华的佩莱斯堡在喀尔巴阡山中,是罗马尼亚第一任国王卡罗尔一世(1839—1914)给自己修建的夏宫。卡罗尔并不是罗马尼亚人,而是德国的贵族王子,他之所以当上罗马尼亚国王是当年地缘政治的大国博弈结果。在19世纪中叶之前,欧洲从来没有过罗马尼亚这个国家。罗马尼亚人虽然在这个地区生活了很久,但没有自己的统一民族国家。中世纪的时候,这个地区主要有三个王国:瓦拉几亚、摩尔达维亚、特兰西瓦尼亚。前两个小国常被穆斯林的奥斯曼帝国控制管辖,那第三个(特兰西瓦尼亚)被奥地利、匈牙利、德意志等基督教国家统治过。18世纪之后,奥斯曼帝国渐渐衰弱,俄罗斯则受益于彼得大帝的改革而强大起来,在巴尔干地区有了越来越大的影响力。于是在巴尔干地区的地缘政治博弈中,形成了三方力量:土耳其、俄罗斯、西方。当奥斯曼土耳其帝国越来越衰败退缩之后,俄罗斯和西方都想占据土耳其人留下的空间。罗马尼亚的建国,便是在这样的地缘背景之下。

19世纪的"1848革命潮",也是对罗马尼亚建国产生影响的一个重要元素。"1848革命潮"始于法国,后来蔓延到许多国家,革命者追求自由主义的浪漫理想,推动激进的社会变革。罗马尼亚地区也出现了"48斗士",他们的斗争还带有本土特色——反对土耳其的统治,实现民族独立。摩尔达维亚的库沙王子是出色的斗士,他通过上层选举把摩尔达维亚和瓦拉几亚这两个受土耳其管控的小国联合起来,然后积极推行土地改革和普及教育,同时也进行体制改革来加强他个人的权力。但是他没有取得最后成功,因为他的改革触动了很多人的利益,反对者最后迫使他下台流亡。库沙的行为引起西方诸国的不安,它们害怕激进改革会造成不稳定的局

(左、右)罗马尼亚国王修建的佩莱斯堡比人民宫豪华百倍,但罗马尼亚人对二者的"豪华"却有不同的评价、不同的感受

面,使俄罗斯势力乘虚而入。于是它们决定利用德国在特兰西瓦尼亚的影响力,来建立一个能够防范俄罗斯势力的罗马尼亚国家。由于特兰西瓦尼亚有很多德裔居民,而且在中世纪被德意志的王国统治过,所以它们让特兰西瓦尼亚和那两个小国一起组成了罗马尼亚,把卡罗尔扶上王位。1881年罗马尼亚正式建国,卡罗尔加冕成为国王。

佩莱斯堡极其豪华,精雕细刻的木壁墙,美轮美奂的彩绘玻璃窗,有的房间是意大利文艺复兴风格,有的房间是法国路易十四的款式,甚至还有奢华绚丽的奥斯曼式客厅……琳琅满目,美不胜收,比"人民宫"豪华百倍。不过,罗马尼亚人介绍佩莱斯堡的时候,并没有抨击卡罗尔国王豪华奢侈,相反,还表现出对佩莱斯堡的自豪,好像这豪华美丽是民族的骄傲。佩莱斯堡是卡罗尔国王的私人宅邸,"人民宫"倒是齐奥塞斯库为了民族骄傲而营建的,但是,二者在罗马尼亚人心中却引起了截然相反的感觉。

齐奥塞斯库引起人们的反感不仅仅是他好大喜功建造形象工程"人民宫"以及推行消费紧缩政策,他的其他很多所作所为也都备遭诟病,尤其是他滥用秘密警察压制异己,还有他重用他的太太和其他亲属担任要职。他晚年时沉缅于秘密警察和亲朋好友的小圈子中,完全不接地气、不了解普通大众。小圈子的人为他搞个人崇拜,献给他一大串桂冠:"智慧的舵手""思想的多瑙河""喀尔巴阡山的巨人""太阳之子"……这些行为不仅大众反感,连共产党内的干部也都不满。

在 1989 年的东欧剧变中,多数国家是"和平演变",而罗马尼亚则是"流血革命"。1989 年 12 月,示威在西部城市爆发,军队向群众开枪,流血事件激怒了更多的民众,示威蔓延到首都布加勒斯特。12 月 21 日十万群众聚集到党中央大厦前的广场上,不接地气的齐奥塞斯库居然信心满满地出现在大厦阳台上,要向群众训话。他没有想到,群众对他发出了愤怒

罗马尼亚人对齐奥塞斯库的政策非常反感，1989年之后建了不少"反共纪念碑"。但南斯拉夫人不同，曾参与建设南斯拉夫社会主义的很多人，现在非常怀念铁托时代的社会主义。这张照片是克罗地亚的"共产主义纪念碑"

1989年齐奥塞斯库在革命广场上的党中央大厦阳台上（即图中插着旗帜的大门上面）企图喝退广场上示威的群众，结果引发众怒，只好仓惶逃离

的质问，他震惊地悻悻退回大厦里面，第二天他还想出来训话，想把示威群众喝退。但是情况比第一天更糟，不是他喝退了示威者，而是示威者喝退了他。他和他的太太匆匆钻进停在大厦顶部的直升飞机，仓皇逃逸。此时，军队倒戈了，党内的很多高级干部也倒戈了，他们成立了"救国阵线"。齐奥塞斯库被抓获，12月25日被特别军事法庭草草审判，当天即枪决。

现在，党中央大厦前的广场已被命名为"革命广场"，当中还建了一个纪念1989年革命的巨型纪念碑，上面有一团黑铁，下面有一片血迹似的鲜红，大概象征当年的流血牺牲。在罗马尼亚的很多城市，我都看到过"反共"纪念碑，有纪念劳改营受难者的，有纪念某个示威活动的，各式各样，名目很多。在罗马尼亚的邻国保加利亚，我就几乎没有看到过这类纪念碑，在克罗地亚我甚至还看到过一个"共产主义纪念碑"。这些东欧国家以前都被西方统称为"共产主义国家"，但它们具体的体制、具体的政策其实是有很大差别的。

这些差别反映出各国的"新阶级"的不同，齐奥塞斯库是新阶级中的极恶劣者，德热拉斯的很多极端描述适合于他：没有共产主义理想、实用主义地谋取自我利益、利用国家权力为自己好大喜功的野心服务、不关心大众的疾苦、和百姓完全脱节、在党内形成自己的集权小圈子……这样极端恶劣的新阶级分子，不仅遭到大众的反对，也被共产党内的很多人唾弃。

"救国阵线"在推翻齐奥塞斯库的革命中扮演了重要角色，因此在1990年的第一次议会选举中得到了70%左右的选票。伊利埃斯库是"救国阵线"的领导人，他以前是共产党的高级干部，此时当选为第一任总统。后来"救国阵线"分裂，其中一派成立了社会民主党，伊利埃斯库是领导人，竞选总统连任再次胜出。不过，1996年他败给了"自由派"的

第四章 东欧：转型道路的选择、再选择

政敌。"自由派"推行了"休克疗法"的经济改革，给民众的经济生活带来了震荡冲击，还引起国企矿工的罢工示威。这使得伊利埃斯库在2000年击败"自由派"，第三次当选为总统。但2004年至2014年，伊利埃斯库的社会民主党又失利了，"自由派"政党人士再次成为总统，这位总统①以前也是共产党员，在齐奥塞斯库时代担任过罗马尼亚最大的商业油轮的船长，在1990年代的转型中他成为"自由派"，他和社会民主党矛盾重重，在他任内的十年中，政坛出现弹劾等激斗。2014年，又一位新总统上台，他虽然不是社会民主党的人，但得到了社会民主党的支持。这位总统②在齐奥塞斯库时代是一位中学老师，是生活在特兰西瓦尼亚的德裔。当罗马尼亚发生转型激变后，很多罗马尼亚的德裔都移民德国，他的父母和妹妹也都移民了，但他留在了罗马尼亚，以后他在自己出生成长的小城当选为市长，政绩表现不错。2014年他当选为总统，得到包括社会民主党在内的几个大党的支持。

相较于邻国保加利亚，罗马尼亚的经济改革相对平稳，激进的"休克疗法"只是短暂插曲，多数时间是缓进的。譬如，罗马尼亚没有搞大规模的私有化，只是对国企进行了改革。从保加利亚到罗马尼亚，走马观花就可以感受到经济发展状况的不同，在保加利亚常常可以看到一些墙颓顶塌的破房子，在罗马尼亚就几乎看不到这样的现象。在东欧变色之前，人均国民收入保加利亚比罗马尼亚高，但现在却低了很多。2000年之后，罗马尼亚的经济有平稳而强劲的增长，2001年至2008年期间的绝大多数年增长率在5%至8%左右，被称为"巴尔干之虎"。不过2008年的世界金融危机使已加入欧盟的罗马尼亚大受打击，2009年GDP大跌，后来逐渐恢复，2014年重新达到2008年的GDP水平，增长率也逐渐增加，2017年的增长

---

① 特莱扬·伯塞斯库（Traian Băsescu）(1951—　)。
② 克劳斯·沃纳·约翰尼斯（Klaus Werner Iohannis）(1959—　)。

率高达 7%。①

多党竞争的民主制在罗马尼亚已经实行了近三十年，其中有一个特色是"反贪腐"。各政党竞选的主要口号都是"反贪腐"，政党互相攻击的内容也多数是指责对方"贪腐"。譬如 2004 年至 2014 年的那位"自由派"总统，在他的两次竞选中，"反贪腐"都是核心口号，但当选后又被反对派指责有贪腐行为，议会还发动了两次弹劾。在罗马尼亚的民主竞选中，"反贪腐"是最容易吸引选票的口号，因为大众的确感受到贪腐问题的严重，希望能够解决这个问题。这个现象并非罗马尼亚独有，东欧的不少国家中都存在着类似的问题，这似乎是新新阶级带来的一种新国情特色。如何化解这个问题，是对新新阶级的考验。

西方自由主义者认为，自由民主体制可以解决腐败问题，因为言论的自由可以揭发腐败，民主的选举可以让腐败的人无法当选，但是，很多国家建立了自由民主体制，却没有得到这样的实践结果。言论自由可以揭发腐败，但腐败分子也可以利用言论自由为腐败服务，由于他们有更多的资源，他们往往可以发出更大的声音，让他们的言论更有效地传播。民主选举可以不选腐败的人，但是腐败者是可以掩盖腐败面目的，而且由于参与竞选需要大量资源，握有资源的腐败分子可以利用资源来获取选票。东欧国家转型之后，多数选择了自由民主体制的道路，但在实践中遇到了很多问题，不仅仅是腐败，还有其他的种种挫折。于是，东欧出现了对自由主义失望的思潮，非自由主义悄然兴起，很多人在思考新的道路选择。罗马尼亚的社会民主党也表现出非自由主义，不过在东欧的非自由主义潮流中，罗马尼亚的表现不突出。它的邻国匈牙利，举起了这股潮流中的大旗。

---

① 世界银行数据。参阅 https：//data.worldbank.org/indicator/NY.GDP.MKTP.KD 和 https：//data.worldbank.org/indicator/NY.GDP.MKTP.KD.ZG，2020.8.21。

第四章 东欧:转型道路的选择、再选择

匈牙利从自由主义到非自由主义

2014年我从罗马尼亚进入匈牙利,那时匈牙利的议会选举刚刚结束,欧尔班的党派[①]再次获得了三分之二的多数,这使他能够继续握有修改宪法的权力。四年前在2010年的议会选举中,他就获得了三分之二的多数,从那时起他非常顺利地推行他的政策,因为不必顾虑反对派在议会中阻扰他。欧尔班是东欧的传奇性人物,在东欧变色之前,他不是新阶级,而是反对新阶级的持不同政见者,是东欧著名的自由主义斗士。但是2010年他成为匈牙利总理之后,却推行了"非自由主义"的政策,而且呼吁要让匈牙利走非自由主义的道路。

欧尔班道路选择的变化,反映了匈牙利的转型和再转型。我在匈牙利的时候,遇到欧尔班的支持者,也遇到欧尔班的反对者,与他们的交谈,使我看到了在匈牙利历史变迁中的国情变化,还有在变迁中的道路探索。

从罗马尼亚边境进入匈牙利不久,我遇到了一位匈牙利人,他是欧尔班的反对者。他对欧尔班的胜利很不服气,他告诉我,这胜利是因为欧尔班打民粹主义、民族主义的牌才得到的。

"欧尔班那些人拼命吹牛,说要让匈牙利在欧洲重新强大,要像过去的匈牙利王国一样强大。"

"匈牙利王国是指奥匈帝国吗?"我很无知地问。

"不是,不是。"他连连摇头。

探问查询之后我才知道,匈牙利王国和奥匈帝国不仅是两个不同的国家概念,而且在匈牙利人心中引起的民族情绪是不同的。

[①] 欧尔班的党派是 Fidesz-KDNP Alliance。

在 11 世纪和 12 世纪，匈牙利王国曾经非常强大，疆域涵盖了罗马尼亚、塞尔维亚、克罗地亚、波斯尼亚的很多领土，但是后来却衰弱了。导致匈牙利衰弱的原因是政治学研究中的一个经典案例，福山做过很好的分析。当 1989 年苏东发生转型剧变的时候，福山发表了《历史的终结》一文，认为西方的自由民主主义将成为人类政府的最终形态。那时"终结热"席卷了全球，很多国家竞相建立西方式的自由民主制度，但实践的结果却并非如福山预期的那样。福山本人的观点随后也有了稍稍的变化，在《政治秩序的起源》（2011）一书中，他通过匈牙利王国的案例，对"政治自由"作了更深入的分析，其结论已经不像自由民主主义的那样简单了，他指出自由民主主义所惯用的"公民社会抵制政府权力"和"宪法安排限制行政权力"的方法未必能够实现"政治自由"。他写道："政治自由不一定能够通过公民社会抵制中央政府的权力而实现，即便这个公民社会是强大的、凝聚的、有武装的。通过宪法安排来给行政权力套上严格的法律限制，也不一定能够实现这个目标。"① 这里所说的政治自由，包括了国家独立，因为如果国家丧失了独立，全体国民将会失去政治自由。匈牙利是一个很好的历史案例。

13 世纪时，匈牙利国王在社会压力下颁布了"黄金诏书"，这个"宪法安排"限制了国王的权力。黄金诏书和英国大宪章的颁布时间很相近，内容也相近，都是限制国王权力的，但对国家未来发展造成的影响却截然相反。英国的大宪章为后来的君主立宪铺了路，为大英帝国的崛起打下了基础；而匈牙利的黄金诏书却因限制王权而使中央政府虚弱，无钱无力经营国防，匈牙利王国逐渐衰败，最后被外敌击垮瓜分。

---

① 参阅 Francis Fukuyama, *The Origins of Political Order*, New York: Farrar, Straus and Giroux, 2011 年, 第 383 页。

布达佩斯有很多裴多菲的雕像,这是在一个街角建筑上的裴多菲小型雕塑

黄金诏书颁布后不到二十年，匈牙利就在1241年被蒙古人入侵占领，幸运的是，蒙古皇帝窝阔台（元太宗，成吉思汗的儿子）暴毙，蒙古军匆匆撤退，匈牙利才侥幸躲过一劫。

在此后的二三百年间，虽然有少数几个匈牙利国王通过各种手段加强了王权，并且成功地抵御了外敌，甚至还扩大了疆域，但限制国王权力的势力始终非常强大，社会上的大小贵族为了自己狭隘的利益，总是想让自己的权力大些，让国王的权力小些，他们利用议会，不断地把国王获得的权力再次剥夺。因此匈牙利国王可以掌握的财政资源非常有限，手下的官员不多，能统帅的军队很少。

1526年奥斯曼土耳其人攻打匈牙利，国王在战场上被杀，战败的匈牙利失去了独立国地位，领土被分成三块。第一块是中部和南部领土，被奥斯曼正式吞并，第二块是它在罗马尼亚的领土，成了土耳其人的附庸属国，第三块是西部及克罗地亚的领土，归了奥地利的哈布斯堡王朝。

哈布斯堡王朝后来建立了奥匈帝国，是19世纪的大帝国，占据了中欧、东欧、南欧的大片土地。虽然在奥匈帝国的名称上挂了个"匈"字，但匈牙利人觉得自己在奥匈帝国中其实是"寄人篱下"的被压迫民族。所以，"匈牙利王国"能够激起民族自豪感，而"奥匈帝国"则会引起被压迫的感觉。

在19世纪中叶，匈牙利为了摆脱奥地利的压迫，爆发了革命。当时浪漫自由主义的"1848革命潮"席卷欧洲，匈牙利知识分子也深受感染，向往着建立独立自由的匈牙利共和国。革命的一位重要领袖是诗人裴多菲，他一直疾呼使用匈牙利文写诗歌戏剧，而不要用当时流行的奥地利德文，他的匈牙利文诗歌对革命影响很大。

布达佩斯有不少裴多菲的雕像和博物馆，在一条有着浪漫咖啡馆和巴洛克建筑的小街上，我参观了他的文学博物馆，看到他的许多文物。他的爱情诗非常摄魂夺魄，很多是写给他的妻子尤丽雅的。尤丽雅是贵族，家里反对她下嫁一位穷诗人，但裴多菲炽烈如火的爱情和摄魂夺魄的情诗，使尤丽雅义无反顾地投入他的怀抱。

博物馆里有一位英语很不错的馆员，给我讲了裴多菲激情燃烧的"革命事迹"，以及他最后谜一样的死亡。

1848年的匈牙利革命是由一群年轻的知识分子领导的，裴多菲是其中之一，3月的时候他们发动大游行，朗诵诗歌，发表演讲。裴多菲的《国民歌》被千百人高声传颂，"我们发誓，我们发誓，我们将不再做奴隶……"诗歌在街巷回荡，激情燃烧着布达佩斯。当时的匈牙利议会中有不少自由主义的议员，同时奥地利的首都维也纳也爆发了自由主义的革命，于是里呼外应之下，很快就"革命成功"。在革命成功后举行了议会选举，裴多菲满怀激情参与竞选，但是他没有赢得足够的选民支持，没有能够当上议员。他感到非常失望，自由选举并非如他所理想的那样。后来他加入了军队，关于参军的动机有两种说法，一说是当时有人批评他诗句勇敢、行动懦弱，所以他要投入战斗以证明自己是勇者；另一说是他当时经济拮据，需要薪饷来抚养他的妻子和刚刚出生的儿子。1849年匈牙利革命军和支持奥地利的俄罗斯军队发生了一场大战，战场就在今日罗马尼亚的特兰西瓦尼亚地区，裴多菲参加了战斗，在战场上消失，可能是战死了，却没有任何证据，因此也衍生了多种传说，如谜一般①……那年他才26岁。

裴多菲消失后，匈牙利革命也被扼杀，自由的共和国昙花一现。

尽管裴多菲和匈牙利的自由主义革命以悲剧收场，裴多菲却成为匈牙

---

① 近年匈牙利委托中国的法医物证专家通过骨骸和血样做DNA鉴定，以确定在西伯利亚发现的一具骸骨是否属于裴多菲，结论显示可能性很大，因此裴多菲很可能被俄军俘虏，最终死于西伯利亚。据"人民网"援引《解放日报》2015年的报道，http://gd.people.com.cn/n/2015/0410/c123932-24451747.html，2020.8.21。

布达佩斯的英雄广场上纪念1956年匈牙利革命的纪念碑

利人追求自由的一面旗帜。在1956年匈牙利爆发的反对苏联压迫的革命中，裴多菲的诗歌又在布达佩斯回荡，"我们发誓，我们发誓，我们将不再做奴隶……"最终，匈牙利革命被苏联军队镇压下去了，领导人纳吉被秘密审判处死。

虽然自由主义的匈牙利革命被镇压，匈牙利政府以后实行的政策仍然要比莫斯科的更为自由主义，尤其在经济政策方面，是苏东集团中最强调市场机制的，被称为"新经济机制"政策。那时匈牙利的国有企业拥有相当大的自主权，在生产、定价、雇佣等方面都不必完全听从中央计划指令；和西方的贸易也比较自由，不像苏联和其他多数东欧国家囿于经互会。匈牙利被视为社会主义国家中的市场化改革先行者。

在柏林墙倒塌后，东欧各国开始了经济转型。当时很多人都认为匈牙利的转型一定会很顺利很成功，因为它已有市场经济的经验。但是，匈牙利的转型并不理想。那时困扰匈牙利的一大问题是它的外债，在剧变前的1980年代，东欧有三个国家有大量的西方外债，它们是匈牙利、波兰、罗马尼亚。这三个国家以前都是和莫斯科有摩擦的，西方为了拉拢它们"反苏"，主动慷慨借钱给它们。后来国际资本市场利率大幅上升，它们要付的利息剧增，外贸出口赚的外汇难以支付，于是不得不借新债来还旧债，结果债务越积越多，雪球越滚越大，它们都受到沉重的债务危机压力。

罗马尼亚的齐奥塞斯库使用了严酷的紧缩消费的方法来偿还外债，虽然受到人民深恶的抱怨，但在1989年基本还清债务。匈牙利当年没有紧缩还债，因此债务都拖带到了经济转型时代。在转型的最初年代，匈牙利像其他东欧国家一样，经历了经济巨幅下降的震荡，匈牙利1993年的GDP比1989年下降了20%左右[1]。通货膨胀、货币贬值、金融动荡，在如

---

[1] 世界银行数据。参阅 The World Bank, *From Plan to Market*, Washington DC.: The World Bank, 1996年，第26页。

此的经济形势之下，外债负担的压力更显突出。为了尽量减轻外债负担，匈牙利选择了一种很有特色的自由主义方法来偿付外债——把国有企业出卖给外国资本。出售国企的结果，一方面减少了外债，但另一方面使外资控制了匈牙利的很多重要经济领域。在1990年代末，外资在匈牙利很多重要行业中占比极高，譬如外资控制了金融业的70%左右，工业的约60%和贸易的50%，在电信业中据说外资占比甚至高达90%左右。① 当时不少西方经济学家很赞赏这种做法，认为匈牙利不仅摆脱了债务压力、稳定了宏观经济，而且外资经营这些产业有经验、效率高，可以使匈牙利尽快融入国际自由市场经济体系。

在匈牙利推行了外资化、私有化之后，虽然GDP有不错的增长，但也带来了其他的经济问题。譬如，私有化后的企业为了提高效率和利润，减员增效，大量裁员，使失业人数猛增。匈牙利此时已实行民主制，工会通过选举对政府政策产生了很大的影响力。在工会推动下，政府给失业和被迫提前退休的工人大量发放福利。这些慷慨福利大大加重了政府的财政负担，赤字因此大增。

当2008年西方发生金融危机时，匈牙利的外资化给它带来的问题就更为严重了。由于匈牙利已经深深嵌入了西方的经济体系，2008年的危机对匈牙利的打击是多重的，金融体系、货币汇率、工业产出、对外贸易，都受到重创。在金融方面，因为匈牙利的金融业已由外资主宰，而外资在这次金融危机中沉疴缠身，它们立刻把自己的疾病传染给匈牙利的金融系统，使匈牙利陷入金融动荡的危机。在货币汇率方面，金融危机虽然是因为美国"去管制"的自由主义经济政策引发的，但美国财大气粗，可以拿出巨额资金来进行救助、来稳定自己的经济，别的国家就拿不出这么多钱

---

① 美国国务院数据。参阅 *Hungary Country Study Guide Vol I*, Washington DC., International Business Publication USA, 2013年。

来救市,所以在金融海啸中,美元没有贬值,其他很多国家的货币却翻船大跌,匈牙利的货币就大大贬值。在外资化后的时代里,匈牙利的很多企业和个人都随着"自由化、全球化"的浪潮借了很多外债(匈牙利私人债务的60%和政府债务的30%都是外币债务)[①],当匈牙利本币贬值之后,他们的债务负担急剧上升。除了金融和汇率的打击,在工业和贸易方面,匈牙利也受到了西方的牵连,西方世界的整体经济在金融危机中巨幅下滑,已和西方经济密切相连的匈牙利工业和贸易也因此受累巨幅下滑。

2009年匈牙利的GDP下降了6.7%,[②] 失业大增,通货膨胀,汇率剧贬,金融系统岌岌可危,国家陷入破产的边缘。此时的匈牙利已无力自拔,成为必需接受IMF救助的第一个欧盟国家。接受IMF救助是一件非常痛苦的事情,因为IMF救助贷款附带严酷的条件,要强制匈牙利实行IMF规定的政策。这种强制使得一些匈牙利政治家痛呼,匈牙利丧失了独立自由。

IMF要强制匈牙利实行的政策主要是削减政府开支,直接受影响的是养老金、社会福利、公务员薪酬等等,都要大幅降低。削减的结果使得消费需求进一步下降,从而又使匈牙利经济更加萧条,这些痛苦普通百姓立刻都感受到了。面对痛苦,人们怨声载道。

正是在这样的背景下,欧尔班的党派2010年在议会选举中大胜。

欧尔班当政之后,实行的政策一反过去政府的亲西方、亲资本、亲自由主义的倾向,他推出了对外资"歧视性"的税收政策,尤其是针对传媒、电信、银行和公用事业的外资,让它们交高税,并对有的行业征收了

---

① David Jolly, "IMF bailout lifts Hungarian markets" in *New York Times*, 2008年10月29日。
② 世界银行数据。参阅 https://data.worldbank.org/indicator/NY.GDP.MKTP.KD.ZG, 2020.8.21。

具有追溯力的税额，以图夺回被外资控制的市场。他还让银行给借了外币贷款而受损的人支付赔偿金。在反自由主义方面，他加强了对媒体的控制，并开始重新国有化，一些私有企业被收归国有。他还对私人养老基金实行了国有化，这个行动在经济方面产生了很大的影响，在思想方面则反映了人心理念的变化。

他对私人养老金进行国有化的目的是为了偿付国家的债务，尤其是要偿还 IMF 救助贷款。当私人养老基金被国有化之后，政府可以用基金中的资产来偿付贷款债务，这不仅可以降低债务总额，而且也可以使政府的财政赤字降到3%。IMF 要求匈牙利的财政赤字不可超过3%，如果做不到，会有很多麻烦。匈牙利的养老基金主要有三个部分：国家养老基金（每月由雇主缴纳工资的24%的金额）、国家"团结"养老基金（每月由雇员缴纳相当于工资1.5%的金额）、私人养老基金（每月由雇员缴纳相当于工资8%的金额）。欧尔班主导议会通过的私人养老金国有化的法案规定，个人可以选择仍然保持私人养老基金，如此选择的个人以后将只能依靠私人养老基金中投资积累的财富，而不能获得国家养老金中的大部分利益，选择不保持私人养老基金的人以后可以享受全额的国家养老金。在自由主义风行的时候，私人养老基金给人的美好前景是，私人基金在自由市场中的投资会高效率地积累增值，将比国家提供的养老金更好。但在经历了2008年的金融风暴之后的2011年，只有3.2%的匈牙利雇员选择了继续保持私人养老基金。这个通过国有化私人养老基金来偿还国家债务的行动，使人想起20年前通过私有化出售国企来偿还国家债务的行动，这两个行动都是偿还国债，但选择了截然相反的两条道路，一条是走私有化、外资化、自由化，另一条是走公有化、本国化、非自由化。这两次截然不同的还债行动，反映出匈牙利人的主导理念改变。

自从2011年国有化了私人养老基金之后，匈牙利在2013年提前偿还了 IMF 的救助债务，经济也逐渐走出低谷，2014 年 GDP 以 4.2% 的速率增长，大大超过欧盟整体的增长率（1.6%），2015 年 GDP 的增长又达到 3.8%，再次超过欧盟整体的增长率（2.4%）[①]。2015 年的增长特别引人注目，因为这不仅是在较高基础上的增长，而且增长中来自消费的比重很大（2014 年的增长很大部分来自投资）。大众消费的增长表明，民众的收入状况改善了，民众对未来的信心增加了。民众信心的增加折射出大众对欧尔班的"非自由主义"理念的认同，这种认同在选举中表现得更为明显，人们把大量选票投给了欧尔班的党派，使欧尔班派能够获得三分之二的议席，使欧尔班的各项"非自由主义"的法案能够不断地顺利通过。

虽然欧尔班的非自由主义政策在国内受到欢迎，但在国外遭到了西方的批评，饱受欧盟斥责，欧盟特别对匈牙利的"歧视性"政策进行了调查审议。面对欧盟的斥责，匈牙利的不少民众希望欧尔班能够表现得强硬，他的一位支持者对我说："以前在共产党时代，我们要听从莫斯科的，现在在欧盟时代，要让我们听从布鲁塞尔的，我们应该说'不'。"这使我不由得想起"我们发誓，我们发誓，我们将不再做奴隶……"

在最近的中东难民潮危机中，匈牙利对欧盟说了"不"，反对欧盟向各国分配接受难民的配额，还封锁了匈牙利的边界。但是，如果匈牙利要想继续留在欧盟之中，他们能够说"不"的余地是有限的。那位欧尔班的反对派就带着讥讽对我说："欧尔班只是在国内演说的时候像个民族英雄，他到了布鲁塞尔，就会像当年共产党的领袖到了莫斯科，还得点头哈腰。"

匈牙利曾经是个强盛大国，这是匈牙利人至今的骄傲，但是后来却屡屡遭受压迫，这是他们难以忘却的痛楚，他们痛恨被迫点头哈腰。60 年来，匈牙利曾经两次为了不点头哈腰而勇敢地反抗。第一次是 1956 年的

[①] 世界银行数据。参阅 https：//data.worldbank.org/indicator/NY.GDP.MKTP.KD.ZG，2020.8.21。

匈牙利革命，反抗苏联。在布达佩斯的英雄广场，我看到为那次反抗而建的纪念碑，现代派的造型，有强烈的艺术张力，看着能引起人的痛楚。第二次就是欧尔班领导的反抗。不过，这两次反抗却有一个内在的不同。1956年的反抗是追随自由主义，而这次则是背离自由主义。

欧尔班的政策是背离自由主义的，譬如控制媒体、干涉市场、国有化……欧尔班本人也不讳言自己的反自由主义立场。欧尔班以前曾经是自由主义者，早在苏东剧变之前的1980年代，他就是著名的持不同政见者，做学生时办过持不同政见的杂志，参加了西方资助的"中东欧学习团"，还组建了"青年民主主义者同盟"。在1989年的剧变激荡日子里，他曾经发表过一次著名演说，那是为纳吉平反后，在英雄广场举行的盛大重葬之礼时，他慷慨激昂地要求苏联撤出在匈牙利的驻军。后来，苏军撤了，苏联解体了，匈牙利走上了自由主义之路。欧尔班在1998—2002年间曾经做过总理，那时他没有明确地反对自由主义。但是后来，尤其是2008年的金融危机暴露了自由主义的很多弊病之后，欧尔班公开表示自己主张"非自由主义"，他要让匈牙利重新转型，成为一个"非自由主义国家"（a non-liberal state）。他说，国家是组织社群的一种方法，当今世界各国都在寻找具有最强竞争能力的国家组织形式。他认为，一些非西方的体制，使得国家能够竞争成功，譬如、新加坡、中国、印度、土耳其、俄罗斯。他说，"匈牙利民族并非是一个简单的个人总和，而是一个需要组织、需要强化、需要发展的社群，在这个意义上，我们要构建的新国家是一个非自由主义的国家。"①

从自由主义到非自由主义，欧尔班的转变在东欧国家中并不罕见，在波兰、斯洛伐克等国都发生了类似的情况，那里泛起了一股"非自由主义浪潮"。在1956年时，匈牙利是东欧"自由主义浪潮"的先锋，当时的

---

① 引自欧尔班2014年的讲演。Viktor Orbán's speech at the XXV. Bálványos Free Summer University and Youth Camp, 26th July, 2014。

第四章　东欧：转型道路的选择、再选择

"匈牙利革命"引领了捷克斯洛伐克的"布拉格之春"、波兰的"团结工会运动"……近年,匈牙利又成了东欧的"非自由主义浪潮"的先锋。匈牙利和波兰都修改了自由主义的宪法,写入了非自由主义的内容,譬如对媒体和社团的管制、对司法制度的改变、对制衡机构的削弱等等。在欧盟内部,匈牙利、波兰、捷克、斯洛伐克有自己的四国集团,① 欧尔班是其精神领袖。克罗地亚、罗马尼亚、保加利亚等国都和欧尔班及这个集团有接近的关系。非自由主义的浪潮正在扩散壮大。

保加利亚的一位学者分析了这股浪潮能够扩散壮大的原因,他说这是因为这些领导人自己曾经是自由主义者,但推行自由主义后发现行不通,于是转向了非自由主义,"我从那里来,知道那里是行不通的",他们的"现身说法"有很大的吸引力,所以能够扩散壮大。

在离开匈牙利的前一晚,我去看了一场现代芭蕾《春之祭》,是国家舞剧院的演出。《春之祭》是20世纪初俄罗斯作曲家的作品,包括"大地崇拜"和"祭献"两幕,表现远古时代的祭祀仪式,选中做牺牲祭品的少女舞蹈至死,以祭祀春天之神。但这个匈牙利的现代版芭蕾,却准备表达另外的主题,它的官方网页介绍其表现的主题是:社群通过集体行动来塑造和再塑造。

这是一场水平很高、视觉形象奇特、主题朦胧难以理解的表演。

在第一幕中,一群舞者身着简单随意的素色服装,跺脚、击掌、挥舞紧握的拳头,像在愤怒而焦虑地发问质疑,他们质疑的目标是舞台上的一堆华贵礼服;一个领袖出现了,剃着光头,光着上身,和他同舞的还有一群男舞者,穿着紧身T恤,留着大胡子;人们渐渐表现出对那堆礼服的好奇,领袖企图制止他们;一个女舞者试着把一件礼服穿在身上,她的行为立刻变了,腿舒展了,弯曲的脚变直了;其他舞者团团围住了她,而领袖

---

① 即维谢格拉德集团(The Visegrád Group)。

却在礼服堆中消失；幕布落下。

第二幕一开始，舞者们都穿上了礼服，大胡子也刮掉了，跳着现代舞步，穿插着荒唐举动，脸上不时做出滑稽的表情；舞台上有几个屏风滑动着，随着屏风，有人消失，有人出现；领袖又出现了，他强力挥舞着紧握的拳头，追逐着穿礼服的人；渐渐地人们抛弃了礼服，又穿上简单随意的衣服，甚至再贴上大胡子；那第一个试穿礼服的女人被团团围住，很多人用手捂住她的嘴，她最后窒息而死；幕布再次落下。全场掌声雷动。

从剧场走出来，身边的匈牙利人都在热烈地谈论着，我不懂匈牙利语，不知道他们讲的是什么。当时我真希望自己会匈牙利语，可以和他们交流，可以向他们请教。

这剧究竟是如何表现它的主题的呢？顺着多瑙河向酒店走去，我一路都在苦苦思考这个问题。

"社群通过集体行动来塑造和再塑造"。这"社群塑造"和匈牙利目前的形势有关吗？和匈牙利的历史有关吗？是暗示匈牙利王国？还是自由共和国？还是非自由主义的国家？那一堆礼服又象征着什么呢？那领袖和第一个试穿礼服的女人又是隐射什么人呢？纳吉、裴多菲、欧尔班、共产党领袖？……

虽然我始终没有悟出这个舞剧的主题之谜，但在思考中却从社群塑造的角度联想到国情与道路的问题，还有"国家塑造"的问题。在13世纪，匈牙利王国作出了黄金诏书的道路选择，这个选择使匈牙利王国衰败，使匈牙利从"欧洲大国"变成"欧洲小国"，这是社群的塑造、国家的塑造，大国被塑造成小国。在21世纪，欧尔班作出了非自由主义的道路选择，他希望这条道路能够重新组织国家、再次塑造社群，使匈牙利在国际竞争中具有强大竞争力，使匈牙利再次强大。也许要到22世纪，才可以对欧尔班的道路选择作出具有历史意义的评价，才可以看到匈牙利如何再塑了社群，再塑了国家。

第五章 北欧：民主社会主义的道路

福利国家的成功道路/交税观念与成功之路/挪威国企的出众表现/丹麦道路与美国道路/资源配置的理性之路/思路创新：无增长的繁荣/社会衰退与另类享乐主义

北欧的民主社会主义道路近年来受到很多人的赞扬。在美国政治文化中，"社会主义"一直是个很负面、很贬义的词汇，但在2016年总统初选时，民主党的桑德斯公开打出了北欧社会主义的旗号，宣扬要走北欧道路，吸引了很多选民；在2019年的总统初选中，桑德斯更是吸引了更多的人，受到更多人的赞扬。北欧道路在欧洲也吸引了很多人，譬如在苏格兰，很多人赞赏挪威的民主社会主义，希望苏格兰也能走挪威道路，在2014年的苏格兰独立公投中，独立后要走挪威道路的声音很响亮。

从贬义到褒义，是因为北欧道路和新自由主义的道路相比较，在实践中表现出优越性，并且自由主义对北欧道路的贬斥性预言，没有被证实。自1980年代以来，新自由主义思潮风靡全球。按照新自由主义的理念，北欧模式是会债台高筑的，是会养懒人的，会使经济缺乏活力，是不可持续的。因为北欧模式的一大特点是政府给全民提供优良的福利，由于提供福利需要很大的政府开支，所以新自由主义认为必将引起政府的债务危机，因此是不可持续的。但是，当2009年年底欧洲爆发欧债危机时，人们发现深陷债务危机泥潭的"欧猪四国"（葡萄牙、爱尔兰、希腊、西班牙

北欧四国（挪威、瑞典、芬兰、丹麦）地理位置示意图

这四个国家的英文首字母凑在一起正好组成单词 PIGS，表达了人们的一种戏谑）并不是高福利的北欧国家。北欧的冰岛在 2008 年曾经因为美国次贷危机引发的金融危机海啸，而发生了银行破产的危机，但那是因为银行私有化后缺乏监管的恶性膨胀所致，与高福利无关。[①]

北欧能够提供高福利又无债务危机，是因为它用高税收来支付高福利，道理非常简单。在新自由主义的理念中，高税收是坏个东西，由政府的高税收来支付高福利更是个坏东西，都是违反新自由主义笃信的原则——市场化和私有化。自从新自由主义风靡全球之后，有些话语被妖魔化、污名化了，譬如：福利国家、国有企业、政府干预，都被污名化为"妖魔"。而在北欧模式中，这些"妖魔"却带来了与新自由主义所预言的完全不同的结果。

福利国家的成功道路

北欧的五个国家被很多人称为"福利国家"，究竟什么是福利国家呢？

福利国家的广义定义是政府要负责促进和提供社会福利，至于促进和提供的具体福利，各个国家有所不同。大致来说，主要有两大方面的福利。一是医疗和教育方面的，这类福利着眼于帮助大多数人提高素质和能力，使人能获得相对平等的竞争机会。另一类福利是扶助弱势群体的，譬如帮助失业者、老年人、无劳动能力者等等，给他们提供最基本的生活保障。

19 世纪末、20 世纪初，现代福利国家的理念在欧美逐渐发展起来，那个时代的大背景是，工业革命带来了空前的经济繁荣，向人们展示了科

[①] 关于冰岛破产的详细情况，请参阅尹伊文：《幸福与GDP》，北京：生活·读书·新知三联书店，2019 年。

技进步的力量,同时,工业化使大量的贫穷农村人口涌入城市,造成很多社会问题,迫切需要福利。那个时代在西方历史上被称为"进步时代"(Age of Progress),那时候有一股强劲的理想主义思潮,相信进步的力量。相信科技的进步,相信社会的进步,相信人类可以创造一个进步的政府解决社会福利问题。长期以来,"平等""扶弱"都是很普世的人类理想,佛教主张慈悲、施舍;伊斯兰教征收财产的扎卡特税(zakat)用以帮助贫穷无助的人;基督教兴办医院、学校、福利院等等。在工业化的现代社会,人们继续追随平等、扶弱的理想,希望福利国家能够通过进步的力量,建成人类进步的"理想国"。

福利国家应该是一个理想的、进步的褒义词,但是在20世纪80年代的美国,它赫然变成了贬义词。对福利国家的贬抑林林总总,比较有代表性的是以下几种。

第一种贬抑是批评福利国家的"庞大财政负担"和"不可持续性"。福利国家广泛提供公共教育、免费医疗、社会低保、社会养老等等,如果政府的财政收入不够丰厚,往往需要用财政赤字来支付福利开支。贬抑者说:"财政赤字是剥削未来、牺牲未来""是不可持续的"。

使用赤字支付教育医疗福利是不是"剥削未来"呢?如果一个贫家子弟借债上学,人们会不会认为他是"剥削未来"呢?大多数人大概不会如此认为。因为上学读书能够增加这个寒门子弟未来的人力资本,是对未来的投资,不是对未来的剥削。借债来花天酒地,是败家消费,是剥削未来;借债来读书上学,是兴家消费,是投资未来。消费可区分为败家消费和兴家消费,败家消费是消费那些对未来发展没有好处的东西,兴家消费是消费那些对未来发展有好处的东西。教育和医疗都是对未来发展有好处的东西;人的基本生活保障品也是对未来发展有好处的东西,因为如果没有了它们,人可能会丧失发展的必要基础。因此,对于一个社会来说,政府通过借债来提供教育、医疗、低保福利，是对社会未来的投资，不是剥削未来。

财务杠杆是一种有效的投资手段，就像利用物理杠杆，使用较少的力量，托起较大的东西。杠杆一直是公司扩大发展的重要工具，借助债贷等外部资金来扩大投资，只要杠杆比例适当，不作非理性高风险投资，财务杠杆能高效率地促进公司的发展。投资教育医疗不是高风险投资，政府的福利赤字更是远低于一般公司使用的杠杆比例，怎么能说福利国家是不可持续的呢？明显的事实是，北欧的多数福利国家多年来都有财政赤字，但它们都没有因此不可持续。北欧的冰岛，六十多年来的福利开支没有使其破产，倒是2003年的大规模银行私有化在五年之内就把它拖入国家破产的深渊，因为那些银行为了自己利润的最大化，使用了不可持续的高杠杆，冰岛政府在提供福利时没有使用这样不可持续的高杠杆。福利国家使用杠杆做有利于未来发展的投资，不是剥削未来，而是投资未来；不是牺牲未来，而是造福未来。

第二种贬抑是批评福利国家不能最有效率地配置资源，认为福利扭曲了市场的价格，福利使教育和医疗的价格降得太低，使人过度消费这类服务，因而使资源不能被配置去满足其他需求。

自由主义经济学派主张放任市场来配置资源，相信消费者在市场上是理性地追求自己利益的最大化，消费发出需求信号，使市场的无形之手对社会资源作出最有效率的配置，因此实现全社会的效益最大化。这派学说假设消费者是理性的，消费者知道自己的最大利益是什么，消费者的需求是资源配置的效率指南。

如果一个消费者是败家子，他觉得自己的最大利益是喝美酒，而不是读书上学，他发出的消费需求信号会使无形之手把资源分配去酿美酒而不是去办学校。虽然，败家子会觉得自己的利益被最有效率地满足了，但是，从长远的角度来看，这样的资源配置是理性的吗？是效益最大化吗？显然，这只是效益的暂时最大化，而不是长远的最大化，不是理性的。

计算效益可以使用不同的时间段，可以计算暂时效益，也可以计算长期效益，理性的计算应该是使用长期的时间段。若用理性的计算来分析福利国家对市场价格的"扭曲"干预，我们可以看到，这种干预会使资源的配置更趋于长期效益的最大化。如果美酒被征税因而价格很高，教育受补贴因而价格很低，人们将少消费美酒而多消费教育，资源将少用于酿酒而多用于办学，这样的消费模式和资源配置模式是有利于长期发展的，是能够实现长期效益的最大化的。

北欧国家对教育医疗的投资，造就了高素质的人力资本，使他们可以成功地发展高科技产业，北欧的医药、电子、电信、汽车等产业创造了不少世界闻名的品牌，这些产业给社会带来了丰厚的长期收益，北欧的人均国民收入在世界名列前茅，多数高于美国，北欧的人类发展指数（HDI）更是大大领先于美国。福利刺激了理性消费，创造了长期效益。福利国家干预了价格，使人多消费对未来发展有好处的东西，实现理性的长期效益最大化。

第三种贬抑是批评福利国家会使人"懒惰"，使人"依赖国家，不思进取，不对自己的行为负责"。这种批评是缺乏实证根据的，从北欧福利国家的劳工参与情况来看，福利国家的国民没有表现出"懒惰"的倾向。劳工参与率是法定工作年龄中积极参与劳工经济活动的人数和法定工作年龄人口总数的比例，是用来衡量一个国家的人民愿意参与工作的程度，劳工参与率越高，表示这个国家的国民愿意工作的程度越高，也就是说越不懒惰。在工业化的发达国家中，北欧福利国家的劳工参与率不仅很高，而且高过非福利国家的美国。以2015年15岁至64岁的人口为例，美国的参与率是72.6%，北欧国家中参与率最高的冰岛是87.9%，连最低的芬兰也有 75.9%。妇女劳工参与率是检验"福利"和"懒惰"关系的更佳指数，因为在福利国家中，妇女的福利往往要比男人多，妇女生养小孩可以领取许多相应的福利。如果妇女是懒惰的，她们完全不必去参与工作。在美国，妇女劳工参与率是 66.9%，北欧最高的冰岛是 85.5%，最低的芬兰是 74.4%（2015）。① 可见，北欧的福利并没有造成懒惰。（参阅表1）

表1　北欧各国与美国 15 岁至 64 岁的人口劳动参与率（%）

	丹麦	芬兰	冰岛	挪威	瑞典	美国
2000 年						
总人口	79.9	74.9	86.6	80.2	79.0	77.2
妇女	75.6	72.1	83.3	76.1	76.4	70.7
2015 年						
总人口	76.9	75.9	87.9	78.2	81.7	72.6
妇女	73.6	74.4	85.5	76.1	79.9	66.9

资料来源：经济合作与发展组织（OECD）②。

福利国家可以使人在基本生活保障方面依赖国家，但是这种"依赖"并不意味着"不进取""不负责任"。在北欧福利国家中，不少人攻读博士，从博士学位毕业的人在人口中的比例来看，北欧的四个国家都高于美国（2009）。③ 他们依赖国家提供的教育、医疗、生活保障等等的福利，在学术上积极进取，负责任地从事研究工作。从历史上看，很多国家长久以来都存在着一个特殊的群体，他们依赖社会提供的物质福利，在精神领域追求进取，这个群体就是僧侣。和尚依赖施舍化缘得来的"福利"，修行

---

① 经济合作与发展组织（OECD）数据。http：//www.oecd.org。
② 参阅 https：//stats.oecd.org/Index.aspx? DataSetCode = LFS_ SEXAGE_ I_ R#。
③ 2009 年，瑞典、芬兰、丹麦、挪威高于美国，OECD 数据，参阅 https：//www.oecd.org/sti/inno/CDH%20FINAL%20REPORT-.pdf，2020.8.21。

思索,关怀着人类的终极问题,这是一种更胸怀博大的进取,是一种更终极的责任感。在世俗世界,北欧国家也表现出一种胸怀博大的进取心和责任感。在国际援助方面,他们做出的奉献远远高于美国。从奉献给国际援助的人均数字来看,北欧国家是美国的10倍;从奉献给联合国援助项目的人均数字来看,北欧国家是美国的16倍①。这些数据和实例显示,北欧人在国内依赖福利,不仅没有变得懒惰,反而在道德上更有责任感,更积极进取地为世界做出奉献;他们的依赖是在低层次的基本生活物质方面,他们的进取是在高层次的对世界的终极关怀方面。

现代化极大地增强了人类的劳动生产率,提供满足温饱的基本生活必需品已经是相当容易的事情。以前一个人种地,只能养活两三个人,现在可以养活四五十个人。如果每个人都要积极进取地参与物质生产,不仅会造成产品和产能的过剩,而且会对环境和资源造成过大的压力。如果有人愿意只依赖和消费低保福利的生活必需品,而不再是在市场上积极为自己攫取更多的物质享受,这对现代社会未必不是一件好事。古人尚有诗云:"宁为宇宙闲吟客,怕作乾坤窃禄人。"现代福利国家的公民更可以说:"宁为福利依赖客,怕作环境污染人。"如果依赖福利的人能够利用闲暇在精神领域做些积极进取的事情,闲吟客还可能吟出精神关怀的高曲,那对社会就更有好处了。

"懒惰"和"不进取"讲的是人的素质问题,贬抑福利国家的人认为,福利国家会降低国民的素质。但是,从北欧国家的现实情况来看,北欧国家的国民表现出相当优秀的素质,尤其是他们对国际援助的奉献精神,更是其他绝大多数国家无法相比的。遥想海盗时代(那时不是福利国家),北欧海盗以凶暴著称,对邻国劫掠杀戮,完全没有表现出援助奉献

---

① 参阅 John Degnbol-Martinussen, Poul Engberg-Pedersen, *Aid—Understanding International Development Cooperation*, London・New York: Zed Books Ltd, 2003。

的精神。但在福利国家时代,北欧的奉献精神却让世界赞叹不已,民族素质在福利国家中获得了升华。

交税观念与成功之路

北欧展现了福利国家的光辉道路,但是并不是所有福利国家都能够取得如此光辉的结果。有的国家选择了福利国家的道路,却道路惨淡。新自由主义描述的"高福利导致赤字危机""依赖福利不思进取"等现象的确在一些国家、一些人群中存在。被戏称为"欧猪"的希腊是赤字危机的一个例子,希腊提供福利,但没有征收相应的税收来维持福利支出,因而造成大量赤字、大量债务。

债务是由收和支两个因素造成的,收入少、支出多,就会筑起债台。税收是政府收入的重要来源,希腊政府的税收非常少,以 2009 年为例,希腊的税收占 GDP 的 30% 左右,而绝大多数北欧国家的税收都在 GDP 的 40% 以上。① 希腊的税收之所以少,根本原因是腐败,不仅是政府官员的腐败,而且是大众的腐败。逃税是希腊社会的普遍现象,从出租车司机到医生都明目张胆地逃税。2009 年的社会调查显示,住在雅典高档住宅区的 150 位医生,有一半自报年收入不到 3 万欧元,甚至还有不少医生自报年收入不足 1 万欧元,他们住豪宅、开豪车、拥有豪华私人游艇、送孩子上昂贵的私立学校,如此的生活绝不是区区几万欧元能够维持的。据西方学者估计,2007 年希腊的"影子经济"(shadow economy)占到 GDP 的 25% 以上,所谓"影子经济"就是不报收入、不交税的经济活动,可见希腊逃税问题之严重。在希腊社会,大家以逃税为荣,常能听到有人夸耀自己如

---

① 经济合作与发展组织(OECD)数据。https://data.oecd.org/tax/tax-revenue.htm,2020.8.21。

何逃税,以逃税为荣的现象折射出弥漫在大众心底的"文化腐败"。

希腊的"税收少"折射出大众的腐败,"支出大"则凸现出官员的腐败。对比希腊和欧盟的政府支出,希腊公务员的薪酬支出比例要远高于欧盟的平均值。经济合作与发展组织(OECD)① 的报告指出,希腊公务员的工资一般比非公务员高得多,虽然希腊的公务员在劳工总数中所占的比例不大,但他们的工资在工资总额中的比例却很高,这在欧盟和发达国家中实属异数。公务员不仅工资高,退休待遇还非常优厚,享受"特权福利"。"裙带风"是希腊政治文化的一大特色,政党都搞裙带关系。公务员是政治裙带结构中的重要部分,政客把自己的裙带亲信安置在公务员的肥缺上,既能让他们享受优厚收入,又能为自己增强政治实力,使自己能在多党竞争中胜出。

虽然希腊政府对公务员的薪酬支出很慷慨,但对关系全民福利的医疗教育支出却并不慷慨。希腊的教育福利支出比例低于欧盟的平均值,以2005年为例,在政府总支出中,教育支出所占的比例,欧盟的平均值是12.1%,希腊是8.7%。② 医疗支出所占的比例希腊更是大大低于北欧的国家,譬如2008年希腊是11.5%,挪威高达17.6%。③ 公务员薪酬支出比例高,教育医疗支出比例低,这种不对称的比例反映了希腊政治文化中的腐败:对裙带特权慷慨,对全民福利吝啬。

什么样的福利道路会导致惨淡呢?什么样的福利体制中潜藏着杀手呢?希腊的案例显示,是腐败的体制和腐败的社会文化土壤,导致了福利国家的惨淡。裙带风的政治腐败,逃税为荣的文化腐败,是摧毁一个国家

---

① OECD是全球30个市场经济国家组成的国际组织,美国、英国、挪威都是其成员。
② 世界银行数据。https://data.worldbank.org/indicator/SE.XPD.TOTL.GB.ZS,2020.8.21。
③ 联合国世界卫生组织(WHO)数据。https://apps.who.int/gho/data/view.main.HS05v,2020.8.21。

健康发展的真正杀手。眼睛只盯在暂时能占的便宜上,不去想将会造成的未来灾难。都只想占有,都不想付出;都只想眼前,都不想未来。这是一种腐败的思维方式、腐败的行为方式,终将导致整体的溃败。如果只是部分官员的腐败,可以通过改革割除腐肉。如果是全社会的文化腐败,就需要全社会细胞的更新,每个成员都要自我反省,清除心中的腐败思维,改变自己的腐败行为。

"少交税""减税负"是很诱人的口号,因为可以使人少付出。但是这样的口号很可能会刺激和培养"只想占有、不想付出""只想眼前、不想未来"的心理。如果换一个角度来思考"交税",想到交税可以使政府有能力提供更好的福利,使人能够享受更好的医疗教育服务,使人有机会提升素质,使社会和自己的未来更美好,那么就可以消除一些心理上的腐败土壤。关于税收的话语,影响着社会的心理,培育着社会的心态,选择正确的税收话语叙述,可以使社会更加美好。

如果一个国家选择了走福利国家的道路,就需要根据自己的国情制定相应的国策,使福利可持续,使福利能够带来国民素质的升华,带来社会的长久稳定发展。如此的福利国家道路,才能够有光辉的前景。

挪威国企的出众表现

在北欧模式中,国有企业扮演着相当重要的角色。新自由主义风靡的时候,国有企业是一个被污名化的妖魔,意味着效率低下、没有活力、对经济发展有害无益。如果新自由主义者能够客观地看看现实,尤其是看看挪威国企的表现,他们将会得出不同的结论。

挪威的发展模式不同于新自由主义主导的西方主流模式,它重视国有经济体,譬如国有企业、国有主权基金,这些国有经济体对挪威的经济发展不仅不是有害无益，而且是贡献巨大。尤其在2008年金融危机中，它们的表现令人刮目相看。

2008年金融海啸来临的时候，西方大多数国家在冲击之下财富都缩水了，挪威的国有主权基金却大幅度地增值了，增值的结果使挪威的国有退休金基金成为世界上最大的主权基金，此基金已拥有全世界股市财富的1%以上。挪威人口只占世界人口的0.07%，这么少的人，拥有这么多的财富，可以想见其富裕的程度。在联合国公布的人类发展指数（HDI）的排名榜上，挪威经常名列第一，近二十年来没有低于第五的时候，是世界上180多个国家中生活质量最好的。人类发展指数是由三个部分组成，不仅含有标示物质财富的人均GDP，还有标示健康的预期寿命指数和标示教育水平的指数。在这个排名榜上，美国要比挪威落后十多位。

挪威的发展模式与美国不同，经过金融海啸的考验，挪威思路显示了它的优越性。美国模式强调消费拉动，没有钱也要消费，鼓励负债消费来刺激经济。挪威正好相反，有钱也不肆意消费，而是把钱用于理性的投资。挪威主权基金的钱主要来自石油收入，它给自己制定了严格的、理性的投资和消费计划。基金主要用来作有利于未来发展的投资，每年只允许动用基金总额的4%来作政府支出的消费。这4%是估算出来的基金年回报率，也就是说，只消费利息，不动用本金。正是因为挪威持有大量投资的本金，当金融海啸使世界股市大跌之后，挪威乘机"抄底"，购买到巨额低价优质股票，让挪威主权基金大幅增值。

除了在消费和投资方面不同，挪威模式在另外两个方面也表现出与美国模式的差异。其一是挪威的国有企业在经济中所占的比例；其二是挪威对社会发展、社会公正所持有的价值观。

挪威的国企在经济中所占的比例是相当大的，尤其是和美国或其他发达工业国相比。挪威的石油产自北海油田，北海的石油主要由挪威和英国

第五章　北欧：民主社会主义的道路

拥有。挪威开采北海石油的公司是国企；英国开采北海石油的公司是私有的跨国大公司，主要有英国石油公司、壳牌公司等。自从20世纪70年代北海油田大量开采以来，石油给挪威和英国都带来了可观的收入。挪威建立了国有主权基金，把这不可再生的自然资源带来的财富作了长期的、理性的投资，使财富可以在未来由全社会分享。英国没有建立主权基金，石油财富或者成了跨国公司的巨额利润，或者成了政府的税费收入，这些收入都"及时消费"了，没有为社会做有利于未来的理性投资。2008年金融海啸发生之后，挪威和英国的经济状况形成鲜明对比。挪威有石油收入积累的主权基金在手，抄底世界股市，使全民财富大增。英国政府手中的石油财富早已被消费了，不仅没钱来抄底，连对抗海啸的应急资金都没有；石油跨国公司更不会掏出自己的利润来帮助英国缓解海啸的冲击。为了应付金融海啸，英国的财政赤字飙升，剧增一倍多，而挪威则安然享受着财政盈余。

面对如此鲜明的对比，许多英国人深感后悔，当初为什么没有像挪威那样建立一个石油收入的主权基金呢？其实早在金融海啸发生之前，一些英国的智库就发出过向挪威学习的声音。2006年，新经济基金会发表了一个研究报告，指出英国已经挥霍浪费了北海石油的大部分财富，应该悬崖勒马，尽快建立一个"石油遗产基金"，向挪威学习。这个报告虽然获得媒体的大量报道，但在热衷"美国模式"的英国政治大气候中，国有的石油基金始终也没有建立起来。

英国曾经拥有过许多国企，"二战"之后欧洲经历过"国家资本主义"崛起的时代，那时英国和其他许多国家都建立了大量国企。这些国企利用马歇尔计划的援助使国家快速达到了该计划的经济目标，实现了战后的重建。此后政府给了这些国企许多保护和优惠，使它们处于了垄断地位。它们没有竞争的压力，渐渐变得越来越低效。后来许多政府还把国企当成解决失业问题的工具，让国企大雇冗员，给国企大发补贴，使国企恶性膨胀。到了六七十年代的时候，许多国家的国企变成了低效、庞大、愚笨的"大恐龙"，成为政府不堪忍受的财政赤字负担，并引起了通货膨胀等宏观经济问题。于是，一个宰杀国企大恐龙的时代来临了，英国的撒切尔夫人政府是这个时代的先锋。"铁娘子"快刀斩乱麻，把大量的国企都私有化了。私有化的确减轻了政府的财政赤字压力，稳定了宏观经济，撒切尔主义因此风靡。撒切尔主义和美国模式如出一辙，都强调私有化、自由化，都坚信"市场无误、政府有害"，主张要缩小政府、要放任市场，这是自 1980 年代以来西方主流经济的共识，享有风行全球的话语权。

在对国企恐龙进行私有化宰杀的大潮中，也有一些国家没有采用大规模私有化的方法来解决国企低效的问题，它们悄悄走了另一条路：改造国企，迫使恐龙进化。它们引进了私有企业的一些优良的经营管理方法，改造国企的治理制度。它们不再给国企拨款补贴，迫使国企要到资本市场上筹募资金，增强其责任感。它们让国企在市场上面对全球化的竞争，通过竞争来进化。经过改造，有些恐龙的确进化了，成为 21 世纪世界经济舞台上的重量级明星。挪威的石油国企，就是这样一条进化了的恐龙。挪威国家石油公司成立于 1972 年，业绩表现一般，为了使它能进一步优化，挪威国会 2001 年授权该公司的股票在奥斯陆和纽约上市。股票市场价格的升降和公司的业绩表现挂上了钩，促进了改革，增强了公司经营管理的责任感和能力。目前，这家挪威国企已在深水石油开采生产领域成为世界明星，它创新了几项最先进的技术，业务已远远超出北海油田，进入了西非、墨西哥湾、巴西海岸等地。

挪威之所以在经济中保持较高的国企成分，是与挪威对社会发展所持的价值观直接相关。经合组织（OECD）曾对挪威的社会经济发展作过一个研究报告，分析了挪威的社会价值观对其公共政策的影响，指出北欧的

挪威国企数量很多,它的国企表现出良好的企业社会责任感。这是挪威一个石油国企在首都的总部

治理模式和价值体系影响了挪威的政策取向。"(挪威)公共政策强调的价值是平等、凝聚、高社会福利。这些价值促成了较大的公有部门,高税收,多国企,重管制,其目的是要保证全社会都能享受到相似的生活水平。"

这个价值体系不仅使挪威有较多的国企,也使挪威的国企有较大的企业社会责任感,而不单纯追求公司利润最大化。譬如,挪威国家石油公司努力使石油和天然气的生产更加"环保",它在天然气田中把二氧化碳过滤出来,重新泵回地下,虽然增加了公司的生产成本,但是有益于全社会的环保;它还建造了两个大型回收碳化物的系统,避免废气污染大气。生产石油要排放二氧化碳,世界上每生产1桶石油平均要排放19公斤的二氧化碳,但挪威国家石油公司只排放7公斤。另一个挪威大型能源国企,致力于研发各种最先进的清洁能源,如海水中的盐能等等。挪威虽然有丰富的石油和天然气能源,但它并不图省事地发展燃烧油气的火电,而是在水电方面作了很大的投资,因为水电是清洁能源,挪威使用的电能98%以上来自水电。挪威的主权基金对投资有很严格的社会责任要求,设立了专门机构审查投资的公司,不投资那些会危害社会的跨国公司,譬如严重破坏生态环境的公司、生产核武器和生化武器的公司、生产烟草的公司等等,尽管这些公司可能给基金带来高利润的回报,但公司绝不染指,不"见利忘义"。

挪威是世界环保的积极推动者,以身作则地实行许多环保措施,除了上述生产投资方面的环保措施,在消费方面也有许多相关措施。譬如限制使用私家车,虽然挪威是石油生产国,它却不鼓励国民多开汽车,政府提供了大量的公共交通服务,还征收高额燃油税。美国的行为则截然相反,美国是世界上排放二氧化碳最多的国家之一,在布什执政时期,美国总是拒绝承担责任减少排放,强调减少排放会限制消费、会影响经济发展,还振振有词地说,即使美国减少了排放,那些新兴发展国家如中国、印度也会增加排放,所以美国不必做"冤大头";特朗普更是公然退出巴黎气候协定。北欧的价值观却使挪威默默地做了"环保冤大头"。

在金融海啸爆发之前,许多人也许会嗤笑挪威是"冤大头",但当金融海啸横扫过后,人们蓦然发现,"冤大头"并不冤,不仅不冤,还大赚了一笔,好心得到了好报。挪威的经验显示,理性的好心可以得到理性的好报,也许不能得到短期的、急功近利的好报,但能得到长期的、历史性的好报。

与新自由主义所妖魔化的国企形象截然不同,挪威国企表现出的,不是效率低下、没有活力、有害无益的妖魔,而是具有创新活力、社会责任感、能够抓住时机的优秀经济体。这是北欧模式构建的企业,是北欧道路上的闪光之星。

丹麦道路与美国道路

丹麦和美国虽然都是西方国家,但它们选择了不同的发展道路,在这两个国家中可以感到许多的不同。二十多年前我从美国第一次去丹麦,那里的"高物价"给我留下深刻印象,同时启发了我思考丹麦与美国的道路差异。丹麦许多东西的价格都比美国高,尤其是在饭店吃饭,往往会贵一倍。我大肆抱怨丹麦什么东西都比美国贵,但一位丹麦朋友提醒我说:"丹麦教育和医疗的价格可比美国低得多。"他的话对我有震撼性效果,提醒我要更全面地观察物价,要更深刻地思考物价差异的社会影响。此后,我在观察物价的时候,有了新的视角;对物价差异将会对社会发展造成的影响,尤其是对"藏富于民"的影响,有了更深层的思考。

美国大多数消费品的价格都比较低,尤其是一些名牌化妆品、手袋、牛仔裤等，其低廉的价格常让中国游客赞叹不已。"低价格"刺激消费，美国人因此大量消费这类产品。但美国的医疗和教育的价格非常昂贵，"高价格"抑制需求，这使得许多美国人减少了对医疗教育服务的消费。这种物价结构，鼓励了人们多消费"低价"的化妆品、手袋、牛仔裤，少消费"高价"的医疗和教育服务。

丹麦的物价结构和美国的不同，一般消费品价格高，医疗教育服务的价格低。这种物价结构对消费行为的影响是：减少了对一般消费品的需求，增加了对医疗和教育的消费。不同的物价结构，促成了不同的消费行为；而不同的消费行为，又对社会发展造成不同的深远影响。

美国高昂的医疗价格，导致了人们抑制医疗服务的需求，结果是健康素质下降。从宏观的健康指数来看，美国的预期寿命和婴儿死亡率要比许多欧洲国家差，尤其是那些有全民免费医疗福利的北欧国家，它们的健康卫生指数都远优于美国。譬如每千名5岁以下儿童死亡率，美国是7.9，丹麦是4.6（2006）。①

教育费用高昂会抑制教育需求，不利于提高人力资本素质；而免费教育可以扩大教育需求，使人力资本素质升级改进，为高科技产业的发展提供条件。丹麦的教育福利制度为丹麦培养了优质的人力资本，使丹麦在高科技产业发展方面表现出色。

丹麦的医药业和机械制造业都很发达，大量受过良好教育的丹麦专业人才，从事了高端的研发工作，使这些产业在国际竞争中处于优势地位，带动了整体经济的良好发展。丹麦整体经济的良好表现突出地显示在三个方面。第一，丹麦的人均GDP名列世界前茅，很多年份高于美国，譬如

---

① 世界银行数据。https：//data.worldbank.org/indicator/SH.DYN.MORT，2020.8.21。

2009 年，丹麦是 58000，美国是 47000；2014 年，丹麦是 63000，美国是 55000。① 第二，丹麦的失业率比较低，金融危机前多数年份（2001—2008）的平均值是 4%，即使在受到全球金融危机重创后的 2009 年，丹麦的失业率也只有 6%，而美国则高达 9% 以上。② 第三，丹麦很少财政赤字，美国则赤字严重，从政府债务占 GDP 的比重来看，2018 年丹麦是 33.9%，美国高达 105.5%。③

高福利而无债务危机，这是丹麦整体经济运作良好的结果，也是丹麦对福利和税负的成功平衡。免费的医疗教育福利，需要用税收来支付和维持。分析税负与发展之间的关系，主要有两条思路。一条思路强调减税，减所得税增加了可支配收入，减消费税（VAT）降低了物价。收入多了，物价低了，可以刺激消费，拉动经济。另一条思路不强调减税，而是强调要把税收用到医疗教育福利上，以提高人力资本素质，为长远的发展打基础。

美国的发展走的是第一条路。自里根政府以来，减税成为刺激经济的一大法宝，GDP 在减税的刺激下的确获得了增长，却也造成了两个深远的问题。一是贫富差距加大，由于穷人本来交的税就很少，减税能带给穷人的利益有限，富人才是减税的最大受益者；而且，由于减税使政府的财政收入减少，一些福利项目被削减了，穷人无法再获得这些福利援助。二是造成了财政赤字和政府债务的剧增，美国政府债务占 GDP 的比重，从

---

① 世界银行数据。https：//data.worldbank.org/indicator/NY.GDP.PCAP.CD，2020.8.21。
② 世界银行数据。https：//data.worldbank.org/indicator/SL.UEM.TOTL.ZS，2020.8.21。
③ 参阅 https：//tradingeconomics.com/denmark/government-debt-to-gdp 和 https：//tradingeconomics.com/united-states/government-debt-to-gdp，2020.8.21。

2000年的55.6%,增加到2010年的91.2%,此后还继续上升,① 2011年夏天美国发生"国债危机",国债评级被下调,减税是造成如此庞大国债的一个重要原因。

丹麦的发展走的是第二条路。丹麦是世界上税负最重的国家之一。丹麦的消费税是25%,个人所得税率在1995年至2018年期间平均是60%左右。② 丹麦的所得税采用了向穷人倾斜的累进税率,穷人税率低,富人税率高。虽然消费税不分贫富,大家买东西消费的时候都要交25%的税,但由于救济性福利的受益者主要是穷人,而这些福利又是用税收支付的,所以税负通过福利起到了缩小贫富差距的作用。丹麦的基尼系数很低,是世界上贫富差距最小的国家之一,2010年丹麦的基尼系数是27,美国是40③。丹麦的高税负制度不仅缩小了社会的贫富差距,而且使政府有财政能力向全民提供免费的医疗和教育福利,通过这些福利丹麦公民的健康和教育素质获得了提升,根据联合国公布的教育指数,丹麦在世界名列前茅,2015年,丹麦的人类发展指数是0.926,美国是0.917;④ 丹麦的多项健康指数也优于美国,譬如2015年预期寿命,丹麦是80.7,美国是78.7。⑤ 医疗和教育福利为丹麦积累了高素质的人力资本,给长远的可持续发展提供了宝贵的资源。

如果从"藏富于民"的角度来看,美国是"藏金钱财富于民",丹麦是"藏人力财富于民"。减税带来的金钱财富可让人及时消费享乐,而高

---

① 参阅 https://tradingeconomics.com/united-states/government-debt-to-gdp, 2020.8.21。
② 数据参阅 https://tradingeconomics.com/denmark/personal-income-tax-rate, 2020.8.21。
③ 世界银行数据。https://data.worldbank.org/indicator/SI.POV.GINI? locations = DK-US, 2020.8.21。
④ 参阅联合国的 Human Development Data(1990-2015)http://hdr.undp.org/en/data, 2020.8.21。
⑤ 世界银行数据。https://data.worldbank.org/indicator/SP.DYN.LE00.IN, 2020.8.21。

福利增加的人力财富则可以给人带来更长远和更全面的幸福。是金钱财富重要？还是人力财富重要？不同的人也许会有不同的看法，不同的社会也会有不同的取向。丹麦选择了后者，这是他们的道路选择。如此的选择，造就了北欧模式中的一大亮点。

资源配置的理性之路

通过税收来干预市场，使人多消费医疗教育，这应该是符合理性的资源配置的。但是，这种配置往往被新自由主义者批评，他们相信市场不受干预的资源配置才是最佳的配置。

有一次我和朋友们谈起丹麦和美国不同的价格结构和社会效果时，一位对市场配置资源的高效性深信不疑的朋友说，当医疗教育价格高昂时，市场会使资本和人力涌入这些行业，最终使价格降低达到平衡，这种平衡是社会资源的最佳配置，是优于政府干预的资源配置。这种说法源于亚当·斯密的原理：人是自私逐利的，高价格带来高利润，因此吸引了资本和人力，这些资源的涌入增加了供给，供给多了、竞争大了、价格就会降低，这正是无形之手通过市场竞争和价格调节来指引社会资源作优化配置。这是现代经济学的最重要信条。

市场在很多情况下的确发挥了很好的资源配置作用，但由于医疗教育的特殊性，使无形之手在这方面丧失了正常的功能，导致市场失灵。医疗供给的一大特殊性是医生的培养训练周期很长，形成供给产能需要很长的时间；而医疗需求的一大特点是人不知道自己什么时候会生病，一旦生病却需要立刻治疗才能达到"高效率"的疗效。所以，如果等人生病了发出需求信号，市场是不能很快形成供给的，也就不能高效地实现有效治疗。

美国在医疗方面的市场失灵表现得非常突出，美国的医疗费用支出远高于丹麦，但预期寿命、儿童死亡率等指标却都劣于丹麦①。美国的医疗供给方有两个重要的成员：医务人员和医疗保险公司。这二者在市场失灵中都扮演了重要角色，由于缺乏政府的有力干预，他们能够利用市场的资源配置，有利于自己的"利润最大化"，却有损于社会利益。

首先来看供给方中的医务人员，他们意识到市场上"医生供给稀缺"可以提高医疗价格，有利于医务人员"利润最大化"，于是他们有意来促成"医生稀缺"的市场。美国医生成立了"美国医生协会"（AMA），多年来大力宣传"美国医生过剩"，进行各种游说活动，因而在1980年代使得美国政府决定停止建立新的医学院。直到2002年，当医生短缺的现象变得极为严重，已经不能再掩盖时，AMA才发表声明说，自己以前关于医生过剩的评估是"预测的错误"。在1980年代，美国"二战"后"婴儿潮"中出生的人口开始进入四五十岁，很容易可以预见心血管疾病、癌症等疾病的发病率将会增加，会需要越来越多的医生，但AMA竟然预测"医生过剩"，如此的预测错误有其深刻的自私动机背景。2002年后，美国又重新开始建立一些新的医学院，但为时已晚，"婴儿潮"老龄化的步伐远远快于漫长的医生训练期，至使医生短缺的现象持续严重。在这段短缺时期，供给方中的医务人员实现了利润最大化。

供给方中的医疗保险公司，在市场失灵方面扮演了比AMA更恶劣的角色，造成了更恶劣的后果。美国的医疗保险制度是西方发达国家中最强

---

① 2016年，医疗费用与GDP的比例，美国是17%，丹麦是10%；预期寿命，美国是78.539，丹麦是80.854；婴儿死亡率（每千名），美国是5.8，丹麦是3.6。均为世界银行数据。参阅 https://data.worldbank.org/indicator/SH.XPD.CHEX.GD.ZS，https://data.worldbank.org/indicator/SP.DYN.LE00.IN 和 https://data.worldbank.org/indicator/SP.DYN.IMRT.IN，2020.8.21。

丹麦的 Koege University Hospital

调市场化的,在其他西方国家中,有的不使用保险制度,譬如英国的公立医院直接获得政府的财政拨款,患者免费看病,不使用医保。另外一些西方国家虽使用医保制度,但绝大多数是国营医保,不是私营的商业医保。而美国只给65岁以上的老人提供国营医保(65岁以下的极端贫困者也有国家医保),其他人都要使用私营的商业医保。美国强调,这是为了加强市场化,避免国营医保的"垄断",坚称市场化才能够更高效地配置资源。虽然美国国会预算办公室(CBO)做了深入调研并提供了大量数据,证明现有的国营医保(65岁以上老人的)比私营医疗保险公司的行政成本低、服务效率高,但私营医保公司仍然能够打着"市场化"的大旗,压制国营医保,享受市场失灵带来的"利润最大化"。医保公司能够如此如鱼得水,是利用了美国政治体制中的"游说制度"。

私营医保公司通过强力的游说活动促使国会通过了很多有利于私营保险公司的立法。譬如,2009年当国会辩论奥巴马的医改法案时,私营保险公司雇用了大量游说专家展开活动,结果得到两个"利润最大化"的回报。第一个回报是迫使奥巴马的医改法案取消了"国营医疗保险"的条文。奥巴马在医改中曾提议扩大现有的老人国营医保,使其能够覆盖更多的人群,但在保险公司的强力游说之下,国营医保条文几乎完全取消,这为私营保险公司消除了一个强劲的竞争对手,使它们更容易推高保费价格。第二个回报是医改法案规定所有人都必须购买医疗保险。在法案通过之前,美国有大约16%的民众因经济等原因不购买医疗保险,现在他们被强迫勒紧裤带也要买保险,这就给保险公司送来了一大批客户,带来了巨额的生意,带来了利润最大化。

果然,医疗保险公司的利润节节上升,至2011年年底,几家大保险公司的利润已连续三年打破历史纪录。美国医疗保费一直在大幅增加,增速远超通胀指数,譬如在 1999 年至 2009 年间增加了 131%,①而同期的一般通胀只有 28%。保费的飞涨带来了保险公司利润的剧增,在 2000 年至 2007 年期间,美国 10 家最大的保险公司的利润增加了 428%。② 如此剧增的利润吸引了趋利的资金,但资金进入医疗保险公司并不意味着进入医疗服务,因为医疗保险公司不提供医疗服务,它提供的是支付医疗费用的金融服务。市场把资源配置给了医疗保险,但没有配置给医疗服务,这些资源在保险公司手中,还产生了一些对医疗服务不利的影响。当保险公司获得了大量资金,它们不去雇用更多的医务人员增加医疗服务,而是用资金来扩展保险公司的业务,很多时候保险业务的扩展反而损害了医疗服务。譬如,保险公司扩展业务创造出各种各样复杂的保险项目以求利润最大化,这些项目给医生带来了巨大麻烦,医生需要雇用更多人手来处理这些复杂的文牍工作。复杂的分类、复杂的程序、复杂的规章、复杂的计算……稍有不慎出了差错,医生就可能收不到保险公司的付款。有的医生抱怨说,他只能雇一名护士为病人服务,却要雇两个人来应付这些文牍。医生多雇用人员的费用,自然会转嫁到病人身上,成为医疗费用高昂的一个因素。

医疗费用高昂很可能引起大众的不满而最终颠覆保险公司的利润最大化,为了化解大众的不满,保险公司使用了"洗脑"的方法。美国保险公司编织了各种理论来影响大众的思维,其中一个重要理论是"市场"。它们说,只有私营保险公司才能通过市场竞争提供高效的医疗服务,国营医保效率低,影响资源配置优化。对于"市场"的信赖本来就符合美国民众的心理,经过保险公司的强势宣传,这种心理更被大大强化了。虽然有国会预算办公室的调研报告证明国营医保比私营医疗保险公司的服务效率

---

① 参阅 Kaiser/HRET, *Survey of Employer-Sponsored Health Benefits*, 1999—2009。
② 参阅 https://www.healthaffairs.org/do/10.1377/hblog20090917.002182/full/, 2020.8.21。

高，但保险公司的"洗脑"效应却更有影响力。在保险公司的宣传中，外国的国营医保制度被妖魔化，它们挑选英国、加拿大等国的一些问题个案，进行片面夸张的歪曲宣传。由于大多数美国民众没有亲历过外国的医疗制度，而且也懒于去做认真的调查研究，很容易被宣传忽悠。保险公司还进一步危言耸听地说，如果让国营医保进入市场来和私营医保竞争，由于国营医保实力强大，必然把私营医保排挤出局。它们编织的"国进民退"的恐怖神话，煽动起了大众的恐惧情绪，于是奥巴马医改法案删除了国营医保的条文，使国营医保不能进入市场竞争，使民众失去了一种消费选择。

真实的市场不是抽象虚拟的，资源的流通配置并不像理论描述的那般理想。在美国的真实市场中，大量资金流入了保险公司，这些资金没有被用于提供医疗服务和降低医疗价格，而是被保险公司用来做"游说""宣传""洗脑"等活动。这些活动大大增强了保险公司的社会话语权，使其话语可以对社会资源的配置产生决定性影响。于是我们看到，私人保险公司利用话语权阻止国营医保进入市场，排挤了竞争对手，增加了自己的利润，吸引了更多的资金；话语权使公司的利润增长，增长的利润吸引了更多的资金配置，增加的资金又使公司能够获得更多话语权……美国的医疗市场，就是如此循环往复，如此配置资源。

在美国的真实市场中，教育的供给也有其特殊性，虽然不像医疗那样复杂，但在"教授培训周期长"方面具有共性。美国的教育费用高昂主要是指高等教育，建立一所新大学需要众多的科系和复杂的机构，吸引生源还需要长期的知名度，这和生产简单产品很不一样，这就使得无形之手在配置资源时，不能像"牛仔裤涨价了，资金流入牛仔裤行业，牛仔裤供应多了，价格下降"，而会像配置医疗资源时那样，表现出失灵的状态。

医疗教育的供给特殊性使市场失灵，医疗教育在需求方面也有特殊性，也对市场失灵有重大影响。教育的需求，与其他许多消费品的需求有所不同，因为接受教育是一件"现时吃苦、未来受益"的事，所以消费教育是需要消费者有理性的意志，但是，并非所有消费者都如此理性，很多人会倾向于及时行乐，而不去寒窗苦读。教育的另一个特殊性是其"外部性"，即教育有外部影响和溢出效应，因为教育可以使人口的素质提高，能对整个社会溢出有益的影响。穿不穿牛仔裤对整个社会不会有什么影响，但受不受教育则对社会的影响很大。正因为教育有这样的外部性，许多国家的政府都对教育进行干预，而不是听任无形之手的摆布。美国虽然非常崇尚市场自由，却也有强迫义务教育的规定，未成年人（各州对成年年龄的规定不同）必须接受教育，否则要受处罚。这样的强制规定既是为了受教育者个人的未来利益，也是为了社会的共同利益。

理性在教育需求方面扮演了重要角色，在医疗的需求方面，理性的角色更加重要而且复杂。医疗需求的复杂性至少有两点。第一点是"生病的不可预知性"，人不知道自己什么时候会生病，也不知道会生什么病。第二点是"回报的不可预知性"，由于"生病的不可预知性"，人不知道为看病储蓄投资的钱能有什么回报。人对教育所作的投资，可以预期有一定的未来回报；人对未来生病所作的投资，回报则很难估计，如果未来不生病，投资岂不白费了？面对这些不可预知性，即使是理性的消费者也难于做出符合长期理性预见的决定，至于非理性的消费者则更会采取非理性的行动。个人的非理性行动，牵动了无形之手的非理性运作，导致市场失灵。

在为医疗和教育配置资源时，需求方和供给方的非理性、消费者和生产者的非理性，造成了无形之手的失灵，因此需要一只更为理性的手来纠错，政府往往扮演了这只理性之手的角色。政府是不是都是理性的？什么样的政府更趋于理性？

民主是当今世界的大潮，人们也倾向于相信民主政府是理性的。但现实情况远比一厢情愿的"相信"更复杂。譬如，民主的丹麦和民主的美国表现就很不相同。美国的医疗保险公司等利益集团，恰恰是利用了美国的民主制度，来进行游说，使资源的配置对自己有利而对社会有害。这些利益集团为自己利润最大化的理性算计，导致了政府政策的非理性。

再看"非民主"的、以计划经济为特征的社会主义国家，它们的表现也很复杂。社会主义计划经济往往推行全民福利政策，把大量资源配置给医疗和教育。古巴是其中的一个突出而成功的例子，它的医疗体制取得了低成本、高效益的成果，古巴的多项重要公共健康指数都达到了世界最发达国家的水平，譬如预期寿命和婴儿死亡率，古巴的情况比美国的更好，[①] 而古巴的人均医疗支出成本却还不到美国的5%，[②] 联合国、世界银行等都对古巴的医疗制度高度赞扬。[③] 不过，古巴虽然配置医疗教育资源表现了理性和高效，但在配置资源进行其他经济活动时则并不成功，这正是复杂性的表现。

当政府执行计划干预市场的时候，可能会做出不完美的、错误的决策。面对如此情形，市场原教旨主义的主张是限制政府、放任市场。而放任市场之后，很可能会出现另外两种不完美的情况，一是大众非理性地消费，只顾自己眼前私利，损害群体的长远利益；二是资本集团、利益集团的金主涌现，他们操纵市场，为自己牟取暴利，使社会利益受损。政府决策错误、大众非理性、金主操纵市场牟取暴利，这三种情况都有发生的可能，也都可以成为三个"负面"的假设，并由此推衍出理论。但是，与这

[①] 参阅世界银行数据。参阅 https：//data.worldbank.org/indicator/SP.DYN.LE00.IN 和 https：//data.worldbank.org/indicator/SP.DYN.IMRT.IN，2020.8.21。

[②] 参阅 http：//upsidedownworld.org/archives/cuba/why-does-health-care-in-cuba-cost-96-less-than-in-the-us/，2020.8.21。

[③] 关于古巴医疗制度详情参阅本书的第七章。

三种情况相反的现象也有发生的可能：政府决策正确、大众理性、金主行为富有企业社会责任感。根据这三种可能，也可以提出三个"正面"的假设，推衍出完全不同的理论。这种"负面"和"正面"的假设，都是偏颇的，都倾向于"一边倒"的极端化，在现实世界中，真实往往存在于正负两极之间的灰色地带，有的深灰，有的浅灰，有的近白……而这些多种多样的灰色存在自身也在不断变化。以极端假设为"教旨"的理论，会主张偏激的政策；以灰色现实为认识基础的治理方法，会采取灵活的政策，会根据具体情况来不断改进施政举措。

中国在1950年代和1960年代的时候，曾经执着于极端化的假设，譬如，私人资本家都是唯利是图的、小农都是自私自利的、公有化能够消除私心、一大二公能够促进大发展……根据这些极端化的假设，推出了公私合营、合作社、国有化、公社化等越来越偏颇激进的政策，结果造成了无数问题。在1990年代前后，很多人的思维又被另一组极端化的假设所左右，笃信市场配置资源是最高效的、政府干预都是错误的、私有化能够使效益最大化……因而推出了国企私有化、住房私有化、医疗市场化等政策，其结果也是出现了一系列的问题。政府、大众、国企、民企、市场、计划，都不是极端好或者极端坏的，而且在不同的时期和不同的环境之下，它们各自的好坏还会有很大的变化。只有从客观实际出发，而不是从教条假设出发，在实践中发现和确定它们的好坏程度、好坏特点，并找到其中可以利用的元素以及需要改造的元素，然后制订出相应的治理方案，才能有利于社会的长远利益，有利于国家的发展。

各个国家有不同的文化背景、历史经验、制度路径，有不同的相对优势和劣势，那些能够根据国情找到适合自己道路，并以此进行理性的资源配置的国家，才能获得可持续的良好发展。

思路创新：无增长的繁荣

在如何才能将资源配置得有利于可持续的良好发展方面，欧洲在2008年的金融危机之后，出现了一些创新的思路，企望找到新的发展道路。其中有些思路极具震撼性、颠覆性，英国可持续发展委员会发表的一个报告，就是一个典型。

这个报告的题目是《无增长的繁荣》（*Prosperity without Growth*），① 提出了颠覆"GDP是获得繁荣的必要手段"的观念。报告是2009年发表的，恰在2008年金融海啸之后，报告作者写道："目前的经济危机为我们提供了罕有的机会来投入变革。"所谓的变革，就是不再走增加GDP获得繁荣的固有模式道路，而是要创造新的社会繁荣模式，走新的道路。

这个报告强调了变革的必要，因为固有模式隐含了太多的问题，尤其是其不可持续性。它指出，长久以来的固有模式过度注重繁荣依赖经济增长，而且经济增长只计GDP，不计环境、社会、心理的代价。在固有模式的主导下，GDP增长给许多国家带来了物质富裕，但也造成了无数的环境和社会问题。其中的环境和资源问题早已引起人们的注意，金融危机更从一个新的层面展示了固有模式中的痼疾。金融海啸起于信贷的膨胀、杠杆的滥用，而如此的膨胀和滥用恰恰是为了扩大需求、刺激增长。在追求增长的主导下，经济走上了一条不负责任的发展道路，对环境不负责任，对资源不负责任，对债务也不负责任，只求今日繁荣，不计未来后果。如此不计代价的增长模式，使经济发展堕入了一个悖论的怪圈：今日的增长，带来了今日的繁荣，但同时也埋下了明日的隐患。

---

① 参阅 http://www.sd-commission.org.uk/publications.php@id=914.html，2020.8.21。

第五章 北欧：民主社会主义的道路

如何摆脱这个悖论的怪圈呢？这个报告用全新的观念，提出了全新的解决方法。它首先重新审视繁荣的定义，然后分析增长与繁荣之间的复杂关系，检验在固有的宏观经济模式中增长扮演的微妙角色，再进一步指出宏观经济模式需要进行的改革，最后提出了 12 条改革建议。

在固有的宏观经济模式中，繁荣是和消费紧紧挂钩的。一方面，消费是拉动 GDP 增长的引擎；另一方面，消费又是个人生活富裕的标志，消费得越多，就被定义为越"繁荣"。这个报告指出，这种和消费紧紧挂钩的繁荣定义是错误的，近年来的许多研究，已从社会学、心理学、哲学、宗教学、经济史学等角度，证实了这个定义中隐含的问题。

固然，GDP 和人的温饱、健康有密切关系，但人们生活的繁荣还和其他重要因素紧密相关，譬如尊严、友爱、归属感、信任感、参与感、生活意义感等等，而这些感受都很难用 GDP 来衡量。即使是对健康和寿命，GDP 的影响也很复杂，并非是简单的直线关系。报告引用了很多数据来考察这种复杂性，譬如人均 GDP 和预期寿命的关系，一般来说富国的预期寿命比穷国长，但是在富国之中，GDP 的继续增长对寿命的影响越来越微小，也就是说，当 GDP 达到一定程度之后，继续追求增长对寿命的"繁荣"并没有什么意义。更有意思的是，有些不富裕的国家也能够达到超级富国同样高的预期寿命，譬如智利、哥斯达黎加、古巴，它们的人均 GDP 不到美国的三分之一（按购买力平价 PPP 计算），但它们的预期寿命却和美国相同。其中表现最突出的是古巴，它的人均 GDP 不及美国的 15%，但它的多项健康指数都达到了甚至超过美国的水平。古巴的健康"繁荣"是通过它的社会医疗福利制度取得的，不是靠 GDP 的增长。

报告指出，物质增长未必一定能带来健康方面的繁荣，而把物质富裕当作繁荣指标更是会产生一种负面的社会心理影响，使增长最终成为繁荣的障碍。这尤其表现在消费品引起的社会地位竞争压力方面，根据人类学的研究，物质消费品往往带有符号意义，高档消费品往往会成为社会地位的符号。若以物质消费品标示社会地位，人们为了追求社会地位就要追求物质消费。这样的社会地位竞争使物质消费的增长处于恶性加速状态，因为当某种标示高等社会地位的消费品也被下层阶级拥有之后，高等社会地位就需要寻求更高档的消费品来作符号。水涨船高，恶性循环，整个社会不断加速投入越来越多的资源来堆砌越来越高的社会地位的符号性产品，而对平凡朴素的保健事业的资源投入则得不到重视。于是，在GDP增长的带动下，健康繁荣并没有如期而至，但环境污染、资源耗竭却步步逼近，威胁着未来的繁荣。

GDP增长和繁荣之间的这种悖论关系，已显示在大量的实例中，但是追求GDP增长却一直主宰着各种决策，为什么决策者对这个悖论视而不见、麻木不仁呢？报告从经济结构的角度分析了这个问题，指出这是因为两个结构性因素，使人难以从GDP增长的悖论怪圈中解脱出来。这两个结构性因素是：利润机制和消费拉动。在市场经济的结构中，生产的机制是追逐利润，而要实现利润则必须有消费拉动。当消费饱合的时候，利润也将停滞。为了使市场经济持续转动，需要消费永远处于不饱合状态。消费品的符号化特性，恰好可为消费不饱合提供社会心理基础，使生产者可以通过不断的产品创新，来打破消费饱合状态。生产者看到，创造一种能使消费者兴奋的新产品，要比改进效率生产老产品更有利可图。于是，最成功的生产者是那些能够创新的企业家，而不是那些致力于降低成本、提高质量、减少能耗使老产品更物美价廉的人。在这样的经济结构中，追逐利润最大化的企业家和竞争社会地位的消费者联手合作，推动GDP不断增长，使企业家能有不断增加的利润，使消费者能有不断更新的产品。这样的经济结构营造了一个被普遍接受的社会逻辑：创新是增长的原动力，增长是解决社会问题的根本方法。一切问题似乎都需要通过GDP增长来解决。

正是根据这个逻辑，社会稳定和GDP增长被唇齿相依地联系起来了：GDP增长能创造更多的就业，有了更多的就业就会产生更大的消费需求拉动，因而能维持经济增长稳定，从而也使社会维持稳定。但是，在如此维持的稳定之下，却潜藏着另一种不稳定：环境和资源的不稳定。

如何解决环境资源的不稳定问题呢？增长万能论断言，增长能带动科技发展，进而创造出污染小、耗能低的新技术，因此增长将能够全面解决环境资源的问题。这个断言的主要证据是，发达国家要比发展中国家的环境更好。报告指出，这种环境的比较掩盖了一个重要事实，在全球化的产业分布结构中，对环境有恶劣影响的许多产业分布在发展中国家，但这些产业的大量产品却是由发达国家消费的。也就是说，发达国家的消费增长，拉动了发展中国家污染产业的发展，增长把污染转移出国门，暂时改善了本国的环境问题，但是却加剧了他国的环境污染，最终造成了全球环境的不稳定。科技是能够降低污染能耗的，但如果增长的幅度超过了降低的幅度，最终结果仍然会使总体污染增加，譬如，节能车降低了10%的污染，但当用车的人增加了20%，即使大家都用了节能车，总体污染仍然会增加，仍然不能解决可持续的问题。

报告指出，要想真正解决繁荣的可持续问题，需要超越以GDP增长为中心的思维。它列举了近年来的几个给人以全新思路的相关研究。譬如，加拿大经济学家彼得·维克多[①]用互动系统模型做的宏观情景分析，他通过模拟各种不同的政策和经济行为，预测30年后可能发生的结果。报告介绍了其中的一个模拟结果："回弹情景"。在这个情景中，GDP在最初的20年中保持稳定而缓慢的增长，然后进入无增长的状态；失业率在

[①] 彼得·维克多（Peter Victor）有很多著述，如：*Managing without Growth*、*Slower by Design, not Disaster* 等。

第三年至第七年左右有小幅上升，此后逐渐下降，最后呈现稳定状态；贫困人口的比例在最初五年内无变化，在第二个五年内有大幅度下降，然后保持平稳。这个模式显示，当 GDP 达到一定水平后，无增长可以使失业率和贫困率都保持在低而稳定的水平。

这个情景结果不仅打破了"必须依赖消费拉动 GDP 增长才能维持就业稳定"的神话，而且还模拟出了达到这个结果的具体方法。报告特别强调了其中的两个方法。第一个是投资的转型，减少对消费品生产的投资，增加对公共服务产品的投资；减少追求利润最大化的私人投资，增加追求公益的政府投资。第二个是就业者工作时间的改变，就业者每天工作的时间和每年工作的总量都要减少，以便使更多的人有就业的机会。减少工时的方法至少有两大好处，一是使社会收入更为平均，使以前失业没工资的人和以前通过长工时赚高工资的人之间的收入差距减少；二是使以前工时长的人有更多的闲暇，这些人的工资可能会降低一些，但他们增加的闲暇时间，可以使他们享受工作之外的一些"繁荣"，而这些繁荣是不能用钱买来的，譬如增加人际交往的亲情繁荣、减轻工作压力的心理繁荣等。

社会衰退与另类享乐主义

消费主义和增长主义的思维曾使人相信"收入决定一切""消费是幸福的唯一源泉"，但是这种思维正受到越来越多的质疑。报告指出，现在左翼和右翼都有人提出各种研究证据，显示现代西方社会正出现"社会衰退"：尽管西方社会的收入和消费的水平在增加，然而焦虑、抑郁、酗酒等问题也在增加，同时而来的还有社区解体、人际信任减低、道德水准下降。

面对社会衰退，许多西方学者试图寻找新的出路，譬如，报告特别介绍了"另类享乐主义"。享乐主义通常是指物质享受,但是另类享乐主义强调,享乐可以在许多非物质的领域中获得。英国哲学家索珀①观察到,另类享乐正在发展,人们正"焦虑地要逃脱工作和消费循环"的疲劳,他们在市场消费之外找到了许多"满足感"。美国心理学家卡瑟②用统计数据来支持另类享乐主义,他发现在心理上,追求名利财富等的物质主义价值观,会降低人的内在价值取向,如自我接受感、社区归属感等,而这些感受是快乐的重要源泉。统计数据还显示,重视内在价值的人不仅生活得更有幸福感,而且还更有环境保护的责任感。报告认为,卡瑟的这个发现非常有意义,因为它证明了较少物质主义的、较多内在价值追求的生活方式可以使人有更多的幸福,也可以使环境更可持续,因此,无增长的繁荣是可行的。

近十多年来,世界各地涌现出一批反对消费主义、追求更深层价值的社会运动。报告举出了很多的例子,譬如,2001年在北美成立的"俭朴论坛",就是一个提倡"俭朴、正义、可持续的生活方式"的大型而松散的网络组织;2005年在澳大利亚发起的"调低速度"运动,也是要在生活中推动可持续性。这些运动已经获得很多人的认同,澳大利亚的民调显示,83%的受访者认为澳大利亚现在太过物质主义,23%的人已经采取"调低速度"的措施。

当越来越多的人愿意改变生活方式,愿意生活得俭朴、低速、注重内在价值的时候,他们却面临了社会结构制约的难题:想调低速度不开汽车而骑自行车,但城里却没有自行车道;想俭朴地不开私家车乘坐公共汽

---

① 索珀(Kate Soper),著作有:*The Politics and Pleasures of Consuming Differently*, "Exploring the relationohip between growth and wellbeing" "Living well—within limits" 等。
② 卡瑟(Tim Kasser),著作有:"A vision of prosperity", *The High Price of Materialism* 等。

车,但许多地方却不通公交车。报告指出,生活方式转变已不是个人选择可以决定的了,需要整个社会结构的改变。而要完成这样的改变,政府必须扮演重要角色。但是,目前许多国家的政府却不能承担这样的角色,因为它们仍然相信"消费促进增长、保护就业、维持稳定"的逻辑。报告写道:"令人感到讽刺的是,世界上的许多国家,特别是自由的市场经济国家,它们的政府都在积极捍卫个人自由,把消费者的势力提升得高过社会目标……政府系统性地促销追求物质的个人主义",而不是承担政府应该扮演的基本角色:"保证长远的公众利益不被短期的私人利益所颠覆。"

报告最后总结到,政府需要重新定位自己的角色,使自己能够完成三大任务来推动可持续的经济发展,其中包含着12个具体步骤举措。

第一大任务是构建可持续的宏观经济。其中极为迫切的第一步举措是要发展宏观经济的新性能,创造一批新的宏观工具,超越GDP等狭隘偏颇的宏观经济概念,使经济发展和可持续性联系起来。第二步是要加大对可持续性的投资,资源要优先配置给与可持续发展相关的工作职业、基础设施等。第三步是增加金融财政的谨慎性,不能再继续通过债务杠杆来扩大消费追求GDP增长。第四步是改进宏观经济的计算方法,旧有的方法以消费为准来计算GDP,新的方法应该让有关福祉的因素都反映在宏观经济的各项指数中,譬如,因不公平而丧失的福祉、高排碳而造成的社会代价等。

第二大任务是保护全面持续繁荣的能力。长久以来,谬误的逻辑把人捆绑在消费主义的桎梏中,使人无法获得全面持续的繁荣。因此,第五步举措是要对工作与生活之间的关系进行重新平衡调整,减少工作时间,使人有更为全面平衡的生活,同时还能使社会就业机会增加。第六步是要从体制上解决收入不公平的问题,收入差距越大,越容易助长追逐消费品的竞争,高收入者的高档消费品成为社会地位的符号,为了追求社会地位的

瑞典环保女孩 Greta Thunberg 成为年轻一代的环保偶像，并且获得了诺贝尔和平奖的提名

显赫就要不断追求更高档的消费品；而在收入较为平等的情况下，由于社会地位的差距较小，不同社会地位的人使用的消费品的差距也较小，因此能够弱化消费品的地位竞争。第七步是要重新衡量繁荣，打破只用物质消费来衡量繁荣的观念，繁荣应该包含健康、教育、诚信等因素。第八步是要增强人本社会资本，促进社区建设，加大提高人本素质的服务，譬如图书馆、公益电视等。第九步是要彻底改变消费主义的文化，要在体制上解除刺激物质消费和地位竞争的机制，要加强管制商业媒体，要扩大公益媒体，要提高商品耐用性、可持续性的标准。

第三大任务是尊重生态平衡。需要采取的第十步举措是明确规定资源消耗和排放污染的上限。第十一步是改革财政制度，要利用税费等财政手段来促进可持续性发展。第十二步是推广技术转移和生态保护。

报告说，这些任务并非一朝一夕可以完成，越有远见、越有治理能力的政府，越能快速地摆脱悖论的怪圈，为国家打造可持续发展的基础。

《无增长的繁荣》提出了一条新的思路，指出了一条新的发展道路。虽然目前还没有哪个国家真正选择了走这样的道路，但新思路中闪烁的新观念火花，却会影响人们的道路选择。那十二步举措也许不会如报告作者所推荐的一步接一步地走出来，但每一步内涵的理念很可能以其他各种各样的形式展现出来。

第六章　委内瑞拉：民粹主义道路的陷阱

石油之路的百年坎坷／查韦斯模式的亮点和软肋／执行力低下的结构性原因／后查韦斯时代的重重危机

最近几年来，委内瑞拉政局激荡变幻，诡异莫测，一会儿出现了"双总统"，一会儿政变之声甚嚣尘上，一会儿美国声言要军事干预，一会儿全国突然发生大停电……委内瑞拉的经济也令人目瞪口呆，难以理解，它的石油储量世界第一，贫困人口却也数量极大，市场上食品药物严重短缺，通货膨胀竟然高达1000000%……究竟是什么样的国情使委内瑞拉呈现出如此诡异的状况？究竟是什么样的道路把委内瑞拉引至如此的境地？

目前委内瑞拉的总统是马杜罗，他继承了查韦斯的"21世纪社会主义"的道路。美国正在对马杜罗政府加紧极限施压，企图通过经济制裁逼迫其下台，改变委内瑞拉的道路方向。美国总统国家安全事务助理博尔顿2019年春天在推文中说，"最严酷的制裁现在还尚未实行"，但是"窗口正在关闭"，正在步步逼近，除非马杜罗下台，"否则他和他的亲信们将在经济上被勒死"。

美国对马杜罗政府这一轮严酷制裁始于2017年夏天，特朗普总统发布了行政命令，禁止委内瑞拉政府在美国的金融市场上融资借贷。由于自2014年起国际石油价格大跌，委内瑞拉经济受到重挫，急需在国际金融市场上融资借贷，以维持经济正常运作。美国的金融市场是国际金融的主宰，

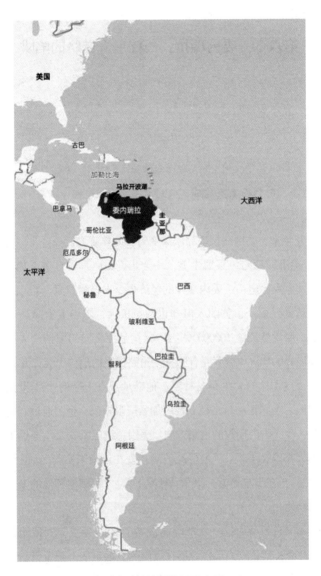

委内瑞拉地理位置示意图

第六章 委内瑞拉：民粹主义道路的陷阱

如此的制裁使委内瑞拉无法获得足够的资金，它的石油设施需要维修资金，它的正常生产需要运作资金，当资金短缺之后，设备频频出现故障，生产无法正常运作，石油产量因而大减。石油价格已经大跌，再加石油产量大减，导致委内瑞拉的石油收入急剧恶化。委内瑞拉依靠石油收入来进口食品，收入减少了，进口也不得不减少，因此国内的食品供应出现了越来越严重的短缺。

2018年，委内瑞拉发生了民众哄抢超市食品的现象。一些美国人欣然预测，这是民众反马杜罗政府的第一幕，以后将发生大规模的民众反抗，军队也将反叛，马杜罗政府将被迫下台。但是，以后虽然有反对派领导的民众示威，规模并没有大到可以迫使马杜罗下台的程度；军中虽有几位军官反叛，绝大多数的官兵仍然效忠马杜罗政府。美国对反对派的支持不断升温加码，力挺称为"临时总统"的反对派议员瓜伊多，给了他经济、政治、外交、军事的援助，但是只见大量委内瑞拉人因食品短缺逃到邻国，也不见他们跟随瓜伊多来反对马杜罗。这令很多美国人感到费解。

如果对委内瑞拉的历史有较多的了解，也许就不会对此感到费解。2018年的抢超市现象，在委内瑞拉的历史上并非第一次发生，二十多年前委内瑞拉就发生过因食品价格爆涨而引发的抢超市风潮，在那次风潮中至少有二三百人死亡。正是那次风潮酝酿了查韦斯的"玻利瓦尔革命"和"21世纪社会主义"。

食品依赖进口是长期以来困扰委内瑞拉的问题，不过委内瑞拉并不缺乏发展农业的资源，它拥有大量适于农耕的土地，可是农业却总是发展不起来。查韦斯曾经声言要解决食品依赖进口的问题，他之前的执政者们也提出过类似的口号，但却没有一个人能够走出困境。无论是查韦斯的21世纪社会主义，还是其他人的经济自由主义，无论是左翼政府还是右翼政府，都没有能够解决食品依赖进口的问题。

我在查韦斯执政时代去委内瑞拉作过考察，和查韦斯党派的人以及反对派的人都有接触交流，也看过他们的农业项目，还有其他的社会发展项目。通过考察我渐渐领悟了委内瑞拉问题的症结，为什么它虽有丰富的农业资源却无法解决食品依赖进口的问题？为什么它的丰富石油资源会不断制造出社会动乱？因此现在也能够理解，为什么马杜罗的政府把经济搞得如此之糟，却仍然没有大规模的民众倒向反对派。

石油之路的百年坎坷

委内瑞拉的石油储量高居世界第一位，比沙特阿拉伯还要多，虽然油质不如沙特，但仍然是一笔令人羡慕的巨大财富，其人口数量和沙特差不多，都是3100万左右，不过，人均GDP两国却有很大差距，沙特是高收入国家，委内瑞拉只属于中高收入国家①。

委内瑞拉的第一口油井于1912年开发，那时是军事强人独裁时期；1958年以后，委内瑞拉进入民主政治时代，实行西方式的两党竞选的代议制；1999年查韦斯竞选获胜，开始推行左翼民粹主义的政策。纵观委内瑞拉这一百多年的历史，可以看到石油对委内瑞拉的经济和政治产生的深刻影响，既带来了滚滚的金钱，也带来了一系列问题。

石油给委内瑞拉经济带来的第一个大问题是"荷兰病"，这是许多石油生产国的通病。它主要有两大症状：一是非石油行业的萎缩，二是通货膨胀。这两个症状在委内瑞拉都非常严重。非石油行业的萎缩造成了大量的失业，这些失业者很难进入石油产业，因为石油是资本密集型行业，能吸纳的就业很少。于是，一边是石油行业暴富者，另一边是非石油行业的

---

① 两国的人均GDP，参阅世界银行数据，https：//data.worldbank.org/indicator/NY.GDP.PCAP.CD，2020.8.21。

失业者，社会向两极分化。通货膨胀更加重了两极分化的程度，面对飞涨的物价，低收入者、失业者的生活愈加穷困，陷入了赤贫。在查韦斯当政之前，委内瑞拉的贫困人口高达70%，他的左翼民粹主义对这些穷困者有极大的吸引力，这是他能够竞选获胜的重要原因。

除了"荷兰病"，石油还给委内瑞拉经济带来了另一个问题：财政赤字大增。石油本应该增加政府的财政收入，但由于国际石油价格的波动，使不善于规划未来的政府适得其反，"因福得祸"。当石油价格高涨时，财政收入大增，政府大手大脚花钱，还推出许多建设周期很长的大工程；国库的丰盈又使得近水楼台者很容易贪污，腐败之风弥漫开来。当石油价格猛然下降之后，政府收不住自己的手脚，那些未完成的大工程需要继续投资，蔚然成风的贪污行为更刹不住车，国库骤然亏空。政府只好借债来填充国库，继续维持开支，因此造成了大量的财政赤字。从1970年到1994年，委内瑞拉的外债从GDP的9%增加到53%。

石油给委内瑞拉的经济带来的问题是"荷兰病"等病痛，给委内瑞拉的政治带来的问题则是一个更可怕的病入膏肓的毒瘤。石油收入造就了一个庞大的相关利益集团，他们成为委内瑞拉的政治经济精英的核心，主宰石油工业，也主宰政府。他们和贫困的民众两极分化，形成了不能沟通、没有共识的两个阶级。在这样的阶级权力结构之下，他们掌握的政府总是推行优先保护他们自己利益的政策，而以牺牲普通民众的利益为代价。当经济受到巨大震荡的时候，这种牺牲会把普通民众推入无法承受的境地，引发触目惊心的结果。1989年的撤销价格补贴引发的抢超市风潮，就是这样一个例子。

1980年代石油价格大跌，政府财政收入剧减，委内瑞拉货币贬值，某些精英乘机利用贬值时期的外汇政策来贪污投机，结果造成国库彻底亏空。1989年年初，在国库亏空的窘迫情况之下，委内瑞拉不得不向国际货币基金组织（IMF）借款，来应付财政问题。IMF信奉市场原教旨主义，以推行新自由主义的经济政策著名。它的核心宗旨是：让市场决定一切，政府不要以社会效果、贫富调剂等为理由来干涉市场。它坚信市场化能最有效地推动经济快速增长，不要怕一小部分人先富起来，只要蛋糕做大了，穷人最终也能分到一杯羹。

向IMF借款，就要实行IMF主张的政策。其主张的一项重要政策是：政府撤销对民众生活必需品的价格补贴，因为这能减少政府对市场的干涉，也能减少财政赤字。委内瑞拉政府实行了IMF的政策，撤销了一些民生必需品的价格补贴，譬如汽油、面包、牛奶、通心粉等等。霎时间，汽油的价格上涨了一倍，公共汽车的票价提高了一倍，食品的价格也大大上涨了。这些商品的涨价，对精英们的生活影响不大，因为这些东西在他们日常生活开支中所占比例很小；但对贫困大众来说，则伤害极大，这些商品在他们的日常开销中所占的比例很大，若要涨价一倍，他们根本无法承受。这次撤销补贴的涨价引起了暴乱，贫民窟的群众抢劫食品超市，政府派出军队镇压，结果在首都加拉加斯造成了至少二三百人的死亡。我在委内瑞拉的时候，好几个当年在贫民窟生活的人向我描述过那次事件，他们都有认识的朋友被打死打伤。

石油资源是委内瑞拉的一个大蛋糕，把石油开采出来做成蛋糕并不太难，难的是如何把蛋糕分得有利于经济发展、有益于社会和谐。分蛋糕成为委内瑞拉百年来的社会难题和权斗焦点，同时也是腐败滋生的温床。

委内瑞拉最初发现石油的时候是在独裁政府时代，军阀总统把开采石油的特许权给了自己的亲信，那些亲信又把特许权卖给外国石油公司，石油开采操纵在外国公司手中，外国公司获得了高额利润，它们支付给委内瑞拉政府的特许权使用费都流入了特权阶层的腰包，广大平民得不到好处，腐败和不公的状况极其严重。这种状况引发了反抗独裁、争取民主的

委内瑞拉有很多贫民窟,这是首都加拉加斯一瞥,近处的街道通向贫民窟,远处的山上是非贫民窟的住宅

查韦斯用石油收入办了提供价格补贴的廉价食品店，2014年后油价大跌，美国又极限施压，这些店受到巨大压力

运动。

在20世纪30年代前后,委内瑞拉爆发了民主运动,人们希望民主政治能够解决腐败和不公的问题。经过二三十年的斗争,委内瑞拉终于在1959年跨入了民主政治时代,政坛上形成了两大政党:自由派的民主行动党和保守派的社会基督教党。两党竞争,民主选举,不再有军人独裁。在实行民主政治的最初年代里,贪污腐败状况有所改善,但很快就"故态复萌",而且发展得"有过之而无不及"。尤其是当石油价格上涨、国家财富大增之后,丰盈的国库诱惑着无数近水楼台者,贪污腐败之风弥漫得更为深广。委内瑞拉的民主政治成为学者所称的"盟约民主",在"盟约民主"的框架下,主要政党的精英们签署盟约,保证无论谁当选,政治经济特权都只在他们中间分享。委内瑞拉的两党签有盟约,按照选票的比例来瓜分石油财富的各项肥缺,肥水不流外人田。正是因为这种"盟约民主"的腐败和不公,石油资源丰富的委内瑞拉才会有70%的贫困人口。

查韦斯模式的亮点和软肋

从1959年开始委内瑞拉的西方式民主实行了近四十年,盟约民主的腐败不公使大众深恶痛绝,人们渴望走上一条新的道路。查韦斯的左翼民粹主义主张吸引了人们,他赢得了1998年的总统大选,1999年当政后推行了亲平民的政策,石油收入被大量用于改善贫困民众生活的社会福利项目,譬如供应大量价格补贴的低价食品,解决穷人"吃"的问题。查韦斯的民粹政策虽然使得贫困人口有所降低,使不公问题有所缓和,但腐败问题却依然如故,这从被曝光的大量贪腐案件中可见一斑,譬如下面这个与查韦斯宏大经济发展项目相关的腐败案。

在查韦斯的经济发展规划中有一个宏大的项目,是要发展一个以糖厂为中心的经济综合体。委内瑞拉的食糖依赖进口，正是查韦斯雄心勃勃想解决的"食品依赖进口"中的问题之一，这个糖厂建在委内瑞拉中部大平原，那里适合种植甘蔗，而且那里不是沿海发达地区，正好还可以促进欠发达地区的发展，帮助弱势贫困人群。项目的蓝图是，国有的糖厂和周围的农业合作企业要形成一个凝聚的大社区，农业合作企业向糖厂供应甘蔗，糖厂榨用过后的甘蔗废料给农民作有机肥料。在这个大社区内，还要逐渐发展其他工业，农业产品也要向多元化方向发展，这里要提供15000个就业机会，要发展出各种非石油行业，要使食品不再依赖进口。但是，项目开始没有多久，就发生严重的贪污腐败事件，十几个官员被起诉，严重挫伤了项目的进展。

在查韦斯提出的一系列经济发展项目中，不乏颇有创意的另类新思路，这些新思路构成了"21世纪社会主义"提倡的另类经济发展模式，被称为"内生发展模式"①，也称为"民主参与的大众经济"。这个另类模式对主流模式的挑战主要在两个方面，一是反对新自由主义的全球化，二是抗衡"利润第一"的资本主义生产方式。在反全球化方面，它企图构建由生产者、消费者、社区组成的凝聚性交易体，形成以社区为核心的生产消费本土网络，而不走自由化、全球化的大市场道路。在反资本主义生产方式方面，它大力推动合作企业，倡导合作企业以凝聚为目标，而不以"利润最大化"为目标。这个模式希望合作企业能够提供足够的就业，希望内生发展能够创造社区所需要的多元经济，希望本土网络能够促进本土农业发展以减少食品进口。

在委内瑞拉我考察过几个成功的内生发展模式案例，譬如一个农业合作企业和一个果酱厂合作企业，已经办了十年左右，都很成功，这个果

---

① 内生发展模式，endogenous development model。

第六章 委内瑞拉：民粹主义道路的陷阱

酱厂还在拉丁美洲妇女合作企业大赛中获得一等奖。那个农业合作企业是种植蔬菜水果的，与附近城市的几个零售合作企业（超市）进行了合作，协商价格，计划产品；由于零售合作企业植根于城市的社区，和社区中的消费者关系密切，因此相当了解消费者的需求，可以根据需求来制订计划，再要求农业合作企业进行供给。这种供给需求的平衡不是通过市场达成的，而是通过社区中的生产者、消费者之间凝聚性的密切沟通实现的。农业合作企业的成员对我说，这样的经营模式有两大优点，一是他们知道了应该种植什么东西，不必承受生产了卖不掉的风险；二是价格合理，以前个体农民把产品卖给中间批发商，那些商人总是压低价钱来剥削农民；在这种模式中，农民可以把更多的精力用在保证产品质量方面，他们生产有机农产品，不用化肥和农药。

虽然有这些成功的案例，但这些案例却没有被成功地推广。委内瑞拉注册的合作企业很多，但有60%的合作企业根本没有运作，即使是运作了的合作企业也多数办得不好，食品依赖进口的问题完全没有解决。为什么成功的经验不能被推广呢？根据我在委内瑞拉的观察，其中一大原因是政府和查韦斯的党派并没有用很多精力来推广这些经验，那些想办合作企业的人也没有花精力来学习，他们的精力大多用在搞竞选等政治活动方面。在委内瑞拉的城市和乡村，到处可以看到政党的各路人马在忙不迭地搞竞选、作演讲，很少看到他们在做政策推广的具体工作。我在基层还接触了几个查韦斯支持者组织的"玻利瓦尔革命"小组，这样的小组在委内瑞拉数量很多，是查韦斯创造的一个国情特色。我观察到这些基层小组的精力也都用在竞选、辩论、游行等政治活动方面，尽管这些小组中有不少成员组织了合作企业，但"政治压倒经济"，他们没有时间去学习研究合作企业的经验。

这种重政治、轻经济的现象是和查韦斯的体制模式有直接关系的。

查韦斯时代有一些办得成功的合作企业。这是山区中的一个农业合作企业,他们和附近城市的超市合作企业协作,办得相当成功。但是这些成功经验没有得到推广,这是源于委内瑞拉政治中的结构性问题

2009年委内瑞拉举行是否取消总统任期限制的公投,查韦斯派支持取消,以便查韦斯可以长期当总统,反查韦斯派反对取消。公投前两派都在街上搞各种拉票活动。这是查韦斯派设置的拉票点,他们都穿着查韦斯的代表色:红色查韦斯的体制模式以"人民主权""直接民主"为特征，主张要让大众直接参与国家政治，而不是依赖议员代表来"代议"。在查韦斯领导下公投通过的1999年宪法，非常强调人民主权，特别突出"公民投票"和"大众罢免"，譬如，由议员组成的议会不能弹劾总统，但是大众可以直接罢免总统，只要征集了足够的公民签名（20%的登记选民）要求罢免总统，就可以举行罢免公投来决定总统的去留。

查韦斯之所以强调这样的直接民主，是因为他看到以前的两党竞选的代议制民主产生了"盟约民主"的腐败，精英享受特权，平民尽受剥削。

为了抵制精英、依靠平民，查韦斯形成了自己独特的领导方法，他利用每周播出的电视节目"嗨，总统"来直接和大众沟通，在节目中他用平民化的语言讲述政策，号召基层大众采取行动。他在基层成立了很多"玻利瓦尔革命小组"，这是他依靠的基础，利用他们来贯彻他的政策。他不重视政党组织的建设，缺乏有组织能力的中层干部，他认为中层干部容易变成腐败的官僚精英，所以有意将其边缘化，因而采取了总统发布号召、直接指导基层小组的工作方式。这些基层小组在竞选中的确可以发挥很大的作用，可以挨门挨户拉选票，使得查韦斯在频繁举行的公投中能够屡屡获胜。但是，这些小组在推广需要专业知识的政策方面就显得无力，譬如他们没有能够很好地推广那些成功的合作企业经验，政策执行力低下，尤其在经济政策执行力方面更显无能。

为了提高大众参与政治的能力，查韦斯也进行了努力，譬如利用石油收入来资助很多教育项目，这些项目以"使命"（mission）来命名，深入到基层草根和贫民窟，期望大众提高教育水平后能够更好地实践人民主权、行使直接民主的使命。1990年委内瑞拉的中学入学率是55%，2010年

山区的使命教育项目提供了中学课程,参加者多数是家庭妇女,为了照顾她们还允许她们带着孩子来上学

提高到83%，2015年达到91%①。文盲也大大减少了，1981年委内瑞拉的15岁以上成人识字率是85%，2001年提高到93%，2007年以后超过了95%。②

我考察过一些这类的教育项目，有中学教育的，还有大学教育的。在一个山区小镇，我和大学教育项目的负责人有过较深入的交谈，她告诉我民众热衷学习的大学课程有八类：新闻、法律、教育、社会管理、环境管理、体育教育、医疗保健、农业经济。在我接触的参加她们教育项目的学生中，没有见到学农业经济的，多数是学新闻和法律的。这些学生说之所以选择学新闻和法律，是为了更好地为社区服务。在查韦斯的玻利瓦尔革命中，很多社区都建立了自己的新闻机构，有报社，有电台，我在首都加拉加斯还参观过一个贫民窟的电视台。

成立社区草根新闻机构的目的是要抗衡精英操纵的新闻机构，从而获得大众的话语权。这些草根新闻机构在委内瑞拉的政治中扮演了重要角色，譬如2002年右翼军人发动政变，拘捕了查韦斯，草根新闻机构发出巨大的声音，号召民众上街示威，在迫使政变者投降的斗争中发挥了重要作用，查韦斯最终被解救。在历次选举和公投中，草根新闻机构都功不可没。

我在委内瑞拉观察到，这些新闻机构热切参与政治讨论，也搞社区活动（音乐会、电影会等）和社区服务（路灯维修、水电供应等），但没有看到他们作经济政策的研讨和推广。他们在协助大众参与政治方面起了很大作用，但在培植提高经济政策执行力方面没有起到明显的作用。③

---

① 世界银行数据。参阅 https：//data.worldbank.org/indicator/SE.SEC.ENRR，2020.8.21。
② 世界银行数据。参阅 https：//data.worldbank.org/indicator/SE.ADT.LITR.ZS，2020.8.21。
③ 关于委内瑞拉的社区活动以及政治经济详情，参阅尹伊文：《幸福与GDP》，北京：生活·读书·新知三联书店，2019年。

第六章 委内瑞拉：民粹主义道路的陷阱

执行力低下的结构性原因

政策执行力低下是委内瑞拉经济失败的致命伤。分析查韦斯的体制可以看到两个结构性的原因导致了这个致命的问题。

第一个原因是"选举"。在民主选举的政治框架中，当政和推行政策都需要靠选票，拉选票是第一要务，如果没有足够的选票，从政者无法当政，其主张的政策，别说推行了，就是出台也不可能，因此必须把主要精力投入拉选票，剩余精力才有可能放到执行政策方面。

第二个原因是"没有构建具有执行能力的组织队伍"。查韦斯看到以前的两党代议制造就了腐败的执政精英队伍，这些精英有专业的执行力，但道德腐败，只执行有利于精英特权的政策，结果导致民众愤懑，社会动荡。因此，查韦斯采取了反精英的民粹路线，使得执行力弱化，政策无法执行，政绩无法取得，结果也导致了民众愤懑和社会动荡。

若用优主政治的理论①来分析查韦斯体制的问题，可以更进一步地认清其症结。优主政治的核心关键是要构建一个由优贤者组成的优主集团来主政，优贤的标准有两条，一是具有优秀的执政专业能力，二是具有为社会长远利益服务的道德。当然，建立这样的优主集团不是一件容易的事情，首先需要有制度能够把优贤人士挑选出来，其次要有机制使这些人保持优贤，不要蜕化腐败，而且还要和草根大众紧密联系，接地气。正是由于构建优主集团的艰难性，很多政治家会望而却步，认为优主是精英，无法保证他们一定是优贤的，而且历史上有太多精英腐败的例子，因此他们把希望寄托在与精英对立的平民大众身上，认为平民大众不会腐败，让平

---

① 参阅本书第十二章。

查韦斯派穿红衣举标语牌"si",反对派穿白衣举标语牌"no",在街上对峙,还企图用标语牌互相遮挡对方

民大众直接参政就可以解决问题。

　　查韦斯的"人民主权""直接民主"理念就是要让平民大众直接参政，而不是让"优主"来领导。他相信平民大众本质是优贤的，希望他们都能够成为"优贤人士"，他把大量资源投入了使命教育，期盼培育出优贤的平民大众参政群体。但是，理想很丰满，现实很骨感。即使是在石油价格高昂的黄金时代，在个人政治魅力超强的查韦斯治下，优贤的平民大众群体也并没有涌现出来。在能力方面，虽然拉票、宣传、助选的大众参政能力表现得很好，但执行政策的能力十分孱弱。在道德方面，大众中不少人也出现腐败，很多腐败事件在大众及相关的组织中发生，譬如合作企业中的腐败问题。合作企业是"21世纪社会主义"提倡的"民主参与的大众经济"模式中的重要元素，原本构想的合作企业是大众民主参与的、是抵制唯利是图的、是抗拒腐败的，但结果却有很多合作企业卷入腐败。查韦斯理想的合作企业的组织结构是"任何工种都不受到歧视，任何职务都不享受特权，企业成员之间平等，共同参与计划来决定生产"。为了帮助合作企业的发展，政府出台了很多优惠政策，譬如把政府的合同定单优先签给合作企业、向合作企业提供低息或者无息贷款、对合作企业减免税收。很多合作企业因此发展起来，但它们并没有按照理想原则来经营，其中不少通过腐败手段来获得政府的合同订单和优惠贷款，更有甚者，一些合作企业甚至充当贪腐行为的洗钱机，大量盗取公共钱财。

　　"重视拉选票，不重视政策构建和执行力培养"是查韦斯派的表现，他的反对派表现得也基本如此。我在委内瑞拉接触的反对派们，也是把精力都集中在拉选票方面。他们还学习了查韦斯"动员草根基层"的方法，查韦斯在基层搞使命教育，他们发明了到基层去搞法律援助，以此来建立基层组织，来拉选票。他们激烈批评查韦斯的经济政策，但当我问他们自己的具体经济政策是什么的时候，却竟然说不出来。

两派搞街头斗争是委内瑞拉政治的特色,这个头上贴纱布者是反查韦斯的,他在街头讲演说刚才被查韦斯派打伤

反对派的很多批评是非常情绪化的，缺乏客观理性的态度。譬如，查韦斯引进了两万名古巴医生，派他们在委内瑞拉的缺医少药地区服务。反对派对此项政策激烈批评，指责古巴医生和委内瑞拉医生"抢饭碗"，但客观事实是，古巴医生是在缺医少药的贫困地区服务，那些地方是委内瑞拉医生不意愿去工作的，并不存在"抢饭碗"的矛盾。委内瑞拉医生多数集中在环境优裕的地区，都不意愿去贫民窟和贫困山区那样的地方，古巴医生的服务解决了这个问题。居住在贫民窟的人对我说，古巴医生在贫民窟非常受欢迎，贫民窟中有很多帮派流氓，这些人在贫民窟经常搞抢劫等暴力活动，但他们从来不对古巴医生行暴，甚至还主动给古巴医生"保驾"，让医生能够平安行医，因为这些人自己深深体会到，贫民窟太需要医生了，这里的"行医饭"委内瑞拉本国的医生是不屑于吃的。

我见到的反对派，无论是基层的活动分子，还是上层的领导人士，都表现得热衷于情绪化地批评政敌，不注重基于客观现实的政策构建。他们在谈论搞竞选时头头是道，但讲到具体的经济政策时就说不出所以然来。如果这样的反对派当选，委内瑞拉的经济恐怕也难以搞好。

在查韦斯时代，无论是查韦斯派还是反对派，都把精力集中在拉选票、搞政治斗争方面，而不踏实进行政策构建和执行力培养。这似乎成为委内瑞拉的国情特色，如此的国情特色，蕴含着危机，当石油价格暴跌之后，危机就爆发出来。

后查韦斯时代的重重危机

2013年查韦斯逝世，委内瑞拉进入后查韦斯时代，国情特色依然如故，甚至有过之而无不及。

2014年国际石油价格大跌，委内瑞拉的经济受到冲击，通货膨胀剧烈，食品药物价格高昂，民众对执政的查韦斯派不满，因此在2015年的议会选举中，反对派获得了三分之二的席位。面对经济问题导致的政治失利，查韦斯派没有集中精力去解决经济问题，而是企图使用政治手段来挽回政治的失利。反对派也没有利用议会多数的优势，提出和开展优于查韦斯派的经济政策，而是利用议会多数来和查韦斯派作对，罔顾国家经济利益。在解决经济问题方面，两派都没有建树，而在利用政治手段争夺权力方面，两派却能够层出不穷地"创新"。

对于议会选举的失败，查韦斯派进行了"创新"的反攻。2015年选举结果一出炉，老议会的查韦斯派议长就乘着新议会要几周后才能正式履职的空当机会，马上在老议会中通过了一项决议，要成立一个"国家社区议会"，由全国各地的基层社区委员会来组成这个议会。基层社区委员会是查韦斯派的强大基地，由他们来组成这个议会对查韦斯派非常有利。反对派自然是愤怒万分，虽然这个国家社区议会并不取代新当选的议会，但反对派还是把成立这个国家社区议会称为"国家政变"。这真是一种创新的政变，利用立法机构来搞政变，创造新的立法议会，与正常选举产生的立法议会进行"合法斗争"。

反对派在议会中也不示弱，通过了很多反查韦斯派的决议。对于这些决议，马杜罗强力使用总统的否决权，全部予以否决。两派间的政治斗争还扩展到司法机构，由于最高法院的大法官们都是在查韦斯派主宰议会时代任命的，最高法院很亲查韦斯派，最高法院为了反对议会，多次宣布议会的行动违宪。2017年3月29日，一个最高法庭还宣布要接管议会的立法权，结果遭到世界上很多国家的强烈谴责，4月1日法庭又宣布不接管了。

反对派对最高法院恨之入骨，一位反对派人士开了一架直升机，飞到最高法院上空，扔下几颗手榴弹示威。这架直升机还飞到内政部上空，开了十几枪,当时内政部的查韦斯派人士正在举办庆祝活动的招待会。除了直升机,反对派还使用过无人机。在马杜罗检阅国民警卫队的仪式中,忽然有无人机飞来进行袭击,发出爆炸轰响,总统马杜罗吓得惊恐张望,卫兵拿防护盾围住他,地面上军人四散奔跑,整个场面都被直播,令人感受到骇人听闻的"创新"。

在制定宪法方面,也出现了"创新"的领域,从制宪大会的设计,到选票选区的策划,都有"创新"。2017年马杜罗提出召集新的制宪大会,企图通过新制宪大会来制定新宪法,以便抗衡反对派控制的议会,夺回立法权。为了使这个新的制宪大会的选举结果倾向于查韦斯派,他们精心设计了选举方法,让只有1万人的小镇和有10万以上人口的城市有同样的制宪代表席位,这就使得小镇和乡村的选民占了上风,而小镇和乡村正是查韦斯派的基地。

反对派当然是极力反抗这个新制宪大会,他们也很有"创新"精神,在选举前半个月组织了一场"非官方"的全民公投,让大家反对召集新制宪大会。虽然这种"非官方"公投无法阻止制宪大会的选举,但也是搞得热闹非凡,还穿插着惊恐的场面,当警察摩托车队在街上巡逻时,爆炸物突然扔了过来,警察浑身着火,摩托车烧成废铁。在制宪大会选举时,反对派又发起了不合作斗争,号召大家不去参加选举。这种不合作斗争导致反对派在新制宪大会中没有任何席位,查韦斯派获得了100%的席位。

总统选举更是两派争斗的大战场。查韦斯派为了给反对派造成不便,把2018年的总统大选提前了七个月。三位反查韦斯派的人士匆忙参加了竞选,结果对他们非常不利。马杜罗获得了68%的选票,那三人分别得到21%、10%、0.4%的选票。反对派对这次选举很不满意,抱怨选举作弊,还说参与投票的人数太少。美国指责马杜罗是"篡权者"、是非法总统,主要的借口就是这次选举中的问题。据说这次投票参与率是历年来最低的，很多委内瑞拉人已经对选举失望，不愿意参与投票了，因为无论投票选谁，都不能解决迫在眉睫的经济问题。

委内瑞拉目前的经济问题，与它依赖石油的国情相关。这种依赖石油的国情，并非委内瑞拉独有，不少盛产石油的国家都有此问题，都患有"荷兰病"。2014年之后的石油价格大跌，给这些国家都造成了困境，它们"同病相怜"。不过虽然同病，它们采取的治疗方法不同，选择的摆脱困境的道路不同。不同的方法，不同的道路，给它们带来了不同的结果。有的国家的"荷兰病"恶化为超级癌症，但也有的国家却趁机弱化了"荷兰病"。

俄罗斯就是弱化"荷兰病"的国家，2014年由于乌克兰和克里米亚的问题，俄罗斯遭到西方国家的制裁，俄罗斯进行反击，打击西方贸易，禁止进口西方国家的食品。正当俄罗斯开始禁运西方食品的时候，石油价格也开始暴跌了，2014年每桶石油100美元左右，2015年跌到50美元左右，2016年是40美元左右，2017年是50美元左右，2018年是60多美元，2019年是50多美元……在双重压力之下，俄罗斯强力推行了"进口替代"的农业发展政策，既抗衡西方的制裁，又发展非石油行业以弱化"荷兰病"。俄罗斯政府表现出相当强大的政策执行力，从支持大型农业发展集团，到投资改进各种相关设施，采取了一系列振兴农业的举措，三年来农业发展非常好，不仅实现了进口替代，而且成为出口大国。目前俄罗斯已经成为最大的小麦出口国，抢夺了美国、加拿大等传统小麦出口大国的市场份额。俄罗斯的农业部长表示，未来农业出口带来的收入可以超过石油出口。"荷兰病"将被终结。

俄罗斯政府的政策执行能力，是委内瑞拉应该学习的。委内瑞拉的农业资源很丰富，气候条件比俄罗斯更好，它有发展农业的国情条件，只是它政策执行力太差，使它无法摆脱"荷兰病"。

第六章 委内瑞拉：民粹主义道路的陷阱

在发现石油之前，委内瑞拉曾经是一个农业出口国，它的咖啡、可可、家畜、生皮是大宗的出口产品，咖啡曾经占出口收入的50%以上。它的农产品很丰富，有稻米、玉米、高粱等谷物粮食，有甘蔗、香蕉、橙子、椰子、芒果等水果，还有棉花、烟草、剑麻等工业原料。委内瑞拉附近的巴西、哥伦比亚、阿根廷，现在仍然是农产品出口大国，但委内瑞拉却"荷兰病"沉疴染身，农业凋零，食品依赖进口。

当委内瑞拉发现石油之后，农业就逐渐被忽视。由于投资石油比投资农业可以赚更多的钱，富人涌向了石油行业。他们不再愿意经营农业，让自己拥有的万顷良田抛荒闲置，只把土地当作可以保值升值的私人不动产。委内瑞拉的土地拥有极不平等，绝大多数沃土良田集中在少数富人手中，广大农民的土地是贫瘠的。这些贫瘠土地的产出不高，普通小农也没有资金来进行农业改进，农业陷入了渐渐衰败的颓势，食品逐渐需要进口。到了1950年代，三分之一的食品消费需要依赖进口。1958年后委内瑞拉实行了民主制，竞选当政的自由派政党在1960年推动了土地改革，希望能够改进农业，一部分抛荒闲置的土地被政府征收，然后分给无地少地的农民。这个政策在最初几年取得了成果，农业产出有所提高，但是好景不长。1968年自由派政党内部发生分裂，在竞选中失利，土改进程和农业发展也因而受挫。1970年代，石油价格大涨，石油行业迅猛发展，大量农村人口涌入城市，农业愈加凋零，食品愈加需要依赖进口。查韦斯上台之后，又推动了土地改革，还推出了很多发展农业的政策，本文在前面已有详细叙述，但结果仍然是不理想的，在"政治压倒经济"的大环境中，农业发展依然一筹莫展，"荷兰病"依然极为严重。

回顾委内瑞拉自从发现石油后的"荷兰病"历史，可以看到其中充满发人深省的道路选择教训：

选择不实行民主选举的资本主义道路，导致了军人独裁，石油财富被独裁者和极少数人攫取，社会贫富不公，经济患上"荷兰病"。

选择实行民主选举的资本主义道路，导致了"盟约民主"，石油财富在两党精英中分配，政治腐败，贫富悬殊，"荷兰病"严重。

选择实行直接民主的社会主义道路，导致草根平民大众热情参与政治，但缺乏政策执行能力；石油财富的分配倾向了穷人，贫富差距减小了，但可持续性脆弱；贪腐仍然存在；"荷兰病"仍然不能治愈。

如果选择实行优主政治的社会主义道路呢？如果有社会主义理想的优贤人士能够主政呢？……在直接民主中，丰满的社会主义理想缺乏具有执行能力的人来推行，结果变成了现实中的骨感骷髅；在优主政治中，丰满的社会主义理想可以由具有执行能力的人来推行，就有可能在现实中保持其丰满。

实行优主政治的关键是构建优主集团，查韦斯由于目睹过"盟约民主"的精英集团的腐败劣迹，因而惧怕建立有专业执政力的优秀精英集团，想摆脱精英，让大众直接参与执政，结果并不理想。

要想建立一个完美的优主集团的确不容易，而且也不现实，挑选出来的优者很可能有缺点，进入优主集团后很可能蜕化腐败，也很可能变得不接地气。优主政治面临的挑战就是要不断地改进挑选的制度、创新反腐的方法、开通接地气的途径，使优主集团的人即使不是100分的优贤，也要尽可能地是90分、80分、70分的优贤。优主政治是对体制设计的挑战，因为需要不断改进体制中的具体程序，不像民主选举，程序是固定不变的。

民主政治的道路是相对容易的、挑战较少的，但其结果很可能是骨感的；优主政治的道路是相对困难的、挑战繁多的，但其结果很可能是丰满的。

第七章　古巴：正统的道路，非正统的反常规结果

正统道路上的特色改革/古巴不步苏东后尘的原因/革命精神与改革波澜/后卡斯特罗时代面临的考验/白色血路：创建医疗体制/古巴医疗制度的独特亮点/启发深思：市场 vs 科学

正统道路上的特色改革

古巴走了一条有自己特色的社会主义道路，它的特色尤其凸显在1990年代及其以后的历史岁月中。

1990年代苏联和东欧的社会主义国家改旗易帜，发生剧变，古巴当时和苏东的关系极为密切，但它没有追随其后改变道路。那时的中国和越南虽然没有改旗易帜，但是开启了市场化的大刀阔斧的改革，古巴也没有进行如此的改革，仍然走着"正统"的社会主义道路。

在这条社会主义的道路上，古巴也不是完全没有改革，只是改革得很缓慢，很有自己的"特色"。这特色的一个突出表现是：当市场化的效率优先和社会主义的平等理念出现矛盾时，古巴总是以平等为重，宁愿放弃效率。2006年劳尔·卡斯特罗接替菲德尔·卡斯特罗担任了古巴的第一把手，推出了一些鼓励私有经济和外国投资的改革政策。私有经济和外国投资有可能帮助古巴增加产出，但也很可能造成贫富悬殊，古巴采取了非常

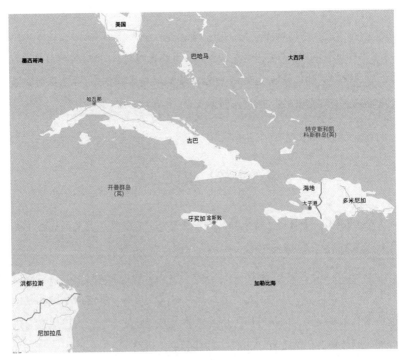

古巴地理位置示意图

第七章 古巴：正统的道路，非正统的反常规结果

谨慎的举措。

譬如，为了增加农业产出，古巴政府 2009 年出台了新政策，鼓励人们去耕种闲置的土地。国家保留土地的所有权，私人可以获得使用权，农民使用这些土地生产出来的产品是可以自由出售的。但这个政策对增加农业产出并没有产生很大的效果，这主要是因为政策规定的土地使用权合同年限只有 10 年，到期土地有可能续约，也有可能被政府收回。农民在土地上已作的投资，政府会酌情偿付，但对于偿付金额政府有很大的决定权。这样的合同条件对农民缺乏足够的吸引力，即使有人签了合同，也不愿意在土地上作大投资，因而难以增加产出。而政府之所以不愿意私人拥有很长的使用期，更不愿把土地所有权给予私人，是因为担忧会出现财富过度集中到少数人手中的现象。他们认为，私有的激励可以增加短期的效率，而贫富的悬殊将对社会造成长期的影响，他们不愿意古巴社会出现贫富悬殊的现象。

又譬如，为了吸引外资，2014 年古巴颁布了新的外资法，允许外资进入更多的领域，给了外资更好的减税待遇。但是并没有吸引到很多外资，这除了因为美国制裁的影响，另一个重要的原因是在外资雇佣方面所作的特殊规定。政府规定外资企业不能直接雇佣古巴人，必须通过古巴政府的雇佣机构；外资企业也不能直接支付古巴员工工资，而是要付给古巴政府，再由政府支付给员工。外资必须付给政府硬通货，政府付给员工的则是古巴货币比索，而且只等于外资付出工资中的一小部分。如此规定的目的也是为了平等，为了社会主义理想。古巴工资普遍很低，外资企业的工资则很高，没有这个规定就会造成贫富悬殊。古巴政府还指出，去外资企业工作的古巴人都享受了公费教育、免费医疗的社会主义福利，正是社会主义制度使他们能够具备知识能力和健康水平，能够被外资企业雇佣，因此必须维护社会主义制度。如果涉外行业的收入过高，医生、教师等高端

人才有可能转行去做涉外的低端工作，使人力资源扭曲浪费，使社会主义医疗教育福利制度无法可持续，所以政府要做再分配的调整，把外企付出的工资再分配给社会中的其他成员。

古巴的缓进改革，一方面带来了生产效率低、经济增长慢的负面结果，另一方面也保留了社会主义的一些优越性，这突出表现在医疗、教育方面。古巴在医疗、教育领域取得的成就，甚至被以反共著称的美国人称赞，奥巴马2016年访问古巴，虽然对古巴有诸多批评，但对古巴的医疗和教育倍加赞扬，盛赞其取得了"巨大成就"，并且表示要在制药领域和古巴合作。

古巴走了一条非常独特的道路，带来了非常独特的结果。目前，古巴由于农业产出低下需要进口低端的农产品，同时又由于医药发展的巨大成功可以出口高端的医疗服务和医药产品。发展中国家一般都是出口低端产品、进口高端产品，古巴的独特之处在于，虽然古巴是人均GDP不高的发展中国家，但却出口高端的产品和服务。

对于古巴的独特道路，对于古巴改革中的得与失，古巴人自己也有迷茫，也在质疑与探索，我在古巴时对他们的迷茫与探索有深深的感受，对他们的独特道路更是有特殊的体验。

我是2010年去古巴考察的，从机场一出来，就有了一次特殊的体验。我从机场乘车进入哈瓦那市郊的时候，天色已晚，路灯暗淡，路边的房子一栋栋影影绰绰地掠过车窗。那些房子都是别墅，使人有一种行驶在华盛顿高级住宅区的感觉，这让我感到很特别，很诧异。这些都是什么人的房子？谁住在这里？古巴人的生活都达到住别墅的水平了吗？这里会不会只住着权贵阶层？

第二天当我在阳光下再次看到这些别墅的时候，一切全变了。昏暗路灯下看到的豪宅别墅，变成了阳光下年久失修的大杂院。每栋别墅中都住

第七章 古巴：正统的道路，非正统的反常规结果

着几户人家，墙皮剥落，门窗破烂，晾晒的衣服如万国旗般飘扬，身穿皱巴巴衣衫的人倚在窗口，门廊中的木椅上坐着白发苍苍的老人，有的老人还向我热情招手。

后来我问了古巴朋友，才知道了豪宅变大杂院的历史故事。这些豪华别墅都是古巴革命前修建的，在 1920 年代，古巴经济有过一段快速增长的辉煌历史。那次经济大发展主要归功于两个原因。一是第一次世界大战（1914—1918）结束后的糖价暴涨，盛产蔗糖的古巴受益匪浅，当时美资大量涌来投入了古巴的糖业，带动了经济的大发展。二是在 1919 年至 1933 年期间，美国国内实行禁酒，经营酒吧、赌场等行业的美国黑帮势力从美国转移至古巴，哈瓦那成了赌博、豪饮、色情的天堂，应运而生的赌场、酒店、餐饮等行业给古巴的经济发展注入了巨大的动力。那次经济大发展虽然快速，但极不公平，种下了社会不安定的因素。到了 1930 年代，由于西方经济大萧条，糖价大跌，古巴社会发生了持续不断的动荡不安，劳工运动、示威抗暴、军事政变、游击战争……直到 1959 年卡斯特罗领导的革命推翻了巴蒂斯塔军事独裁政府，古巴才结束了多年来的动荡。

古巴革命胜利后，大批富人逃亡国外，他们在国内的豪宅别墅都被没收。古巴的没收政策是，如果房屋的主人逃亡国外，房屋就被没收；如果主人留在国内，可以继续保持所有权。政府把没收来的房子分配给普通居民，一座别墅会分给几户人家居住。古巴的住房政策不是让居住者租赁房屋，而是让居住者拥有房屋，实现"居者有其屋"。无论是没收来的旧房，还是新建的房屋，居住者都只需付出很低廉的价钱就可以获得所有权。居民虽然有所有权，但不许买卖房屋，只允许以房易房进行古巴特色的互相交换。

古巴这种特殊的住房政策引发了一些问题，其中最严重的有两个。一是房屋修缮问题。居民拥有房屋就需要自己负责修缮，但在古巴的国有计

革命后逃亡国外的古巴富人的豪宅分给了普通人居住,一个豪宅中住几户人家。豪宅年久失修,破烂衰败。豪宅的阳台上晾晒着衣服,门廊中坐着退休的老人

第七章 古巴：正统的道路，非正统的反常规结果

划经济体制中，修缮房屋的公司是国营企业，数量不多，效率不高，居民要让他们来修房子，往往要排队等很久，有人告诉我说甚至要等两三年。居民若想自己修缮，则难以买到所需要的建筑材料。随着房屋的老化，修缮问题变得越来越严重，昔日豪宅沦为破烂大杂院的现象到处可见。另一个问题是人口增长引起的房屋过度拥挤。古巴新建住宅的速度跟不上人们对房屋的需求，尤其是在人们乐于居住的地区，人口密度高，老房子多，很多老房子中的居民已经繁衍出第二代，甚至第三代。年轻的一代长大后找不到合适的住房，只好结了婚仍和父母挤住在一起，因此造成许多家庭纠纷和社会问题。也有不少人想方设法在原有的住房中扩大空间，譬如在屋顶上再加盖一层，结果面积虽然增加了，但造成了很多危房。

2010年我在古巴的时候，修缮房屋的问题是人们谈论的一大热点，官方权威的《格拉马报》上也有辩论的文章。我听到三种建议：第一种是允许民营经济从事房屋修缮；第二种是推动社区参与修缮活动；第三种是开放房屋买卖市场。2011年古巴开放了房屋买卖市场，私人购买建筑材料也比较容易了，不少人的房屋得到了修缮。不过，开放房屋市场也造成了房价的飞速上涨，许多古巴人有亲属在美国，大量美金流入古巴购买房屋，把房价推高到远远超过普通工薪阶层的购买力水平。

有关修缮房屋的建议中，最有古巴特色的是社区参与的修缮活动。古巴的社区组织非常发达，是在1961年反"猪湾登陆"后建立发展起来的。1961年美国中央情报局支持一批古巴流亡分子发动了企图推翻卡斯特罗政权的行动，在哈瓦那东面的猪湾武装登陆。为了防范登陆分子，古巴全国各地都成立了社区的"保卫革命委员会"。猪湾登陆的危机过去之后，这些社区委员会的工作也逐渐转型，从巡逻守望转为组织各种社区福利活动，譬如医疗保健、环境管理、收集废品、社区联欢等等。在修缮房屋的活动中，社区鼓励邻里互助，委员会通过政府渠道搞到建筑材料，由社区

古巴开展了修缮旧宅的工作,推出了几种有特色的方法。这条街的一边已经修好,另一边还没有

第七章 古巴：正统的道路，非正统的反常规结果

大众参与，解决房屋修理的问题。

我看到的最成功的修缮项目是哈瓦那老城区的旧城改造，其成功之处不仅是把破烂的房子修好了，而且是"修旧如旧"，那些老房子都被修复得重获当年西班牙殖民地时代的风采。这个修复工程得到了政府的特别重视，因为古巴要大力发展旅游业，而哈瓦那的老城区正是深受海外游客青睐的地方，所以要把这里修旧如旧，创造出游客喜爱的怀旧风情。为了达到修旧如旧的目的，古巴还创新地建立了一所特别的"修旧"学校，专门培养能操作古老旧工艺的技工。古巴的专业人士认识到，要想获得最好的"如旧"效果，不能仅在表面做文章，还要深入到工艺层面，真正使用旧的工匠工艺，如旧式的木工、石匠、泥瓦师傅等等，而这些旧的工艺已在现代化的过程中被淘汰了、失传了，需要发掘出来重新训练特殊的技工。古巴的这所"修旧"学校很成功，吸引了不少拉丁美洲国家和欧洲国家的学生。

古巴不步苏东后尘的原因

哈瓦那有许多美丽的老房子，其豪华富丽的程度比我在华盛顿看到的老豪宅有过之而无不及。哈瓦那的这些巨型豪宅的主人都早已逃亡海外，由于这些房子太过豪华巨大，不适于分配给普通家庭居住，因此多数被政府用来办公，很多政府机构设在这类豪宅里。我去过其中一所叫"友谊之家"的大厦，那里有几个与接待外宾相关的机构。

这所大厦不仅美轮美奂，而且还有一段被人津津乐道的爱情故事。这房子的原主人是古巴数一数二的大地主，拥有大量的土地和财富。他中年鳏居之后，在哈瓦那的上流社交宴会中邂逅一位美人，两人一见钟情。但美人是有夫之妇，而且她的丈夫也是上流社会的名人。美人想下堂求去，

这个"友谊之家"曾是大富豪的巨厦,在这里可听到大富豪的爱情故事,还可感受到革命前古巴社会的贫富悬殊

第七章 古巴：正统的道路，非正统的反常规结果

丈夫坚决不允。大地主带着美人私奔到欧洲，在巴黎住了一段时间之后，又去了罗马，到梵蒂冈求见教宗，向教宗倾诉他们因相爱而遭受的痛苦，求教宗批准废除美人与前夫的婚约，教宗受了感动，批准了他们的请求。他们重新回到哈瓦那之后，大地主于1919年开始大兴土木修建这所美轮美奂的大厦，1926年建成后献给了他的美人妻子。四年后美人因病去世，大地主悲痛欲绝，他又为妻子修建了一个浪漫的坟墓，他自己逝世后也葬在那里。他的妻子横躺在坟墓中，而他则竖立在妻子的旁边，他说他要守护他的美人，不让旁人入侵。

在这座美轮美奂的大厦中听了这个爱情故事，我一方面感受了拉丁情人的浪漫，另一方面也感受了革命前古巴社会的贫富悬殊。这些豪宅大厦不正是古巴革命前社会极不平等的生动例子吗？难怪古巴会发生革命，当年流亡中的卡斯特罗只带领了81个人乘格拉马号登陆古巴打游击，由于广大民众对旧政府的强烈不满，纷纷支持革命，两年零一个月后革命就取得了全国的胜利。

听古巴人讲述革命前的古巴社会，很多人都会提到当时社会的贫富不公和政府的独裁腐败。这显然是"资本主义"留给许多古巴人的记忆，古巴朋友告诉我，正是因为这种对资本主义的记忆，使得古巴在苏联东欧变色之后，虽然经济遭受了比东欧国家更为严酷的打击，但也没有步苏东的后尘去搞"资本主义全面复辟"，因为很多人怕回到革命前的资本主义社会中。

苏东变色对古巴经济的打击极为严酷，以前古巴生产的蔗糖几乎全部出口给苏联和其他经互会国家，并从苏联和东欧进口全部的石油、80%的机械及零件，还进口其他许多产品和原材料等等。苏东变色之后，古巴的CDP和进出口巨幅跌落，从1989年至1993年，GDP下降了35%左右，出

口下降了几乎69%①；由于缺乏能源、零件、原材料等等，工厂无法开工，建筑工程无法进行，建筑业产值下跌了71%②。缺乏汽油使农产品无法从乡下运到城里，公共汽车也都停了，马车上了街，生活倒退回农业社会时代。古巴当时从中国进口了大量自行车，以解决汽油缺乏的交通问题。在农村，由于化肥、杀虫剂、农机零件以前是依赖进口的，当进口消失之后，农业产出大跌，1989年至1993年，农业产值下跌了52%③。美国在此时又对古巴展开了雪上加霜般的经济制裁，1992年美国通过法案，不仅禁止美国公司和古巴作生意，而且规定，任何船只如果在古巴港口停靠过，其后六个月之内不能在美国的港口停泊。这就使得其他对古巴本无敌意的船只也不敢去古巴运货，生怕六个月内不能停泊美国港口影响自己的生意。古巴的进出口运输成本因此巨幅上升，经济受到更为沉重的打击，食品等生活必需品极为短缺，要实行严格的配给制。

面对如此严酷的经济形势，古巴虽然没有搞"资本主义全面复辟"，但也自1993年起，进行了一些"准资本主义"的小改革。譬如，允许小规模的民营经济体进入餐馆等服务行业，对外国游客开放旅游，还准许美元等外币在古巴市场上流通。这些改革给古巴经济带来了活力，GDP止跌回升。但是，这些改革也给古巴社会带来了不少问题，政府不得不进行一些收收放放的调整。譬如2004年进行了外币政策的调整，外币不再流通，政府创造了一种和美元挂钩的、可兑换的比索——"库"（CUC）。外国人要把外币换成"库"才能使用。1个"库"等于1美元，普通比索要25

---

① 出口与GDP数字均根据世界银行数据计算。参阅 https：//data.worldbank.org/indicator/NE.EXP.GNFS.CD, https：//data.worldbank.org/indicator/NY.GDP.DEFL.ZS? locations=US, https：//data.worldbank.org/indicator/NY.GDP.MKTP.KD, 2020.8.21。
② 参阅 https：//www.ascecuba.org/asce_proceedings/the-cuban-economic-crisis-of-the-1990s-and-the-external-sector/, 2020.8.21。
③ 同上。

古巴商店中的消费品不丰富

政府提供一些生活必需的消费品,如每户每人定量供给低价的鸡蛋等。因为楼中没有电梯,楼上的住户让送鸡蛋的人把鸡蛋放在篮子里,从阳台用绳子把篮子吊上去

第七章 古巴：正统的道路，非正统的反常规结果

个左右才能兑 1 美元。外国游客使用"库"，和旅游业相关的古巴人的收入中"库"的比重很大，他们的收入大大高于只赚普通比索的人。

我问过一个古巴人对改革和生活现状的看法，他说他很羡慕美国人拥有的丰富消费品，他希望古巴的改革也能给古巴带来这些东西。但他也说他不喜欢美国的一些制度，尤其是医疗制度。他说："我知道我们生活中有好东西，医疗制度是我们最好的东西，我不想放弃这些好东西。但我知道美国也拥有很多好东西，我想两样好东西都拥有，资本主义的和社会主义的，希望改革能把这两样好东西都给古巴。"

这位古巴人的看法，反映了古巴政府在进行计划经济的资源配置时的"重"与"轻"，以及由此带来的"得"与"失"。古巴重视的是教育与医疗，对于消费品则比较轻视。不过，生活必需的一些消费品，政府倒是尽力提供的，譬如每户每人定量供给低价的鸡蛋等等。冰箱和电视也是低价供应的，因为政府认为冰箱与健康相关，电视与教育相关，所以每户人家都可以用极低廉的补贴价格买到冰箱和电视。至于其他"非生活必需"的消费品，古巴是匮乏的。这样的社会主义计划经济，使得古巴人感到有所"失"，也有所"得"。

古巴人的世界信息不闭塞，他们可以自由地看 CNN，所以他们对美国和古巴、对社会主义和资本主义的评价相当客观。古巴的医疗制度是受到联合国和世界银行高度赞扬的，古巴的预期寿命和婴儿死亡率等宏观健康指数现在都优于美国的水平，但古巴的人均医疗费用只是美国的 5% 左右，是低成本高效益的好模式（关于古巴的医疗体制将在后面详细论述）。美国的医疗体制问题重重，这在西方媒体中有很多报道，古巴人都知道得很清楚。

革命精神与改革波澜

我去古巴是随一个美国的考察团，给我们做导游翻译的是一位四十岁左右的古巴英文教授，从他那里，我对古巴人关于改革的想法，以及改革在精神层面引起的变化，有了更多的了解。

这位导游以前不仅是教授，而且还是作家，他的一个短篇小说得过奖。他说他放弃教授的职位来做导游，就是为了能够多赚些"库"，只有多赚了"库"，才能买到他所向往的消费品。我想起在改革开放之初的80年代中国人很热衷买冰箱电视，就问他是不是想买冰箱电视。他说他不需要买冰箱电视，因为冰箱电视是每个家庭都有的。我又问他想买什么东西？他看到我有一个音频录音机，就说他想买这样的录音机，后来他还问我能不能送他一个录音机，这可以帮助他写作，他乘坐公共汽车的时候常会有写作灵感，不能写笔记，但可以录音，这些灵感若不马上记录下来，以后很快就会消失。我理解他的感受，回美国后托人给他带去一个录音机。谈到向往的其他消费，他多次很羡慕地讲到外国游客云集的高级酒店、高级餐厅、高级酒吧……他说非常希望能去这些地方消费享受。他还说过很希望能够拥有汽车，不过，2010年的时候有钱人在古巴也不能买到汽车，因为基于环境污染、能源消耗、交通堵塞的考虑，政府不允许私人购买汽车，拥有汽车的古巴人多数是通过"获奖"得到的。导游的一位朋友在研究所工作，该研究所最近研发出一种新产品，对国家贡献很大，研发产品最有功劳的十个人得到了国家的奖励，根据功劳的大小，有人得到一套房子，有人得到一部汽车，有人得到一辆摩托车。

导游对古巴的汽车政策颇有微词，我倒认为这是个不错的政策，正是这个政策，使我们在古巴能够享受清洁的空气、通畅的交通。导游听了我

第七章 古巴:正统的道路,非正统的反常规结果

的话之后,略含讥讽地说道:"说少拥有汽车多享受环境的人,都是自己已经拥有汽车的。"

我无言以对,但在心中暗想,正是拥有汽车的人,他们才从拥有汽车之后要面对的交通环境问题中,体验到拥有汽车的坏处。在美国人人拥有汽车之后,不仅发生了污染和堵车的问题,而且公共交通服务被大大削弱了,很多地方没有了公共汽车,此时即使有人想放弃汽车,也骑虎难下。这些拥有汽车的人曾在消费大潮的裹挟之下走错了一步,所以现在很想告诫那些还没有跳上虎背的人,千万别走上那条邪路呵!

改革给古巴人的生活带来了变化,同时也使古巴人经受了复杂的心理矛盾。导游写过一篇小说,反映"革命精神"和"改革"的矛盾冲突,那小说里大概有他自己的影子。小说的两个主要人物是翁婿二人,都是作家。岳父参加过游击战,是革命的一代,对改革中出现的问题有诸多不满;女婿是年轻的一代,不喜欢那些僵化的革命教条,更向往物质的丰富。两人对古巴将向何处去都很茫然。在一次小说征文竞赛中,翁婿二人各写了一篇小说去投稿,由于两人共用同一台电脑,下载文件时搞错了,岳父把女婿的稿子当成自己的发了出去,女婿则把岳父的稿子当成自己的发了出去。评奖揭晓后先公布获奖者的名字,岳父得了奖,他很高兴,感到古巴的"革命精神"仍在,没有被改革冲刷掉。但第二天公布了作品,才发现原来是女婿的作品得了奖。这时女婿感到特别高兴,他看到古巴社会正在发生变化,正在摆脱革命教条。

关于"革命精神",我还听导游介绍过更为现实的情况,尤其是在谈论古巴家庭医生的时候。家庭医生是古巴医疗体制的精髓,他们住在社区,每个医生负责120个至150个家庭的医疗保健。由于他们防守在第一线,解决了"小病变大病"的问题,使得古巴的医疗体制能够取得低成本高效益的成果。这些家庭医生的收入是普通比索,不是"库",是什么因

改革后很多古巴人想多赚钱,为了吸引外国游客的施舍,一些乞丐想出了奇招。一个女人穿上了象征西班牙殖民地时代的服装,另一个戴着格瓦拉式样的有红星的帽子

素使得他们愿意坚守在贫穷的岗位上，而不辞职去做能多赚"库"的工作呢？导游告诉我三个因素。第一个是物质因素，每个家庭医生在社区中都可以分到一套房子，以便他们就近出诊。第二个是历史文化因素，长期以来医生的社会角色就是"帮助人"，做医生的人都认同这样的角色。第三个是革命精神因素，自从古巴革命之后，医生受到革命精神的熏陶，医学院教育特别强调医生要为贫穷的缺医少药者服务，这种革命的职业道德观对他们影响很深。另外，医生中有不少共产党员，他们更是会用革命精神来鼓励自己坚守岗位。

古巴的共产党员是什么样的人呢？我特别问过导游这个问题。他说："共产党员在社会中是闪光（shining）的人物。"我不理解这"闪光"是什么意思，是为炫耀自己而闪光呢？还是被社会认同的楷模式闪光？导游解释道："闪光就是指那种有光荣理想的人，愿意为理想作出牺牲的人。"于是我理解了，在古巴的语境中，闪光是指闪光的理想，是指遵循闪光理想行动的人，是楷模式的闪光。那么，有多少人愿意做闪光的人物呢？导游说："要做闪光的人物，就要有奉献的精神，要严格约束自己。我不想做这样的人物，我想更实际一些，更多赚些'库'，不想闪光，所以我不做共产党员。"

持有导游这样想法的人不在少数，我在古巴看到过大量想多赚"库"而不想闪光的人。记得刚到哈瓦那机场，我就碰到了这样的人，那是一位空姐。入关的时候要填表，一位空姐拿了一张西班牙文的表格给我，我不懂西班牙文，她就帮我填，飞快填完那张表之后对我说："小费！小费！"我真是惊呆了。帮助入关者填表的服务在许多国家的机场都有，从没见过要小费的，况且柜台里明明有英文的表格，如果给我英文表格我自己可以填，根本不需要别人代劳。

在古巴的整个旅程中，我一直都处在被索要小费和礼物的压力下。从

第七章　古巴：正统的道路，非正统的反常规结果

经济学的角度来看，我是坚决反对这种小费的，尤其在古巴的货币双轨制中，外国游客随手付出的一两个"库"的小费会对货币流通量产生不小影响，会推动通胀，1个"库"等于25比索，而古巴普通人的工资每月只有三四百比索，这些小费会使许多消费品的价格上涨。从社会学的角度来看，小费会扩大贫富差距，使从事旅游业的人员一下子先富起来，而对社会更有贡献的人，譬如医生，却要陷入低收入的一端。比贫富差距更严重的社会问题是腐败的滋生。向我索要小费的人多数在国有单位工作，国营旅行社、国营酒店、国营饭馆、国营航空公司……这些人利用工作之便索取小费，与官员利用职权索取贿赂没有本质的不同。

在和古巴法学家工会的律师座谈的时候，我曾问过他们古巴改革开放后是否出现了赌博、娼妓、贪污受贿等问题。他们说，赌博没有出现，因为古巴人还不知道怎么玩赌博；娼妓问题倒是出现了，多数是向外国游客卖淫；贪污受贿的现象则极少，他们只受理过个别公务人员偷窃单位的钱财物品的案件。显然，他们没有把下层公务人员索取小费视为"受贿"。如果下层公务人员可以利用职业之便收取小费，中上层的公务人员不也可以利用职务之便收取更大的"小费"吗？古巴中上层的公务人员是否都是闪光的人物呢？他们都有足够的"革命精神"抵御小费的诱惑吗？

在古巴的社会中，革命精神究竟有多大的影响力？有多少人保持着、向往着革命精神？这是令我迷茫的问题。在一些人的身上，我看到了它的闪光，但在更多人的身上，我也看到了它的黯淡……

在一个特殊的场合，我看到了它的一次特别的集体性闪烁，那是在"五一国际劳动节"的哈瓦那革命广场上。

每年"五一"，古巴都在哈瓦那的革命广场举行游行。参加的群众很多，大多数都不是彩排组织的，而是自愿随意参与的，外国人可以到广场中的何塞·马蒂纪念碑台阶上观看游行。我在古巴的时候恰逢"五一"，

哈瓦那革命广场举行五一游行，当最后一个方阵队伍举着巨大的古巴国旗通过广场时，全场唱起了《国际歌》

第七章　古巴：正统的道路，非正统的反常规结果

当天一大早我和同行的朋友们就来到了广场的观礼台阶上。那里的外国人很多，大多数是左派，来自许多国家，有的举着格瓦拉像的红旗，有的举着自己国家的旗帜。让我感到革命精神闪烁的是游行将要结束时的场面，是在最后一个方阵队伍举着巨大的古巴国旗通过广场的时候，那时全场忽然唱起了《国际歌》，从下面的游行队伍，到台阶上的观看者。无数不同的语言，无数激情的喉咙，发出震撼心弦的动情共鸣……我看到导游在用西班牙文唱，外国人用英文法文在唱；我看到站在纪念碑更高一层台阶上的劳尔·卡斯特罗，他也在唱，在他旁边站着身穿游击队军服的白发苍苍的老革命者，他们都在唱……

我记不得《国际歌》的中文歌词，但依稀的只言片语随着熟悉的旋律涌入了我的心中：满腔的热血已经沸腾，要为真理而斗争……我们要做世界的主人……要创造人类的幸福……让思想冲破牢笼……团结起来到明天……英特纳雄耐尔就一定要实现！

我深深地感到了震撼，那是革命精神的震撼。

后卡斯特罗时代面临的考验

"五一"过后，我们要回美国了，临走那天早上，一位曾和我们座谈过的经济学家来和我们道别，他特别郑重地对我说："现在，古巴的局面是靠老一代革命者的革命精神支撑着，古巴领导人最大的缺点是没有从组织上解决继续革命的问题。他们一旦离去，古巴不知道会向何处去。中国在这点上比古巴做得好，中国解决了组织延续的问题。"

飞机升上天空，加勒比海中的那个绿色的岛国渐渐远去，但萦绕着古巴的一连串问题却久久地留在我心中，尤其是经济学家的话。

十年过去了，老一代革命者带着他们没有忘却的革命初心逐渐离去，

新一代领导人进入了舞台的中心。新领导人将怎样回答经济学家的那个问题呢？

2018年4月19日，劳尔·卡斯特罗从古巴国务委员会主席的位置上退了下来，继任者是副主席迪亚斯·卡内尔。他是1960年出生的，未参加过革命战争，在红旗下长大。他在大学学习的是电子工程，毕业后当过兵，后来1985年又回到母校任教，并参与了大学的共青联盟工作（古巴的"共青团"）。他的仕途始于"共青团"，从大学到省，再到"团中央"。1994年他被提拔为"封疆大吏"，担任省委书记，同时成为中央委员，那年他才33岁。当他43岁时，进入了政治局，成为最年轻的政治局委员。此后他担任过教育部长，2012年晋升为部长会议副主席，2013年被劳尔任命为国务委员会副主席，2018年4月成为主席。

从迪亚斯·卡内尔的成长、晋升、提拔过程来看，古巴在尝试解决"组织上继续革命"的问题；从他当政后的表现来看，他目前是保持了革命精神的闪光。他就任国家元首后首次美洲之外的国事访问，是去的欧亚五个国家：俄罗斯、中国、朝鲜、越南、老挝。除俄罗斯外，其他四个国家都是共产党执政的社会主义国家，也是世界上除古巴之外的全部共产党执政的社会主义国家。如此的访问安排，反映出古巴这位新领导人对社会主义国家的重视。他去访问这些国家，一个重要目的是考察和学习这些国家的治理经验，他需要借鉴经验来进行后卡斯特罗时代的改革，在社会主义道路上继续走下去。

在卡斯特罗退下元首之位的2018年，古巴起草了新宪法，并且在2019年2月对新宪法进行了公投。在这个后卡斯特罗时代的新宪法中，"革命精神"也仍然在闪光，宪法强调了社会主义道路，强调了共产党的领导，称这些原则是"不可改变的"，同时也引入了一些"改变"的新元素，譬如承认了私有经济的合法化、私人财产权等等。革命精神的继承、

第七章　古巴：正统的道路，非正统的反常规结果

新元素的引入，这是后卡斯特罗时代的特色。新一代带着这样的特色，选择着古巴改革的道路。由于特殊的国际环境，古巴的改革将会遭遇很多特殊的挑战与困难，美国的制裁是近在门口、迫在眉睫的，这是古巴必须面对的特殊国情。

2019年5月美国对古巴又启动了一系列新的制裁，目的是要通过打击古巴来推翻委内瑞拉的马杜罗政府，其中一项举措是，如果任何企业或者个人在其业务中使用了古巴政府"没收"的美国公民财产，美国公民将有权在美国的法院起诉这些企业或个人，并且提出索赔。这里所谓的"没收的财产"，是指1959年古巴革命后没收的企业、房产、土地等等；所谓的"美国公民"，既指当年的美国公民，也指那些流亡到美国后成为美国公民的古巴人。如果外资到古巴投资合作，很可能会使用这些财产，因此就可以被美国公民起诉，并要赔偿。如此举措是为了阻扰外资进入古巴，以便美国能够对古巴极限施压。

在特朗普政府的极限施压之下，古巴经济已经出现了一些问题，譬如2019年5月，古巴对食品开始实行紧缩配给。食品源自农业，而农业恰是古巴的软肋（造成古巴农业问题的原因前面作过分析），多年来古巴的农业产量提高极少，有的年份甚至有所下降。目前许多民生必需的农产品依赖进口，小麦、玉米、禽肉、炼乳是古巴进口中的大宗项目，需要大量的外汇来支付。在美国的极限施压下，软肋首当其冲，对于后卡斯特罗时代的古巴领导人来说，如何治疗这根软肋是一个考验。

农产品的大量进口推高了古巴的贸易赤字，这是困扰古巴多年的问题。在多年来的赤字苦海中，有一只独特的小船，帮助古巴减少了一些赤字，缓解了一些痛苦。这是一项很独特的出口，这就是古巴的医疗服务出口。古巴的医疗出口赚取了很多外汇，降低了贸易赤字。这项出口在赚取硬通货的同时，还为古巴赢得了软实力。以前古巴是以"输出红色革命"

著称，也因此受到不少国际指责。自从古巴出口医疗服务之后，尤其是派医生去外国缺医少药的地区服务，使得接受服务的国家对古巴的印象和态度有所好转。"输出红色革命"转型为"输出白色保健"，国际形象大为改善。

出口医疗不是一件容易的事情，需要国内有强大的医疗服务产能。目前古巴的医疗服务产能非常强大，它的人均医生数量是世界最高的。如此强大的医疗产能是古巴在革命后构建起来的，它的构建之路是在重重封锁、层层制裁的困境中杀出来的一条白色血路。这条白色血路充满了古巴特色，值得深入探讨研究，其中蕴含着深刻的启示。

白色血路：创建医疗体制

1959年革命之后，古巴开始建设社会主义的医疗体制。当时虽然受到美国的制裁，但是由于得到了苏联及经互会集团的帮助，它还是能够根据社会主义的原则逐步进行建设。古巴受到的更大挑战是在1990年代，那时苏联解体了，经互会瓦解了，社会主义阵营进入了大转型时代。在这个时代，经互会中许多国家的经济都受到重创，医疗体制都面临严峻挑战。面对挑战，各国选择了不同的道路来进行医疗改革，古巴选择的道路与苏联东欧大不相同，最终也得到了不同的结果。

在1990年代，苏联和东欧的国家都经历了GDP的大幅下降，俄罗斯的GDP在1991年至1994年间下降了32%。[1] 由于经济下滑，政府的财政收入大减。以前这些国家的医疗体系都是"中央计划、政府拨款"的模式，由政府根据人口等因素计划建多少医院、设多少病床、配多少医生，

---

[1] 世界银行数据。参阅 https://data.worldbank.org/indicator/NY.GDP.MKTP.KD, 2020.8.21。

第七章 古巴：正统的道路，非正统的反常规结果

然后再由政府拨款来支付费用。

在1990年代的转型大潮中，这种社会主义的医疗体制受到了全面的冲击和改造，一方面是因为经济下滑引起的财政困难，政府不得不甩包袱；另一方面是出于对"市场高效"的崇信，认为医疗体系实行了市场化，无形之手就能提高医疗效率，解决大锅饭、浪费等问题。东欧的市场化医疗体制改革，主要在两个方面展开，一是保险化，二是私有化。保险化改变了医疗体制中的资金来源，从政府的财政拨款改变为个人和雇主缴保的保险基金。私有化主要是改变了医疗服务提供者的所有制性质，一些医院诊所从公立变为私立，在仍维持公有制的医院中也实行了准私有化的改革，譬如合同承包。

从宏观保健指数的角度来看，1990年代的这些改革并没有带来高效率的保健产出。衡量一个国家宏观保健水平的重要指数是预期寿命，在1990年代前半期，苏联和东欧的不少国家都出现了预期寿命下降的现象，譬如俄罗斯的预期寿命1994年比1989年下降了4.7岁[①]。在分析造成预期寿命下降原因的时候，有人会指出这不应完全归咎于医疗体制的改变，还应该考虑到经济下滑对健康的影响，那时苏东经济都在下滑。当一个国家变穷了，其国民的健康也会被殃及。纵观世界各国的贫富水平和健康状况，可以看到这二者密切相关，富国的预期寿命普遍较高，穷国的预期寿命普遍较低，这种相关是符合常规逻辑的。不过，世界上也有极少数国家，打破了这种常规，古巴就是一个突出的例子，古巴不是富国，但预期寿命却达到了富国的水平，甚至还高于某些富国。

在1990年代的时候，古巴也遭遇了东欧那样的打击和困境，甚至比东欧还惨。古巴是经互会国家，经互会解体对古巴的经济冲击极大，尤为

---

① 世界银行数据。参阅 https：//data.worldbank.org/indicator/SP.DYN.LE00.IN，2020.8.21。

雪上加霜的是，古巴还受到美国的经济制裁，比东欧又多了一个受打击因素。从 1989 年至 1993 年，古巴的 GDP 下降了 35% 左右，农业产出更是下跌了 52%，由于食品缺乏，全国实行严格的定量供给制，热量的日摄取量下降了 33%，蛋白质的摄取量下降了 39%，人民营养状况不佳。但是古巴的预期寿命在 1990 年代没有下降，1993 年后更是稳步上扬，到了 2000 年，古巴的预期寿命赶上了美国，以后更是超过了美国。①

古巴为什么会有这样违反常规的表现呢？古巴是如何在经济不发达的情况下把国民健康水平提升到发达国家的高度呢？答案蕴藏在古巴独特的医疗体制中，这个体制受到了联合国、世界银行以及其他许多专业人士的赞赏。

古巴的医疗体制是经过半个世纪的探索尝试，逐渐构建成功的。在古巴革命之前，它的医疗系统曾经受到美国和法国医学的熏陶，拥有素质相当不错的医生。不过 1959 年古巴革命后，有一半医生逃亡，全国只剩下 3000 多名医生，当时古巴只有一所医学院，里面只有 16 名医学教授。这些稀少的医疗资源都集中在大城市，农村广大地区缺医少药。古巴革命的基本理念是：医疗保健是政府的社会责任，是公民的基本权利。因此在 1960 年代和 1970 年代，政府集中力量在缺医少药地区建设医院诊所。这是古巴医疗体制构建的最初阶段，那时古巴医疗体系中最精华的元素还没有脱颖而出。

这个最精华元素是 70 年代末才开始孕育成长的。1970 年代国际上发展形成了一种重视初级卫生保健的共识。1978 年联合国的世界卫生组织和儿童基金会召开大会，发表了具有里程碑意义的《阿拉木图宣言》。这个宣言强调了初级卫生服务对保健的重要作用，并提出了 "2000 年人人享有

---

① 世界银行数据。参阅 https://data.worldbank.org/indicator/SP.DYN.LE00.IN，2020.8.21。

这是一个村子里的家庭医生诊所,医生住在楼上,诊所在楼下。村中的前卫艺术家给诊所做了前卫派的装饰

初级卫生保健"的全球卫生战略目标。虽然联合国绝大多数成员国对实现这个目标都做出了承诺,但真正实现了这个目标的国家并不多,尤其在不发达国家中更是凤毛麟角。中国的赤脚医生制度当年是被视为发展初级卫生服务的一个好样板,但中国后来却没有朝这个方向继续走下去,而是选择了类似东欧的医疗改革道路。古巴则是坚定地在《阿拉木图宣言》的道路上走了下去,不仅实现了宣言的目标,而且在实现这个目标的过程中发展出了很有特色的模式。

《阿拉木图宣言》之后,古巴培养了大量适于从事初级医疗工作的家庭医生,在1984年开始了家庭医生的试点,1986年后在全国推广了家庭医生制度。在古巴的医疗体系中,家庭医生是初级医疗服务的中坚,是最具特色的精华元素。古巴的家庭医生比当年的中国赤脚医生在专业训练方面有了巨大提升,古巴医学院确立了6年制的家庭医生课纲,6年中包括18%的实习时间,这些实习是很科学、很有机地融入了教学进程的,譬如第一年实习5周,第二年实习1学期,第四年实习6周等等。如此培养出来的医生,为古巴初级医疗服务奠定了坚实的专业化基础。

古巴给每120—150个左右的家庭配置设立了一个家庭医生诊所,内有一名家庭医生和一两名护士,负责这一百多个家庭的所有成员的医疗保健。医生住在诊所旁边,诊所就设在这些家庭附近,医生与他服务的人群是近邻熟人。家庭医生上午在诊所看病,下午到病人家里走访出诊。走访的重点是有潜在健康危险的群体,譬如孕妇、幼儿、老人、慢性病患者、伤病康复期的病人等等。家庭医生帮助他们做康复和保健活动,为他们检查身体,向他们介绍医疗保健知识。很多时候家庭医生还会陪病情复杂的人去医院看病,以便能更好地与其他医生沟通,掌握病情,帮助病人的后续治疗和康复。古巴家庭医生的角色很像是"私人保健医生",不过在其他国家,这种医生只是极高端的人士才能享有,而在古巴的体制中则成为

第七章 古巴：正统的道路，非正统的反常规结果

"普及版"的"共享"私人保健医生。

古巴的医疗制度强调"全方位"的理念，强调医疗不应该只针对一个器官，甚至也不是一个孤立的个人，而是要考虑全方位的因素，特别是家庭、社区、周边环境，这样才能产生更好的医疗保健效果。家庭医生制度的安排就是为了实践这种全方位的理念，后来家庭医生的诊所还配置了心理医生、社工人员等等，使之全方位上升到更高的专业水平。

家庭医生不仅负责社区的治疗工作，还负责社区的预防疾病和促进健康的活动。这些活动都是通过基层社区组织展开的。古巴有两个强大的基层社区组织，一个是"保卫革命委员会"，另一个是"人民政权议会"。保卫革命委员会是1961年"猪湾危机"后建立发展起来的。猪湾危机过后，这些社区委员会的工作逐渐转型，从巡逻守望转为组织各种社区福利活动，卫生保健就是其中之一。家庭医生融入社区，使得社区中的卫生保健问题很容易被发现，譬如卫生环境有哪些缺陷、居民有哪些不良的饮食习惯、近来出现过哪些会引起疾病的状况……问题发现之后，家庭医生就利用社区组织的力量，展开针对性的活动。健身体育、戒烟咨询、食物过敏检测、环境卫生改善……都是家庭医生负责的活动。

家庭医生的工作注重预防和促进，这种注重使得医生成就感的观念有所转变。以前医生的成就感只注重"治病"，尤其是医治复杂的、高难度的病，名医就是能治难病的医生。但是，治病是使失去的健康得以恢复，而预防和促进则是使人根本不要失去健康。古巴的家庭医生在预防和促进中找到了新的成就感。这种成就感植根于社区大众的实际需要，因为人平时生的病绝大多数都不是难治的大病，并且许多难治的大病是由于小病不治才造成的。家庭医生的工作是在第一线和第一时间为人解决了治小病的问题，同时还推广预防措施，使患小病的机会也降低了。社区大众能够深切体验到家庭医生的工作给自己带来的利益，他们的感激和尊敬之情会时

时流露，家庭医生在社区中可以感受到尊敬、可以目睹到自己的工作成果带来的社会效益，因此他们形成了超越"专家名医"的新成就感。这种新的成就感，使得家庭医生乐于在社区草根的岗位上工作。在家庭医生制度刚刚建立的时候，曾经规定医学院的毕业生必须在家庭医生的岗位上工作两年以后，才可以进入研究院学习专科。当时以为很多家庭医生会在两年后离开岗位，去追求当专科医生的成就感。但是，随着家庭医生制度的成功发展，绝大多数的家庭医生都留在岗位上，他们切身感受到了自己在预防和促进方面的工作成果带来的社会效益，取得了被社区、被社会认同的成就感。

家庭医生在社区是极受尊敬的人，很多居民愿意选家庭医生当人民权力议会的代表，我就遇到一位当选为议会代表的家庭医生。他不到三十，很腼腆，是在社区长大的，医学院毕业后分配到自己的社区做家庭医生。我是在考察基层社区活动的时候遇到他的，那次活动还有一段意想不到的浪漫惊诧。

那次基层活动考察，是参加社区的街坊邻里联欢会。我们去的这个社区离哈瓦那老城中心有两小时左右的车程，那里的住宅很像北京五六十年代盖的宿舍楼，房屋相当老旧。联欢会在楼门口的空地上举行，一个桌子上放着家常食品，几排椅子上坐着街坊邻里。联欢会上一个小孩表演了一个自编自演的独白剧，说是一条蜈蚣有一天忽然想穿鞋子，到处去找一百只鞋。还有一个年轻姑娘表演了一段诗朗诵，是关于革命历史的，很有革命激情。社区的那位家庭医生也参加了联欢会，和他母亲坐在一起，寡言少语。他长得很帅，但没有一般帅哥的张扬，沉默腼腆中透出一丝淡淡忧郁。我们团中有一位漂亮的美国女孩，年龄和他相仿，都是80后。两人在联欢会上有点儿"一见钟情"的表现，坐在一起亲热地聊了很久。

那晚在回哈瓦那酒店的路上，美国女孩告诉我们，帅哥医生对她很热

第七章 古巴：正统的道路，非正统的反常规结果

情，还两次把她介绍给他的母亲。按照美国年轻人谈恋爱的习惯，把女朋友介绍给父母就意味着会要考虑谈婚论嫁。同团的另外两个美国女人立刻对美国女孩开玩笑说："他两次向你求婚啦！"美国女孩很大方，毫不掩饰自己对帅哥医生的好感。不过，虽然拉丁情人以激情冲动著称，刚见面两个钟头就两次求婚似乎也有点儿离谱。美国人都听到过古巴人千方百计偷渡去美国的新闻，因此自然而然对帅哥医生的求婚动机有所怀疑，连美国女孩都想到了这一点。但她不太介意，那位帅哥医生实在太吸引人，她说："他的专业有普世的特点，到了美国很容易找到高收入的工作。"的确，在美国当医生，年薪可以有20万"库"以上，在美国属于高收入人群，和古巴相比那就更是天文数字。

联欢会后的那个周末晚上是我们的自由活动时间，我去听歌剧，另外几个美国人去酒吧欣赏著名的古巴流行音乐。女孩和帅哥医生约会，说好要去酒吧，还要去海边散步。我看完歌剧从剧场出来，皓月当空，修长美丽的椰树在月光下摇曳，海风徐徐，酒吧中传出浪漫的音乐……我不禁想起帅哥医生和美国女孩，他们的约会一定很浪漫，不知道帅哥会不会为她唱一支小夜曲？在小夜曲的背后，是浪漫的纯情呢？还是对金元帝国的渴望？如果他走了，他们社区会分配一个新家庭医生吗？在"库"潮的冲击下，家庭医生还能够坚守岗位吗？古巴的初级医疗体制会被一点一点地剥蚀吗？

第二天早上我在酒店大堂等汽车，看到美国女孩和帅哥医生从电梯里走出来。哇，他们的爱情进展得很神速呵，帅哥一定向女孩求婚了，不久就要移民美国了……帅哥医生看到我，很有礼貌地向我招手道别，然后腼腆地走出酒店的大门。

帅哥走后，同团的两个美国女人立刻围住了女孩，问她昨晚的浪漫经历。女孩说，昨晚他们一起吃饭、听酒吧音乐、在海边散步，时间过得很

快，当他要回去时才发现公共汽车已经没有了，他不得不在她的房间里休歇一晚。他非常有礼貌，没有任何亲昵越轨的行为。

大家听后都很惊诧，女孩自己也觉得意外，他完全不是一个想去美国的求婚者。女孩后来又讲到他们约会时谈论的话题，她说他很热情地谈论革命，讲到他作为人民权力议会代表在社区中的工作，他帮助社区解决水电供应不足的问题，还帮助刑事犯释囚寻找工作、适应新生活。他谈到古巴医生去外国工作，他们社区的一位医生去过卢旺达和坦桑尼亚，为那里缺医少药的贫困社区服务，这是很多古巴医生愿意做的事情。他也谈到过"库"，他的母亲为了赚些"库"，做小布娃娃卖给外国游客，他下班后会帮助母亲做些手工活儿……

这个意外的浪漫惊诧故事，向我展示了一个活生生的古巴医生的道德素质，让我看到了古巴医疗体制构建中的道德素质培养成果。古巴走了一条特殊的道路来构建医疗体系，在这条道路上它经历了很多艰难险阻，它用自己独特的方法克服了这些困难，最终展现出了独特的亮点。

古巴医疗制度的独特亮点

1990年代初期，古巴医疗体制中最具特色的家庭医生制度刚刚起步构建了五六年，就突然遭遇了苏联和经互会解体的沉重打击，古巴经济岌岌可危，外贸骤降，GDP巨跌，食品短缺……"革命精神"使古巴领导人坚持了社会主义道路，没有选择"改旗易帜"的苏联东欧道路。古巴执意加强了计划性的公有化医疗制度，而不是在经济压力下"甩包袱"。当时古巴领导人认识到，在经济重压下，如果没有公费医疗的支撑，人民的健康会急剧恶化，会造成难以挽回的影响。

家庭医生制度在严峻的1990年代获得了扩充和完善，政府集中力量利用有限资源,尽可能地培养医生。医学院坚持大量招生,医生被大批培养出来,到了1990年代末,古巴成为世界上人均家庭医生最多的国家。进入21世纪之后,古巴的全部医生和人口的比例也成为世界之冠,远高于美国,甚至比北欧福利国家中比例最高的瑞典都高。2014年每千人的医生数量,古巴是7.6,瑞典是4.2,美国是2.6,中国是1.7。[①]

大量人力资源投入医疗卫生领域,使古巴的医疗体制形成了四个很独特的亮点。

第一是用人力解缓了药物和设备短缺的问题。

这是古巴根据自己的国情作出抉择的结果,药物设备需要进口,人力则可以在本国培养,古巴利用自己政治体制中的优势,集中力量培育人才,造就人力资源,以人力来替代药物。在经互会时代,古巴是用以物易物的方式从经互会国家进口医药产品,经互会解体后就需要用外汇硬通货购买,在经济制裁重围中,古巴的外汇极度短缺,根本无钱购买。古巴采取了以人代物的方式来破解这个难题,它认识到,经过特殊培养的人力,在很大程度上可以取代药物。譬如,家庭医生和牙医都学习了针灸,他们大量使用针灸,减少用药。除了针灸,医生还学习其他许多替代疗法,我在古巴考察时,常看到医疗机构中放置着来自各种文化传统的治疗器械,譬如有"金字塔磁场"治疗的仪器。在医院和诊所的院子里,还可以看到医务人员种植的各种草药,有中国的,也有其他国家的。在1990年代最初使用这些替代药物和疗法的时候,原是出于不得已,但是由于使用这些传统方法的古巴医务人员具有优秀的现代医学知识,竟然发生了意想不到的结果,现代人力资本投入传统替代疗法,转换成了一系列传统与现代相结合的新治疗保健方法。

[①] 世界银行数据。参阅 https://data.worldbank.org/indicator/SH.MED.PHYS.ZS,2020.8.21。

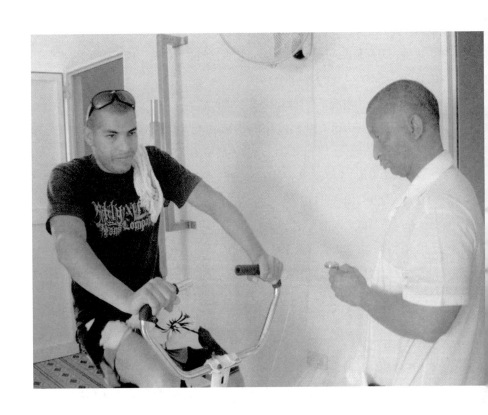

(左、右) 古巴医疗机构的设备差但人员丰富,这个老人康复中心有治疗100人的服务能力,但有时只有80多个病人。因此,当这个年轻人因伤需要康复治疗时,老人康复中心可以让他来接受服务。这个康复中心厨房的设施非常落后陈旧第二个亮点是用超量人力资源驻守在疾病可能发生的第一线，防止发病和小病变大病。

在第一线除了配置大量的家庭医生，古巴还设置了社区综合诊所，这些社区诊所是和家庭医生配套的，每 15 个至 40 个家庭医生就配设一个社区综合诊所，里面有各种专科医生（家庭医生是全科医生），以解决家庭医生不能解决的问题。综合诊所是 24 小时全天服务，和我一同考察的美国医务工作者对此深表惊异，因为美国的诊所晚上关门，大医院晚上即使不关门，也不提供正常服务。古巴人听说美国诊所晚上关门则非常惊异，他们说晚上凌晨是许多病的高发时段，在第一时间进行治疗，才能取得最佳效果。他们还说，许多人白天要上班，晚上才有时间来看一些不是十分严重的病，如果晚上不开门，这些人就会扛着小病不去看了，而小病不看是会酿成大病的。美国诊所晚上关门是按市场规律办事，因为可以减少人力成本以增加利润。古巴诊所 24 小时服务，是因为它不按市场规律办事，而是遵循医疗保健的科学规律，因此少考虑人力成本，多考虑医疗效果。

人力配置充沛、甚至超量的医疗机构在古巴为数不少，这常使美国的医务工作者大为吃惊。在访问一个老年人康复机构时，美国人问这个机构的等候名单（waiting list）有多长，在美国进入这样的机构是要排队的，先报名列入等候名单，有了空位再通知病人，这样可以最大限度地减少医务人员空置的可能性。古巴人完全没有等候名单的概念，半天也不明白美国人问的问题，最后搞明白了才说："我们没有等候名单，现在我们有治疗 100 个病人的能力，但是只有 81 名病人。"在治疗室我们看到一个年轻人在做康复训练，他住在附近，车祸中双腿受伤，因为这里有多余的治疗能力，所以他虽不是老人，也可以来接受治疗。他在治疗室里骑自行车健身器，医生握着秒表在旁边给他计算时间速度；后来他又去做走路的训练，医生不断地纠正着他走路的姿势。美国人看后很感叹，他们说这种骑

这是哈瓦那的一个社区综合诊所,外表破旧但里面人力资源先进,这是古巴取得出色的社会医疗效果的重要原因

车走路的训练在美国往往是让病人在家自己做，但很多病人有惰性，没人监督就不按要求去做，结果错过了康复的窗口时间，留下了后患。

美国虽然在高端医疗方面有很先进的技术，但在初级卫生保健方面资源不足，这使得美国常会发生小病不治、酿成大病的问题。譬如曾经发生过一起"虫牙成脑感染"事件，一个男孩患了龋齿，因保险不佳没有得到治疗，后来这个龋齿脓肿的细菌感染了脑部，送到急诊室，医院给他动了两次脑部手术，使用了昂贵的药物和设备，总共花费了25万美元，但回天乏术。小病变大病是造成美国医疗成本高涨的重要原因，市场化的初级医疗机构为了保险公司的利润拒治轻症患者，而医院急诊室出于人道主义必须救治危重病人，结果是几十美元可以治好的小病，最后付出25万美元也治不好。

古巴人力资源充沛的医疗体制和美国形成鲜明对比，古巴的医院房屋破旧，缺乏先进设备，很多人会觉得古巴的医院就像是中国的乡镇医院。不过正是这些"乡镇医院"，却取得了比美国的"三甲医院"更好的社会保健成果，古巴的预期寿命、婴儿和儿童死亡率等指数都比美国优异。古巴能够取得如此成果的一个重要原因，就是它充沛的医疗人力资源。在古巴设备欠缺的医院中，人力资源极其丰富，这使得古巴能够在大量的小病上下功夫，能够在更大量的未病者身上作预防。这种"人海战术"是古巴取得低成本、高效益的重要原因，古巴的人均医疗成本不到美国的5%，但很多项健康指数却比美国好。

第三个亮点是通过医务人力资本赚取"硬通货"、提升"软实力"。

医务人力资源赚硬通货主要通过两种途径，第一种是古巴医生到外国提供医疗服务。根据古巴政府的报告，2015年古巴有3.7万名医务工作者在77个国家进行医疗服务，主要是在拉丁美洲国家。政府获得了80亿美

第七章 古巴：正统的道路，非正统的反常规结果

元的收入。[①] 古巴历来倡导医生要去缺医少药的地区服务，这个原则也贯彻在对外服务方面。2013年有4000名古巴医务人员在巴西的缺医少药地区服务，创汇2.7亿美元。古巴有2万名医生在委内瑞拉服务，都是在贫困农村、城市贫民窟等当地医生不愿意去服务而严重缺医少药的地区，因此深受欢迎。这项出口使古巴获得了大量廉价的委内瑞拉石油，1990年代那种汽油短缺、营养不良的现象，我在古巴时已经完全看不到了。由于古巴的医生出口数量连年增加，医疗出口带来的外贸收入增加很快，缓解了因农产品进口增加而造成的贸易赤字问题。2003年古巴出口的医生只是5000名，政府大力推动医疗出口项目之后，2005年增加到2.5万名[②]，2015年更是至3.7万名，是2003年的7倍多。

赚取硬通货的第二种途径是国际旅游医疗，吸引外国人来古巴治疗。近年来古巴建立了一些专为外国患者治疗的医院，给古巴带来了丰厚的硬通货收入。在这些外宾医院就医的患者，既有来自发展中国家的，也有来自发达国家的。加拿大患者占很大数量，虽然加拿大医疗水平高又有全民医保，但有些治疗项目需要自费，到古巴治疗这些需自费的疾病，性价比有很大的吸引力。加拿大已经发展出不少专门作古巴旅游医疗的公司，主要的治疗项目是康复理疗、眼科疾病、牙科疾病、戒毒戒酒等。美国在奥巴马任内和古巴的关系有很大的改善，一些美国公司已跃跃欲试筹备古巴旅游医疗，他们预测美国人去古巴作旅游医疗将是巨大的商机，因为和加拿大相比，美国的医疗价格更高、医保覆盖面更差，而且美国离古巴更近。特朗普上台后，美国和古巴的关系逆转恶化，旅游医疗暂时无法开

---

① 根据美国媒体福布斯的报道，参阅 https：//www.forbes.com/sites/billfrist/2015/06/08/cubas-most-valuable-export-its-healthcare-expertise/#2658f9f4195e，2020.8.21。
② De Vos et al (2008)，"Cuba's health system: Challenges ahead"，*Health Policy and Planning*，23 (4)，pp. 288-290.

展。不过，如果以后美国和古巴的关系再度好转，美国人的旅游医疗将给古巴增加巨大的市场外汇收入。

除了硬通货，医务出口还赚来了软实力，古巴向六七十个国家派出了医生，并非全都去赚外汇，很多是去帮助解决缺医少药的问题，这种付出为古巴外交带来了很大好处，譬如有几个拉丁美洲国家，以前紧跟美国，和古巴关系恶劣，自从接受了古巴的医疗服务之后，与古巴的关系有所改善。医务外交帮助古巴重塑国际形象，从"输出红色革命"到"输出白色保健"。

由于大量医生出口，古巴目前国内的医疗机构不像以前那样人力资源充沛了，不少家庭医生出国服务，他们在社区的诊所只能由护士顶班。为了解决这个问题，古巴的医学院大力扩招，家庭医生的培训已经增加了42%，要尽快"生产"出更多的医务人员。当世界经济不景气的时候，别的国家的出口产品面临外需下降的压力，但是对古巴特殊出口的需求却保持旺盛，古巴必须加紧"生产"。目前古巴面临的国际竞争对手极少，因为这种特殊出口产品的生产能力是需要长期积累才能形成的，古巴通过50多年的努力构建了这种能力。

第四个亮点是医务人力资源促进了制药业发展。

古巴的医与药之间的关系不是"以药养医"，而是"以医促药"。人力资源充沛的医疗制度为研制药物提供了资料库和试验基地。在家庭医生的制度中，家庭医生为病人建立了完整的健康档案，这些资料汇入社区综合诊所的资料库，再和全国的系统连接，研发机构可以很方便地使用这些资料。病人自己的历史、家族成员的相关因素、社区环境的状况……都在资料库里。当药物研发出来要进行临床试验的时候，由于家庭医生和病人之间的熟识关系，很容易得到病人的知情配合，家庭医生还可以近距离地观察病人的各种反应，作出专业化的记录，这为药物的研发起了很大的促

第七章 古巴：正统的道路，非正统的反常规结果

进作用。

强调预防的医疗体制推动了预防性药物的研发。疫苗是预防性药物，古巴的疫苗研发已达到国际领先水平。古巴获得了很多国际专利，其中有相当数量的专利是欧美等发达国家颁发的。虽然美国对古巴实行严格禁运，但对古巴特殊的"好药"竟也网开一面，譬如特别批准在美国临床试用古巴的脑膜炎疫苗、刺激免疫系统抗肺癌细胞疫苗等等。[①] 古巴研发的疫苗，有预防型，也有治疗型，用疫苗来治疗已发生的病症。近年古巴研发出一种疫苗，成为目前唯一可有效对抗糖尿病脚溃疡的药物。古巴在制药业取得的成果，受到西方同行的重视，当美古关系在奥巴马时代缓和时，很多美国的医药机构去古巴寻求合作。

制药业现在已经发展成为古巴的龙头产业，自2005年起古巴的药物出口超越了蔗糖和烟草等传统出口产品。[②] 不过在向国际市场推销产品方面，古巴还很力不从心。在古巴国内，制药业发展的原则是"讲合作、不讲竞争"，各省的研发机构之间不搞竞争，而是在统一的发展战略指导下互相合作，因此他们对专利等等的概念非常淡薄。这样的发展战略显然不适用于国际市场，古巴也意识到这个问题，正派人去资本主义国家的商学院学习，希望能学来国际市场竞争的经验。

启发深思：市场 vs 科学

古巴医疗体制正受到越来越多的重视，联合国世界卫生组织一个网站

[①] 参阅 https://www.ineteconomics.org/perspectives/blog/how-cuba-became-a-biopharma-juggernaut, 2020.8.21。

[②] Javier Santiso and Jeff Dayton-Johnson, *The Oxford Handbook of Latin American Political Economy*, Oxford: Oxford University Press, 2012, p.173.

的首页，用的就是哈瓦那社区综合诊所的照片，英国、荷兰等欧洲发达国家也派人去古巴考察，甚至还邀请古巴人员来本国帮助改进医疗制度。不过很多人也认识到，古巴模式难以复制，因为这个模式是和古巴的整体社会体制的"国情"密切相关的，譬如强大的社区组织、计划性的医学教育、非市场化的医疗资源配置等等。和古巴的社会体制接近的国家，比较容易学习古巴的经验。

从古巴经验来看，取得低成本、高效益的关键是通过大量人力资本的投入来建立全面的初级卫生保健网。古巴把大量的资源用于培养医务人员，这种资源的配置，不是依据市场信号，而是从科学的角度来确定人的医疗需求。医疗需求是很特殊的，异于其他一般消费品的需求。造成这种特殊性的原因主要有三个。

第一，生病兼有不可预测性和急需性，人不知道自己什么时候会生病，一旦生病却需要马上医治，而医疗服务的供给又具有长周期性，如果等人生了病向市场发出需求信号，再去培养医生是根本来不及的，这不像需求许多其他的消费品，既可以预知，也可以等待。古巴是用科学的预测和计划，来应对这个问题的。

第二，预防需求具有知识性、反惰性、前瞻性的特点，人首先需要掌握了相关的卫生知识，才可以产生预防性需求；其次，人需要反惰性，才会身体力行那些"辛苦"的预防需求；人还需要有前瞻的理性，才会把钱用在预防方面而不是去及时行乐。好的预防制度是应该能够针对这些特点的，古巴的医疗体制就是如此：家庭医生普及预防知识，甚至在知识还未被所有人掌握之前就安排预防措施，这就解决了知识性的问题；诊所近在家边，家庭医生出诊家访，又解决了惰性问题；免费医疗更使缺乏前瞻性的病人不会因金钱考虑而不做预防。

第三，收入与疾病具有不对称性，人在中青年时收入多、生病少，人

第七章 古巴：正统的道路，非正统的反常规结果

在老年时收入少、生病多，健康的人收入多，生病的人收入少。这种不对称，使得医疗需求在市场上会被收入压抑扭曲。

针对这种需求的特殊性，古巴采用了以科学为导向的、而不是以市场为导向的医疗供给制度。古巴是根据人口、年龄等数据，以及卫生保健的科学理论来测算医疗服务的需求，把被扭曲和压抑的需求重新显现出来，再根据这种需求来培养医生，建立医院，实行供给。

古巴的医疗体制在供给国内的医疗服务方面有独创的建树，取得了低成本、高效益的效果。在外贸方面，古巴医疗也有独创性的贡献，这种贡献具有特殊的启发性，很值得深思。古巴的医疗体制带动了医疗旅游业和生化医药业，这些产业都具有外贸的性质。世界上很多发展中国家也有利用外贸带动经济发展的经验，不过，古巴的外贸出口经验，却与绝大多数发展中国家有三点不同。

第一，根据贸易理论，具有相对优势的产业才有竞争性。发展中国家的相对优势往往是自然资源和低端廉价劳动力，古巴的医药产业并非自然资源，其相对优势的医务劳动力是廉价的，但却是高端的。古巴这种相对优势不是自然禀赋的，而是通过政府计划营造出来的。

第二，"出口导向"是许多国家的发展战略，它们出口产业的产能是靠外需拉动发展起来的，古巴的医疗产能却是靠内需打造出来的，而且这内需还不是国内市场的内需，而是科学计划出来的内需。

第三，一般发展中国家最初的出口产业附加值都比较低，需要经过产业结构转型，才能逐渐增加附加值。古巴的医疗和医药产业都是高附加值产业，其附加值不仅含金量高，还含有软实力，这在其他发展中国家极为罕见。

英美和东亚数国都利用外贸，使自己先后成为"世界工厂"；古巴却利用外贸，使自己成为"世界医院"。英美现在已升级作了"世界学校"，

古巴正在作"世界医学院",古巴的医学院招收了大量的外国学生,其中不少美国学生,传播着古巴的软实力。由此可见古巴的道路何其与众不同。

古巴的经验有违常规,有违市场规律,它是在市场失灵的领域中开拓的一个非常空间。在市场崇拜的大潮中,这个领域被误解、被忽视,使得古巴可以独领风骚。古巴在其他领域也许有不少失误,但在这个特殊领域却给世界提供了独特的启示。透视古巴的经验,人们也许会反省:是人人拥有"普及版"的私人保健医生重要?还是人人拥有豪华名车重要?医院有空位而无须等候是浪费吗?那衣服买回家穿几次就不再穿不是浪费吗?哪种浪费更有害于环境、资源、未来发展?社会中有大量医生好?还是有大量制造业工人好?什么产业能够产生健康的、可持续的高附加值?……

古巴独特的道路选择使人们深思这些问题。

第八章　朝鲜：主体思想的独特道路

超常压力下的苦难行军/食品供应和住房水准/医疗卫生和教育状况/主体哲学的治理特色/朝鲜未来道路的选择

超常压力下的苦难行军

1990年代当大多数社会主义国家在"历史终结"的神话中改旗易帜的时候，少数国家坚持了社会主义道路。由于地缘和历史原因，其中有些国家因此遭受了空前的压力，古巴和朝鲜是突出的例子，而二者之中，朝鲜经历的苦难又比古巴更为惨烈。

在1990年代之前，朝鲜的经济深深嵌入了苏联主导的经互会体系，它的产品出口给其他经互会国家，它所需要的石油以及很多工农业产品从经互会进口。这些进出口产品的价格都不是国际市场价格，而且也不需要用硬通货（譬如美元、黄金）来支付，很多价格都设置得有利于发展水平较低的国家，譬如越南、蒙古、朝鲜等，因此朝鲜受益匪浅。在经互会体系中，苏联给各国提供廉价石油，这对没有石油资源的朝鲜来说极为重要。1990年代苏东剧变，经互会解体了，朝鲜赖以生存的体系忽然消失，很多赖以生存的产品突然需要按国际市场价格用硬通货支付，没有硬通货就没有了供给。

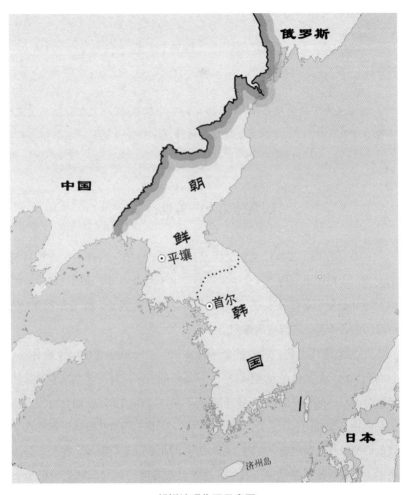

朝鲜地理位置示意图

第八章　朝鲜：主体思想的独特道路

在当时朝鲜的经济结构中，很多发电厂依赖燃油能源，铁路系统使用电能和柴油，许多化学工业需要石油作原料。当朝鲜无力支付硬通货进口石油之后，很多工业部门都不得不减产停产。电力工业减产尤为严峻，造成全国普遍长时间停电。从当时国际监测卫星拍摄到的照片来看，朝鲜周边的韩国、中国、俄罗斯都有光亮，朝鲜则像一个巨大的黑洞。停电不仅影响居民的日常生活，而且造成需用电力的工厂、矿山大量减产。那些需要石油作原料的工厂，譬如化肥厂、农药厂，更是完全停产。当时的铁路系统既缺电能又缺柴油，运输能力大大降低。中国在苏联停止对朝鲜经援后曾经给予朝鲜很多援助，但1994年中国粮食歉收后也大大减少了援助，使朝鲜几乎断绝了和外界的经济联系。

正当朝鲜在经济上遭受严酷打击的时候，在外交和政治方面也接连受到致命打击。1990年前后，苏东社会主义国家都纷纷和韩国建立了外交关系，中国也在1992年和韩国正式建交。朝鲜倍感孤立，外交压力空前加大。

此时一个更为致命的政治打击又来临了，1994年领袖金日成逝世，在朝鲜的政治体制架构中，领袖担当着顶梁柱的角色，当经济外交危难之际最需要领袖的时候，顶梁柱却倒了。

金日成逝世后，祸不单行地又有几个大灾难接踵而至。1995年夏天，史上罕见的暴雨洪水袭击了朝鲜，不仅淹没了无数农田和地下储备粮库，而且很多工厂受淹被损，水电站大坝被冲垮，矿井被山洪毁坏……这给已经受损的电力系统又加了致命的重击，用燃油的发电厂已因石油断供而停产，现在水坝的垮塌使得水电厂也停产了，而煤矿被洪水冲毁又使火电厂缺煤减产，朝鲜电力系统几乎完全瘫痪。电力系统的瘫痪使得铁路交通运输系统也瘫痪了，运输系统的瘫痪又进一步把瘫痪的恶疾传输到更多的角落，造成恶性循环。由于运输系统瘫痪，未受水灾影响的矿井产出的煤，也不能运到火电厂,使电力系统加剧瘫痪;很多抢救工作是依赖电力的,譬如被淹的矿井需要电力抽水,没有电就就无法抢救;各种救灾物资也因运输瘫痪无法运送,灾情于是更为恶化……抢救不能到位,灾情不断加重,如此恶性循环……1995年就在这样的恶性循环中度过。1996年来临后,又一场暴雨洪水袭来了,恶性循环继续着……1997年,暴雨没有再来,但袭来了一场可怕的旱灾。这一连串的打击和灾难,使朝鲜的生产力资源严重受损,无数的工厂、矿井、水坝、基础建设被损毁,很多人在饥馑中死亡(据美国专家的估计有五六十万)。[①]

在灾难不断、资源耗竭的1990年代,朝鲜还面临着国家安全的严峻问题。美国对朝鲜充满敌意,朝鲜需要有所防范,尤其是目睹了冷战后美国在中东波斯湾和巴尔干发动的战争,朝鲜认为自己已别无选择,必须采取先军政策。朝鲜把仅有的资源大量投入军事,使得经济和民生受到空前的挤压。朝鲜政府认为,根据当时的国情,这是必须作出的道路选择,它把这条道路称为"苦难行军"。

朝鲜经历的苦难压力是超常的,大大超出一般国家可以承受的程度。西方根据"正常逻辑"预测,朝鲜政权在如此压力之下必然崩溃,这种预测从1990年代延续到21世纪,但30年来的现实却是,朝鲜没有崩溃,而且在超常压力下走出了一条独特的道路。是什么样的国情使得朝鲜作出如此的道路选择?如此的选择使朝鲜经受了什么"苦难"?苦难之后朝鲜又抵达了什么地方?

关于朝鲜民生的苦难,西方媒体有很多耸人听闻的报道,正是基于这

---

① 关于朝鲜在饥馑中的死亡人数有多种说法,根据美国人口调查局研究人员的估计是50万至60万,参看 Daniel Goodkind, Loraine West, Peter Johnson: "A Reassessment of Mortality in North Korea, 1993-2008", Paper to be presented at the annual meeting of the Population Association of America March 31 - April 2, 2011. Washington, D. C.。

农村乡间路上晒满了粮食

样的报道，很多人认为朝鲜一定会崩溃。朝鲜的民生水平究竟如何呢？关于朝鲜的客观资料极为稀少，要想获得客观、全面、准确的资料来评价朝鲜的民生状况是很困难的。我于2010年在朝鲜作过考察，虽然考察受到很多限制，但还是能够获得第一手的现场观察资料。这些资料可能不全面，但观察到的现象确是客观存在的。下面我将根据实地观察到的情况，从食品、住房、医疗、教育这四个方面分析朝鲜的民生状况，以及朝鲜处理这些民生问题时使用的治理方法。通过这些分析，可以看到朝鲜选择道路的原因及后果，以及朝鲜道路展示的极不寻常的经验和教训。

食品供应和住房水准

饮食水平是评价民生状况时首先要关注的问题，因为"食"是生活的最基本需要。由于1990年代朝鲜发生过大饥馑，西方媒体中一直充斥着朝鲜食品严重匮乏的大量报道，很多人的印象是朝鲜目前仍然食品短缺、营养不良。我2010年访问了平壤、元山、开城三个城市，也造访了附近的农村，没有看到食品匮乏的饥馑现象。一般商店中都有足够的食品，但品种比较单调，不像中国商店里那样五花八门。在这三个城市之间，我乘汽车经过很多乡村，经常看到路边晒着粮食，大片大片，大堆大堆。

据朝鲜翻译的介绍，城市居民应该可以得到每天700克（1.4斤）的配给粮食，但这个数字会根据每年的粮食收获情况作出一些调整，歉收年份的配给粮食会减少。除了配给的粮食之外，人们还可以在商店购买"高价"食品。我在平壤看到街边食亭出售的"高价"点心，60盾500克。当时平壤小商店、小饭馆的服务员月薪是3000盾（他们的工资属于低端），每月工资可买50斤"高价"点心。中国在1980年代的时候，低收

在朝鲜食品商店中,货物虽不丰盛,但也不显"饥馑"

入者月薪可以购买的较好点心还不到 50 斤，① 按照如此的比较，2010 年朝鲜城市居民的饮食状况应该是优于中国 1980 年代的，当然，比 21 世纪的中国要差得多，这从丢弃食品的行为中可以观察到，在朝鲜饭馆看到有人剩弃饭菜，但所剩无几，不像在中国常能看到一盘菜只吃两口就倒掉的现象。

朝鲜农村居民不享受政府配给的食品，要依靠自己所属合作社的种植产出。我在农村访问合作社时询问了相关情况，那个合作社上一年生产了 6500 吨粮食，其中 1000 吨留给合作社自行使用和消费（该合作社约有 1000 名社员），其余的按政府的定价卖给国家。政府对合作社的生产有计划性指导，但也留有灵活的余地，譬如政府规定合作社种植谷类作物，合作社可自己决定具体的谷类品种（如稻、麦、玉米等等），但不可以种植非谷类的作物（如烟草等）。合作社是集体所有制，不是国有制。合作社拥有土地的所有权，政府如果因修建公路要占用合作社的土地，需要出钱向合作社购买。合作社的生产资金主要有三个来源：自己的积累、银行的有息贷款、政府的无息贷款。朝鲜合作社体制中的个人、集体、国家间关系近年来有所调整，据美国的朝鲜问题专家介绍，目前朝鲜开始实行三三制，合作社的集体生产收获分成三等份，分别给国家、集体和个人。个人所得的部分可以拿到自由集市上出售，据说集市经济近来发展很快，但我没有机会参观集市。

朝鲜的改革是非常缓进的，我和朝鲜人讨论过这个问题，他们认为缓进可以避免陷阱，并认为中国的改革进行得太快，因此造成污染、腐败等情况。他们对私有化持否定的态度，更为主张用"多劳多得"的分配方法

---

① 1980 年代前期，中国城市低收入者月薪约 30—40 元左右，较好点心的价格每斤约 1 元左右。

第八章　朝鲜：主体思想的独特道路

来改进"大锅饭"造成的低效问题。

住房水平是评价朝鲜民生状况时另一个需要关注的问题。在平壤可以看到建筑水平参差不齐的楼群，这种差异源于不同的建设年代，从朝鲜战争结束后的 1950 年代，到经互会解体前的 1980 年代，建筑水平在不断地提高。在 2010 年的平壤，我看到 1980 年代的建筑往往是最漂亮、最先进的，我也听到不少朝鲜人赞叹 1980 年代的生活，他们觉得在经互会的体制中，朝鲜的经济有很好的发展，民生有很好的改善。1990 年代和 21 世纪初，朝鲜住房建设停顿，看不到那时建造的楼宇。到了 2010 年，又可以看到有新楼宇建造起来，其外观比 1980 年代的更为漂亮。据 2010 年后访问过朝鲜的美国学者称，平壤近年来住宅建设的速度非常快，大批新楼群不断涌现，经常访问朝鲜的学者还说，每次去平壤都会感到平壤市容与前一次不同，不断改进。近来引起大量报道的平壤"未来科学家大道"，是 2011 年开始建设的，建成了很多相当高级的住宅楼宇，许多科学家免费居住在里面。

据我的翻译介绍，朝鲜城市居民都可以得到免费的住房，当然住房的质量有高低差异。朝鲜的住房不是由工作单位分配的，而是由地方的人民委员会负责分派，这是不同于其他很多社会主义国家的住房分配方法。朝鲜使用这种方法是为了减少不平等，因为各工作单位的收入和财政状况差别很大，有些大工矿企业的财政状况要比小商店、小饭馆的好得多，这种差别已经反映在员工的收入上，譬如富裕矿区的矿工收入有的要比小商店低工资的职工高出三四十倍。如果住房也由工作单位负责，富裕的大工矿企业能够建很好的房子，贫穷的小商店就只能够造很差的房子，这会使生活水平的差距更大。为了避免住房造成的过度不平等，因此由政府建房，让居民向地方人民委员会申请住房。地方人民委员会在分配房屋时，衡量

这是一个富村，村里房子全都一样。在朝鲜农村，村中房屋全都一样，但不同村的房屋会有差别，有穷村有富村

农民家厨房里使用大炉灶,锅下面烧着蜂窝煤,这种灶适合烹饪朝鲜的传统食物

农民家中非常老式的缝纫机

农民家中的电器都是较老式的

原则主要是申请者对社会的贡献以及他的家庭成员数量，贡献大、成员多的人家能够得到较大较好的房子。譬如科学家是被认为贡献大的，所以他们能够优先得到好房子。地方的人民委员会有一名主席和二三十名委员，每五年选举一次，没有任期限制。能够当选的人往往和政府部门有很好的人脉关系，他们利用人脉可以为地方得到资源，譬如能够争取到在本地区修建好房子、改进交通道路状况等等，因此能够得到当地民众的拥护。

我问过翻译，如果某个地区修建了好房子，是否会有其他地区的很多人过来申请。他笑了，说提这样的问题是不了解朝鲜人的心态，朝鲜人对自己社区的依附感非常强，不会为了好一点儿的房子而离开社区里的亲密朋友、去住进一个不熟悉的环境中。他认为，在美国，以及中国在改革和经济快速发展之后，社区解体了，人们对社区的依附感淡化、消失，所以很难理解朝鲜人的这种心理状态。

朝鲜农村居民的住房状况与所属合作社的经营状况直接相关，同一村中的房子几乎一模一样，一排排整齐划一，不同村的房屋会有差别，从房屋外表就可看到有的村较富，有的村较穷。在一个较富裕的村子，我有机会造访了几户人家，他们住的都是形状相同的白墙蓝顶平房，居住面积大约八九十平方米，里面有两三间屋子，家具不多，家电有电视、电唱机、冰箱、洗衣机等，还有缝纫机，都是老旧款式的。厨房和卫生间里有比较现代的设备，譬如电饭锅。炉灶是现代和传统的结合，表面贴了现代的瓷砖，形状是传统的大灶，上面有几个圆形盖子，掀起盖子一看，下面是锅状凹坑，烧着蜂窝煤，这种灶适合烹饪朝鲜的传统食物。他们的房顶上都装置了太阳能电池板，可以提供热水。

从我观察到的朝鲜城市和农村的住房情况来看，他们的住房水平虽然不高，但也不贫穷。

医疗卫生和教育状况

医疗状况也是民生评价的重要内容。在朝鲜的初级医疗卫生体制中，家庭医生扮演了重要角色，但我没有机会去实地考察，我只是考察了医院。关于家庭医生的情况，主要是我的翻译介绍他自己的家庭医生的个案。他的家庭医生住在他家附近，每周来家访一次，询问家中各位成员的健康问题，进行一些医疗服务，这位医生负责照顾很多户人家。

我有机会考察了两个医院：一个是平壤妇产医院，另一个是朝鲜传统医学的研究医院。

这个妇产医院有1500张病床，800名医生和管理人员，500名护士，是个大型医院。我参观了早产儿病房，那里的设施相当好。我也参观了普通妇产病房，是双人房附带卫生间，里面住着两名产妇和她们的小婴儿，这些病房表面看来和美国的相似。医院中有许多治疗室、检查室，里面有各种各样的仪器设备，有病人在接受治疗和检查，可惜我医学知识欠佳，无法评价其是否先进。较熟悉的是牙科治疗室，里面设备还不错，看到大腹便便的孕妇正在接受治疗。住院的病人并不都是平壤市内居民，我看到几位病人皮肤黑红粗糙，像是农民，不像平壤城里的妇女。医院里还有单人病房，据说条件更好，但不能去参观，因为那里的病人都是病情复杂甚至危重的。

在传统医学研究医院，我参观了实验室和治疗室，治疗室里的病人正在使用一种新研发的药物。这种药物加热后放在穴位上，然后进行针灸或拔火罐，说是能够增强疗效。据介绍，传统药物在朝鲜被广泛使用，从用药比例来看，大约40%是传统药，60%是西药，这样的比例反映了朝鲜对

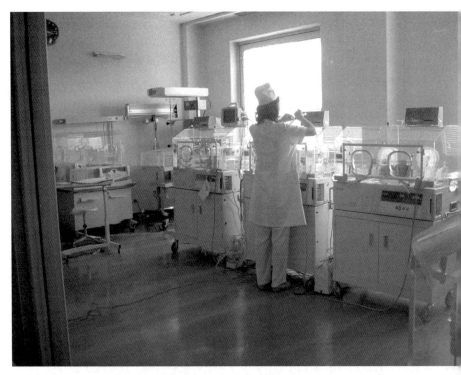

平壤妇产医院中的早产儿病房

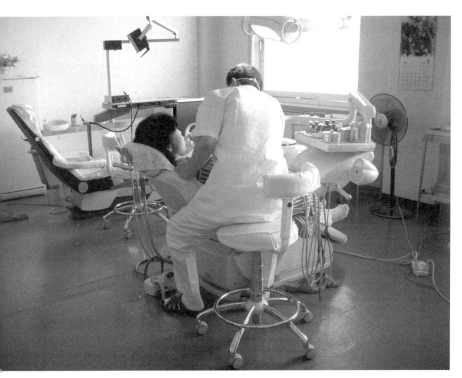

妇产医院中的一位孕妇在接受牙科治疗

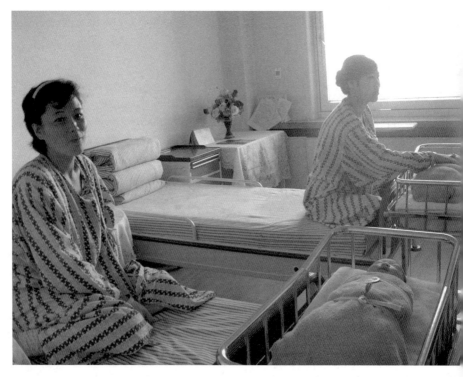

这是妇产医院中的产妇病房,产妇和她们的新生婴儿在一起

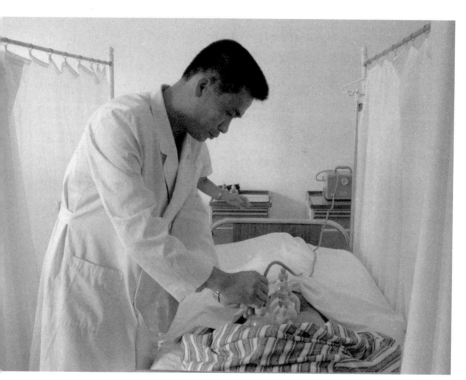

在朝鲜的传统医学医院,医生用传统疗法治疗病人

传统医药的重视。2019年1月金正恩访问中国时特别参观了北京同仁堂的制药厂，也反映出他对传统药物的重视。

在经互会解体之前，朝鲜建立了相当好的福利医疗卫生系统，有大量的医生，都是受过7年医学院教育和3年实习训练的，初级卫生网覆盖全面。1990年代的剧变和灾害沉重打击了朝鲜的医疗体系，以前从经互会进口的药物和设备供应都被切断了，医疗物资严重缺乏，医院和药厂又受到暴雨洪水的损毁，医疗能力大为下降。由于朝鲜需要实行先军政策，没有很多资源拨给医疗，因此医疗体系的恢复相当缓慢。从朝鲜的预期寿命和5岁以下儿童死亡率的数据就可以看到这二三十年来的起伏变化。预期寿命在1990年是69.9岁（中国是69.1岁），在1998年跌到64.5岁（中国是70.7岁），在2010年再上升至69.6岁（中国是74.4岁）；5岁以下儿童死亡率（每千名）在1990年是43名（中国是54名），在1997年上升到76名（中国是44名），在2010年又下降至30名（中国是16名）。① 可见，这二三十年的状况是，朝鲜的健康水平曾经优于中国，但在1990年代急剧恶化，后来才有所恢复，不过预期寿命2010年还没有恢复到1990年的水平，直到2011年才终于恢复，后来还有缓慢的上升。

目前，朝鲜的卫生状况和医疗体制受到了联合国世界卫生组织的赞扬。2010年世卫组织的负责人考察了朝鲜，其结论是：多数发展中国家会羡慕朝鲜的医疗卫生体制，因为朝鲜有足够数量的医务人员，使其能够提供全面的医疗保健，一个家庭医生负责照顾130个家庭。②

---

① 世界银行数据。参阅 https://data.worldbank.org/indicator/SP.DYN.LE00.IN 和 https://data.worldbank.org/indicator/SH.DYN.MORT，2020.8.21。
② Margaret Chan, Director General of the U.N.'s World Health Organization。参阅 http://www.reuters.com/article/us-korea-north-idUSTRE63T3TW20100430，2020.8.21。

教育状况是民生评价的另一项重要内容。朝鲜投入教育的资源是相当巨大的，不仅投入了各类学校，而且投入了相关领域，譬如课余教育的少年宫、野外教育的营地活动、成人继续教育、图书馆等等。朝鲜实行11年免费义务教育，幼儿园1年，小学4年，中学6年；中学毕业后有大约20%—30%的人能够进入大学。

除了正规的学校教育，学生的课外活动非常丰富，这些活动主要是通过学校和少年宫组织的，有各种各样的兴趣小组，音乐、体育、美术、文学、科学、讲演、速读……这些小组有不同的等级，学校组织的是最低等的，高一级是区组织的，再高是市组织的，最高是国家级的。学生往往是先参加学校的兴趣小组，表现出才华就被选拔送入高一级的小组，能够进入国家级少年宫的学生，水平都非常高。平壤少年宫是最高级的，那些小孩表演的音乐舞蹈节目让我们这些外国观众赞叹不已。

朝鲜学生参与的另一项重要的课外活动是夏令营式的营地活动，每个学生在他们11年的学生生涯中，会有三次机会参与这样的活动。这种活动的一个重要目的是让学生可以接触全国不同地区的孩子们，扩大交往视野。活动营地多数在海滨、山野等地方，参与的学生来自全国各地，都是整个班级一起来的。活动内容有爬山、游泳、采集标本、文艺表演等等，让孩子们暂停繁忙的书本学习来放松一下，以便未来能够学习得更好。活动在4月至10月期间举行，营期10天。我参观了元山的一个营地，那天正好是孩子们刚刚入住的日子，一群群的孩子从多辆大客车上下来，背着大背包。当看到我们这些外国参观者时，女孩子害羞拘谨，远远向我们羞涩地张望；男孩子则活泼调皮，有的作鬼脸，有的跑过来和我们合影。那里的设施水平相当不错，宿舍很宽大，6人一间，房间里有电视和冰箱，每间都附有浴室卫生间。翻译说，这个营地的设施水平是比较高的，其他很多营地的物质条件没有这么好，不过，活动内容都和这里差不多。

元山市的夏令营的女孩们很羞涩拘谨,男孩比较大方,还过来和我一起照相

夏令营的学生宿舍

在平壤图书馆中,电脑阅览室里面人很多

平壤图书馆中有个很不错的音乐阅览室,但里面的人却很少

朝鲜的成人继续教育相当丰富，在图书馆就可以看到很多成人继续教育的活动。我参观的平壤图书馆的正式名称是"朝鲜人民大学习堂"，强调的是"学习"，而不是"借书"。图书馆里有驻馆教授，遇到不懂的问题可以去请教他们，他们分属不同的专业，可以解答不同专业的问题。图书馆还举办各种学习班，报名就能参加学习，不过每期人数是有限制的，要早报名，先到先得。我看到好几个外语班，英语班的学生正跟着老师在朗读。这个图书馆的藏书有3000多万册，其中60%是外文书。在音乐阅览室里，我看到很多外国音乐作品，有西方古典的，也有美国的流行歌曲。图书馆里有一个电子阅览室，那里的人很多，几十台电脑都被人占用着，那些人学习得很认真，不少人边看边做笔记。而音乐阅览室里的人则很少，只有几个人在用电脑或唱机欣赏音乐。

主体哲学的治理特色

从实地观察到的情况来看，朝鲜在医疗、教育、住房和基本生活必需品方面的水平是不差的，尤其在医疗教育方面是优于很多发展中国家的。不过同时，朝鲜在其他很多消费品供给方面的水平却是低的，商店中的货物品种很单调，人们穿的衣服款式不时髦，男士的衣服几乎千篇一律，街上的汽车不多，绝大部分人都骑自行车，居民的家电用品多数是老旧款式，这是劣于很多发展中国家的。在印度和非洲很多国家的大城市，消费品都要比朝鲜更为琳琅满目，私人汽车也更多。朝鲜这种既"优于"又"劣于"的经济结构，呈现出违反世界常规的现象。

日本的一位著名朝鲜经济问题专家把朝鲜的经济称为是"最贫穷的发

达经济"(the poorest advanced economy)。① 自 1996 年以来,他访问朝鲜达 45 次以上,对朝鲜的经济有相当全面深刻的了解。他之所以用"贫穷"和"发达"这两个矛盾的词汇来描述朝鲜经济,是因为朝鲜一方面在"消费品"方面表现出"贫穷",但在"资本品"(capital goods)方面却又表现为"发达"。他说:"朝鲜构建了相当全面的生产结构,既包括劳动密集的产业,也包括资本密集的产业。他们能够自主地生产各种资本品来使社会运作,譬如铁路运输的机车和车厢、货船、发电厂的涡轮机和发动机、数控车床等,他们还能够生产各种军用产品,从小型武器到弹道导弹和核武器,还有卡车、吉普车、驱逐舰、柴油机等。"自主资本品如此全面的经济是属于发达经济的结构,所以他的结论是:"朝鲜虽然贫穷,但却是发达经济。"

在贫穷的水平上建成发达经济,用极有限的资源给社会提供了住房、医疗、教育和生活基本必需品,为什么朝鲜有如此"反常"的表现?朝鲜是用什么治理方法来完成如此的资源配置?

分析朝鲜的治理方法,可以看到以下几个特色。

一是计划经济,通过计划把资源配置给住房、医疗、教育以及其他生活基本必需品领域,如果是市场配置资源,很多资源是会进入其他消费品领域,而不是医疗教育。朝鲜主要是通过政府预算来进行计划性的资源配置的,政府的预算支出占了国民生产总值(GNP)的绝大部分,譬如在 1980 年代,政府预算支出是 GNP 的 75% 左右②。在西方经济学中,GNP

---

① 这位经济问题专家是 Dr. Mitsuhiro Mimura,参阅 https://www.newcoldwar.org/north-korea-worlds-poorest-advanced-economy-interview-dr-mitsuhiro-mimura/,2020.8.21。
② 参阅 Robert L. Worden (ed), *North Korea: A Country Study* (5th ed), Washington D. C.: Federal Research Division, Library of Congress, 2008。

主要是由三大部分组成：消费（C）、投资（I）、政府支出（G）。① 根据世界银行2016年的数据，以"一般政府最终消费支出"衡量的政府支出占GDP的百分比，世界平均值是17%，中国和美国都是14%，北欧的福利国家比较高，但也只是25%左右，社会主义的古巴相对更高，是32%，都大大低于朝鲜。② 在世界上大多数国家的GDP中，个人消费占很大比例，譬如美国多年来是65%左右，中国近二十年来是40%左右。而在朝鲜的计划经济中，个人消费被大大地压缩，政府的预算支出只把资源配置给住房、基本食品等生活必需品，并不给个人的其他消费留有很多空间，这在朝鲜人的日常生活中可以明显地观察到，他们的非生活必需品消费贫乏，譬如缺少时髦的衣服、没有私家汽车、家电不是五花八门时时更新、食物品种单调……如果是市场经济，个人的消费需求很容易把资源吸引进入这些领域，而使医疗教育领域缺少资源。朝鲜的计划经济压抑了非生活必需品的消费，因而使医疗教育以及其他政府认为需要优先发展的领域能够获得较多的资源。

二是采取灵活务实的方法，而不是固守教条。朝鲜政府发出过很多文件，指示要从现实出发，根据实际情况创造性地解决问题。这种灵活务实的方法，既用在对国有和集体经济的政策方面，也表现在对个体经济的态度方面。在国有和集体经济方面，朝鲜政府给予企业和合作社一定程度的自主权，鼓励这些生产单位采取灵活务实的方法，而不是僵硬地听命于计

---

① GNP是国民生产总值，GDP是国内生产总值，二者的关系是GNP等于GDP加上本国在外国的资本和劳务的收入，再减去外国投在本国的资本和劳务的收入。二者间差距一般不是很大。

② 世界银行数据。北欧各国2016年具体数据如下：丹麦25%，芬兰24%，冰岛23%，挪威24%，瑞典26%。世界银行没有朝鲜的数据，*North Korea: A Country Study* 提供了一些朝鲜数据，参阅上面的注解。世界银行数据参阅 https://data.worldbank.org/indicator/NE.CON.GOVT.ZS，2020.8.21。

划指令，近年来还允许生产企业与政府就计划内容进行谈判，允许企业建议生产原本没有列入计划的产品，日本学者认为这是朝鲜制度的"革命性"改变。① 长久以来，所谓的"计划经济"就是自上而下的指令，现在朝鲜允许下面的生产者参与计划制定、给计划提建议，这是自下而上的计划协调，让自上而下与自下而上相融合。关于灵活务实，朝鲜有相当长的实践经验，早在1960年代，朝鲜在反对官僚主义、反对形式主义的口号下，就大力批评过基层干部不务实的工作作风，鼓励基层要采用灵活务实的方法来刺激生产。在1980年代，朝鲜又在企业独立核算的框架中，给了工业企业更大的自主，允许它们在完成国家计划任务之后可以自主使用劳动力、原材料、设备、资金等。近年来，企业获得的自主权更多更大，它们现在可以自己去做外贸，搞合资企业，吸引非政府的国内投资。在对待个体经济方面，朝鲜政府的态度也是灵活务实的。在国家计划供给的消费品严重不足的情况下，朝鲜允许私人个体提供消费品，譬如自家院子种植的农产品、个体裁缝制作的漂亮衣服。不过，朝鲜不允许个体经济雇用工人，为了使个体经济有规模扩大的空间，朝鲜灵活务实地鼓励"合作"。个体裁缝不能雇用工人，但可以和别人合作，组成缝纫合作社，朝鲜把这样的个体合作称为"社会主义合作"。

三是重视科技人才，高效发挥科技人员在经济发展中的作用。朝鲜利用教育资源培养了很多科技人员，把他们配置到重要的岗位，让他们在经济发展中发挥高效作用。关于朝鲜科技人员的水平及取得的成果，西方专家的研究大量集中在军事科技方面，研究的结论是，朝鲜虽然经受了长达数十年的国际制裁，但是靠自己的力量建立起了坚实的科学基础。一位美国专家经过分析，作出了较为具体的评价："在冶金、机械工程，以及一

---

① 参阅 Dr. Mitsuhiro Mimura 的文章。https：//www.newcoldwar.org/north-korea-worlds-poorest-advanced-economy-interview-dr-mitsuhiro-mimura/，2020.8.21。

定程度上在化学方面，他们（朝鲜）已经相当成熟。"① 对于民用方面的科技状况，西方的研究不多，媒体报道就更少，但通过一些做朝鲜项目的西方人士的叙述，也可窥见一斑。譬如一位在国际机构从事粮食援助的美国人在朝鲜工作了数年，他在报告中谈及朝鲜农业科研体系，他观察到朝鲜科技人员在培育粮食新品种方面进行了大量工作，培育的新品种都是针对克服朝鲜农业自然条件短板的，如土壤状况、气候状况等。这些工作帮助朝鲜改进了农业，使朝鲜能够走出饥馑威胁的阴影。在发挥科技人员作用方面，朝鲜采用了"优待科学家""尊崇科学家"的政策，平壤的"未来科学家大道"是一个突出的例子。科学家不仅能够在物质方面分到好房子、享受到好待遇，而且在精神方面得到了社会的极度敬重，使他们有特殊的尊严感、成就感。朝鲜劳动党的党旗党徽上的标志是镰刀、斧头、毛笔，这是对传统"镰刀-斧头"的共产党标志的"创新"。镰刀-斧头象征的是工农阶级，被定义为是国家的主人；毛笔象征的是知识分子，被朝鲜"创新"地郑重纳入国家主人的高位。朝鲜营造了"科学家至上"的社会氛围，使当科学家成为很多人的"梦想"，大量优秀人才被吸引进入了科技人员的队伍，没有流入其他"赚钱"行业。这些科技人员在朝鲜的经济发展中发挥着重要作用。朝鲜集中有限资源投入了教育，高效培育科技人员，让科技人员在关键节点工作，通过人力资源弥补物质资源的匮乏，以便形成尽量高效的社会产出。

四是使用了"大会战"等典型的"共产主义""集体主义"的方法。譬如，在抢建水电站以克服石油短缺造成的电力问题时，朝鲜动用军队进行大会战；在建设住宅时，不仅动用军队，还组织工人、学生投入大会战，使得大批住宅快速建成。大会战的方法是朝鲜政府动员民众能力的表

---

① 参阅 https：//cn.nytimes.com/asia-pacific/20180108/nkorea-scientists/，2020.8.21。

现，正是凭借这种能力，朝鲜可以集中有限的资源办大事，提高办大事的效率。

五是强调"思想革命"。通过做思想政治工作，使社会形成"千里马精神""万里马精神"，促进建设快速高效，这种方法是朝鲜的"主体哲学"的治理实践体现。

朝鲜的主体思想是其独特的意识形态，突出了人的主体作用，强调"人决定一切"。其所谓能够"决定一切"的人，不是西方哲学所熟悉的个人，而是一种集体本位、集体主义的人，认为人是"以集体主义为其本质要求"，而且人自主性的创造和意识，都"只有以集体主义为基础，才能得到高度的发挥。"①

在论述"人决定一切"的时候，主体哲学并不否认世界的外在物质性，不否认世界具有其本身的运动规律。"世界不是由意识或观念而是由物质构成的，它不是依靠某种超自然的力量而是按照其本身的规律运动、变化和发展的，这早已为唯物辩证法所阐明了。"② 但是主体哲学批评了马克思主义创始人对人的社会规律的"机械"观点。"马克思主义创始人考察世界时，把物质世界的普遍规律引入社会历史领域，不仅把自然界，而且把人和社会都统一于物质。如果不把人看作是具有自主性、创造性和意识性的社会存在，而看作是统一于物质世界的一部分，从而把物质世界的普遍运动规律机械地运用于社会历史，就必然会把社会历史运动看作自然史过程。"③

主体哲学认为人的自主活动可以对社会规律产生影响，因此社会规律与物质世界的规律不完全相同，不过，主体哲学也不是认为人可以任意创

---

① 金正日：《关于主体哲学》，平壤：外文出版社，2002，第118页。
② 同上书，第4页。
③ 同上书，第152页。

造社会规律，只是强调人可以影响社会规律。"一切社会规律都是通过人的活动而起作用的，因此，由于人的活动情况不同，规律所起的作用有时可能顺利，有时可能被遏制或被限制。"[①]为了让"人的活动"能够使规律更好地起作用，就要大力进行"思想革命"，当人的思想意识改变了，人的行为也会改变，由此形成的人的活动就会对社会规律产生不同的影响，能使社会规律所起的作用有所不同。

主体哲学用人的活动对社会规律的影响来解释朝鲜在超常压力下"不崩溃"的反常规表现。朝鲜的话语叙述是：在1990年代"苦难行军"的非常历史时期，西方认为朝鲜一定会崩溃，因为这样的压力加于任何国家都会导致崩溃，后来看到朝鲜没有崩溃，西方就说朝鲜的经验违反了"正常逻辑"；朝鲜之所以能够违反西方逻辑的规律，是因为朝鲜人的主体思想意识决定了朝鲜人的行为，而朝鲜人的行为通过人的活动遏制了这种西方的逻辑规律，同时使社会主义的发展规律能够更好地、更顺利地起作用。"人具有利用客观规律来根据自己的自主要求改造自然和社会的无穷无尽的创造能力。"[②]

主体哲学思想是朝鲜诠释历史、制定治理政策的意识形态框架。在朝鲜政府的治理方法中，可以看到主体思想的明显印记，譬如思想革命、大会战等等，它的先军政策、计划经济，也都是在主体哲学的指导下展开的。主体思想为朝鲜政府的治理提供了指导方针，同时也提供了意识形态的合法性。主体思想是朝鲜国情中的重要元素，指导着它的道路选择。

---

① 金正日：《关于主体哲学》，平壤：外文出版社，2002，第153页。
② 同上书，第115页。

第八章　朝鲜：主体思想的独特道路

朝鲜未来道路的选择

朝鲜的国情使朝鲜选择了苦难行军的道路，建立了超常抗压的严格制度。

因为发展核武器，朝鲜经受了严厉的国际制裁。2017年朝鲜高调对抗美国，让世界震惊，人们不知道朝鲜在这条强硬的道路上将如何走下去，将给朝鲜和世界带来什么。但是转眼间又发生了让世界更为震惊的事情，朝鲜的道路在2018年出现了180度的回旋，朝鲜参加平昌冬奥会，与韩国友好，宣布停止核试验，与美国举行世纪性的首脑会晤，大张旗鼓发展经济，不再"先军"……

朝鲜未来的道路将会是什么呢？

在华盛顿举行的一次朝鲜问题研讨会上，大多数学者都认为，朝鲜开放后会走上类似越南那样的改革道路，因为朝鲜人会看到越南改革开放之后，经济有了快速发展，人民的物质生活水平有了巨大提高。很多学者还认为，当朝鲜人看到韩国人目前的高水平生活，会期望走韩国那样的市场化、民主化道路，让朝鲜变得像韩国那样"幸福"。

但是一位俄罗斯学者却有不同的看法，他在会后对我说，"走西方的道路、让俄罗斯变得像西方一样幸福"，是俄罗斯人在1980年代一厢情愿的想法，但此后的现实却是，俄罗斯不仅没有变得像西方一样幸福，西方还一直要让俄罗斯在国际上做二等公民。根据他在朝鲜的考察，他看到朝鲜人是深刻认识到这个事实的，朝鲜学者曾对他说，韩国人在美国人面前现在是二等公民，朝鲜要是走韩国的道路，以后大概连三等公民都当不上，朝鲜坚持自己独特的道路，现在可以和美国平起平坐地谈判。

俄罗斯学者的话使我想起1990年代在牛津听到的一位斯洛伐克同学

对我讲过的话，那时他认为，斯洛伐克的人口和丹麦差不多，斯洛伐克搞社会主义，结果生活水平比丹麦差得多，如果放弃社会主义而走西方的道路，以后就可以像丹麦那样。我和这位同学毕业后没有联系，不知道他现在的想法如何。但从现实情况来看，在经济上斯洛伐克现在仍然比丹麦贫穷得多，2017年人均GDP斯洛伐克还不及丹麦的三分之一；① 在政治上，斯洛伐克的很多人当前已经从崇尚自由主义转变为崇尚非自由主义，这是在苏东转型国家中近年来出现的一股非自由主义"再转型"潮流。

朝鲜作为一个后发展、后改革、后转型国家，它享有一个优势——吸取前发展、前改革、前转型国家的经验教训。美国国务卿蓬佩奥2018年向朝鲜呼唤，让朝鲜走越南的道路，他说越南取得了惊人的繁荣奇迹，朝鲜也可以复制这个奇迹。

蓬佩奥的奇迹复制呼唤，是从他自己的视角发出的。如果从朝鲜人的视角，对越南奇迹的评价很可能不同。越南的繁荣奇迹的确表现在消费品丰富方面，这是朝鲜人缺乏的；但是，朝鲜人拥有的免费住房、医疗教育福利却又是越南人丧失的……如果更加深入观察探究越南人的精神生活，朝鲜人可以看到，越南人得到了很多个人自由，但是却也丧失了一些美好的东西，自由追求个人利益最大化会使自私的冷酷压倒集体主义的温暖，带来一系列社会新问题：贪污腐败、尔虞我诈、人情疏离、贫富悬殊……

朝鲜人若要学习越南经验，他们会考察到很多值得借鉴、同时也需要警惕的情况，他们会有自己的分析抉择。朝鲜将走什么样的道路，现在还很难预测，尤其近来朝韩关系又出现了一些变数。但可以预测的是，它应该不会像俄罗斯当年那样"一厢情愿"，因为它有了更多的前车之鉴。

---

① 世界银行数据。参阅 https：//data.worldbank.org/indicator/NY.GDP.PCAP.CD，2020.8.21。

第九章 越南：通往自由民主的迷惘之路

奠边府大捷的集体精神遗产/胜利将军在经济建设中碰壁/四巨头退下为"革新"让路/富裕后的革命乌托邦怀旧/政治革新的道路探索

美国国务卿蓬佩奥 2018 年夏天称赞越南取得了惊人的经济奇迹，呼吁朝鲜走越南的道路，越南道路引起很多人的兴趣。越南道路究竟是什么呢？越南是如何一路走过来的？

奠边府大捷的集体精神遗产

越南在 1975 年统一后最初选择的道路，并不是这条被美国人称赞的道路。当时的越南国情，使越南选择了另外的道路。那时越南国情中的一个重要元素是，经过三十年的抗击帝国主义的艰苦斗争，越南取得了小国战胜大国的骄人胜利。那时第三世界被压迫人民都为越南的胜利欢呼，越南人自己欣喜若狂，领导战争胜利的越南共产党充满自豪自信。

回顾三十年的战争，其中有很多令西方军事专家惊呼的奇迹，当年专家们惊呼奇迹时的心情可不是像蓬佩奥那样的"称赞"。那时越南人以这些专家无法想象的爱国主义勇气、集体主义精神，奇迹般克服了专家们认为"不可能克服"的困难，让西方深感惊恐沮丧。奠边府大捷就是这样一个奇迹。

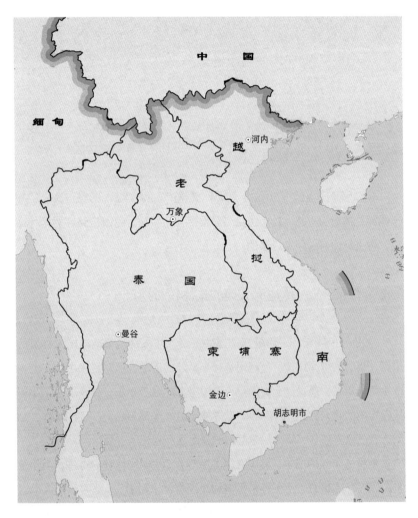

越南地理位置示意图

第九章　越南：通往自由民主的迷惘之路

奠边府在越南西北部的崇山峻岭中，靠近老挝的边界。1953年法国殖民当局在奠边府建立了一个重要的军事据点，修建了大量工事，派驻了万余重兵，打击在附近频繁活动的越共领导的越盟军队。越盟的领导人认识到，利用奠边府的特殊地形，可以在那里打一场颠覆性的歼灭战。①　面对越盟可能的进攻，法军犯了一个致命的判断错误，他们认为越盟根本没有能力把重型大炮运送到奠边府四周的高山上，因此无法对奠边府进行有效的全面攻击。当时越盟得到苏联和中国提供的重型武器，这些装备都是先运到中越边界，再崎岖辗转发送到各地。奠边府远离中国边境，四周又是崇山峻岭，没有合适的道路可以运输重型装备，即便在山间小道上搬运，法军的飞机很容易发现这样的大目标，投下几个炸弹就可以解决问题，法国掌握着制空权。

法国使用的是西方中心的习惯思维，它没有想到中心之外的边缘智慧，没有想到殖民地人民在"人民战争"中众志成城的集体意志。越盟为了运送武器装备，动员了来自全国各根据地的十万人"运输大队"，他们不是士兵，而是爱国的志愿者，其中有大量的妇女。他们中的很多人从越南中部出发，跋山涉水先来到中越边界，背负起军用物资。那些重型武器都被拆卸成零件，化整为零地承载在这支后来被西方惊叹为"蚂蚁大军"的赤裸脊梁上。他们要行军近千里，翻山越岭近一个月，才能到达奠边府。为了躲避法军飞机，他们晚上行军，白天睡在路边的山林里，途中的很多地方还仍是法国占领区，危险重重……"蚂蚁"们就是这样一次又一次翻山越岭，前仆后继义无反顾，终于把重型装备、弹药、汽油以及各种各样的军用物资都运到了决战的战场。

越盟在奠边府周围的山岭中挖了很多地道，重型大炮的零件在那里重

---

①　越南领导人得到了中国军事顾问团的重要帮助。

越南人喜欢在家里挂几代人的照片,通过这些照片可以看到越南历史的变迁。这家人的祖父参加过奠边府战役,父亲参加过抗美战争,他们都得到过勋章,孙辈保存了他们的勋章,但也展示出与父辈不同的生活,从年轻一代的婚纱照就可以感受到巨大的不同

1975年越盟的坦克攻入西贡的总统府，标志着越南完成了统一。现在坦克攻入总统府的照片陈列在博物馆，坦克则陈列在已经更名为"统一宫"的前总统府院子里

新组装。组装完成之后，火力强大的重炮居高临下向奠边府发起了猛烈攻击。奠边府被包围，陷入了孤立无援的绝境，那位评估越盟不可能把重型大炮运来的法军将领①羞愧地在地堡中引爆手榴弹自尽。1954年5月7日，武元甲②下令越盟军队发动总攻，躲在地堡中的法军司令宣布投降。越盟胜利的旗帜在奠边府骄傲地升起，西方军事专家惊叹为"奇迹"。

奠边府大捷只是一个例子，在其后的抗美战争中，还有很多艰苦卓绝的"奇迹"。美国在小小的越南投下的炸弹，竟然比"二战"期间在欧洲投下的炸弹总量的三倍还多，而且炸弹的杀伤力比"二战"更是先进无数倍，但是越南克服了这些西方认为难以逾越的困难艰险，承受了世人难以想象的痛苦牺牲，终于打败了美国。这些奇迹都是在越共领导下创造的，越共领导人因此非常自豪。当他们开始领导战后的经济建设时，不少领导人自信地认为，和平建设要比战争胜利更为容易，甚至有人说：和过去战争中的巨大困难相比，现在面临的问题只不过是"尘芥"。

胜利将军在经济建设中碰壁

1975年战争胜利结束后，越南制订了经济建设的五年计划。这个五年计划使用的发展模式，很像是苏联早期的五年计划使用过的。那是1928年至1941年期间的苏联第一、第二、第三个五年计划③，苏联对农业实行集体化，集中资源强力推行工业化，尤其是优先发展重工业。对消费则极力压缩，把尽量少的资源用于消费，把尽量多的资源用作重工业的投资。

---

① 这位法军将领是 Charles Piroth（1906—1954），炮兵军官。
② 武元甲（Võ Nguyên Giáp）（1911—2013），越南军事领袖，曾担任越南政府副总理、国防部长等职务。
③ 第三个五年计划是1938—1942年，但因1941年纳粹德国入侵苏联，其后计划未能正常执行。

第九章　越南：通往自由民主的迷惘之路

苏联实行计划经济的方法是严酷的，结果是令人震撼的。

按照苏联的官方数据，第一个五年计划期间的年增长率高达20%，西方专家在做了"去水分"处理后估算，第一个和第二个五年计划的十年期间苏联的年增长率是在12%至14%之间。① 苏联经济的高速增长还可以从苏联的工业品生产量在世界总产量中所占的比例方面观察到，"一战"前的1913年苏联工业品生产量只占世界总量的2.6%，1929年（"一五"的第二年）占3.7%，1937年（"二五"完成之年）达到了13.7%。其优先发展的重工业更表现了经济起飞的迅猛快速，在第三个五年计划期间，苏联机械制造已排名世界第二，仅次于美国；电力生产排名世界第三。重工业的成功发展使苏联在"二战"期间有可能生产大量的坦克、飞机、大炮等武器，否则要取得战争胜利将极其困难。

胡志明于1930年代在苏联生活过四年，目睹了这些五年计划的实行。那时世界经济形势的大格局是，西方经历着空前的大萧条——失业、破产、贫困、衰败，而苏联经济高速发展，使苏联从一个欧洲的经济弱国成为世界瞩目的强国。

越共也希望通过五年计划使越南迅速发展成为强国，政府在五年计划中给重工业、轻工业、农业都制定了很高的计划指标。越共领导人对完成这些指标很有信心，他们沉浸在战争胜利的记忆中，认为能够像取得战争胜利一样地取得经济建设的胜利。取得战争胜利依靠了人民群众的集体主义精神，奠边府的蚂蚁大军以西方军事专家想象不到的意志完成了运输任务，抗美战争中的游击战士在狂轰滥炸、疾病饥饿的环境中忘我奋斗，战胜了美国。目前的环境比战争时代好得多，需要完成的经济工作任务也不像奠边府那么难以想象，人民具有为伟大理想而忘我奋斗的集体主义精

---

① 参阅 N·Riasanovsky, *A History of Russia* (3rd ed.), New York：Oxford University Press, 1977年。

神,一定可以顺利完成经济计划的任务。

在最初的五年计划期间,越南政府对大众的消费以"补贴经济"的方式进行资源配置,食品、衣服等基本必需品定量补贴供给。2018年我在越南时听到人们对"补贴经济"的回忆,那时买粮用"粮本",按人口定量供应;汗衫也是定量供应,大家都穿着千篇一律的汗衫;百货商店里满是排队的长龙,甚至要在店外彻夜排队。在"补贴经济"中,人人都拿平均的报酬,干好干坏没区别,人们的劳动积极性很差,生产效率低下。大众在"补贴经济"中的这种行为表现,是五年计划的制订者们始料不及的,他们以为人们会以集体主义的精神来进行经济建设,就像奠边府的蚂蚁大军那样,但人们的经济行为却表现出强烈的个人主义,完全不像蚂蚁大军。

在1976年至1985年期间,越南执行了两个五年计划,结果都非常糟糕,大多数指标都没有完成。在农业方面的生产表现尤为恶劣,粮食产出严重不足,越南不得不大量进口食品。五年计划的挫败触动了越共领导人的思想,他们开始尝试变革,先是小步进行,引进一些市场因素,推出一些以物质刺激为手段的"新经济政策"。在1980年代初,越南发布了承包制的指示,允许农民以个人或劳动组的形式对农产品进行承包,并且颁布了允许把经营自主权下放到工业企业的决定,这些政策使得经济状况有所改善。1985年越南推出了"价格—工资—货币"的市场化政策,这是步子较大的改革,结果造成了巨大震荡,1985年通货膨胀飞速上扬,1986年更是飞升到700%以上。

怎么办呢?市场化究竟有没有错?市场化究竟要怎么搞?小步市场化取得了成果,大步市场化出了乱子,步子的大小究竟应该怎么掌握?市场规律、经济知识、生产管理技巧……要怎样学习和获得呢?

第九章 越南：通往自由民主的迷惘之路

四巨头退下为"革新"让路

那时的越共最高领导人仍然是德高望重的革命战争时期老一代的四巨头：黎笋①、长征②、范文同③、黎德寿④。他们对革命战争富有经验，但对经济建设则感到力不从心。残酷的现实迫使他们深刻反省，他们是信仰马克思主义的，唯物主义的认识论使他们在现实面前正视了自己的错误。他们坚守了使命信仰的初心，消灭私有制是他们的使命，但使越南发展、使人民过上幸福生活是更高的使命。在越南众多的城市中，胡志明市（西贡）的市场化经济改革搞得比较好，那里的领导人是阮文灵⑤，他也是革命战争的一代，但是比四巨头年轻一些。胡志明市的成功使四巨头认识到，市场化的改革是可以行得通的，但是需要领导人具有市场化的新知识，这样的人应该是更年轻的，而不是他们那样的老人。1986年年底越共召开了六大，黎笋已在五个月前去世，余下的三巨头决定退出政治局和中央委员会，另一位军事巨头武元甲也退休了，新一届的中央总书记由阮文灵担任。

越共的六大是大刀阔斧改革的起点，被称为"革新"，这是一个道路

---

① 黎笋（Lê Duẩn）（1907—1986），越南政治人物，曾担任越共中央总书记。
② 长征（Truong Chinh）（1907—1988），越南政治人物，曾担任越共中央总书记。
③ 范文同（Pham Van Dong）（1906—2000），越南政治人物，曾担任越南政府总理。
④ 黎德寿（Le Duc Tho）（1911—1990），越南政治人物，外交家，曾担任越共中央书记处书记、中央组织部长等职务。他负责与美国进行谈判，和基辛格（Kissinger）多次会谈。1973年美国和越南在巴黎签署了停火协议，诺贝尔和平奖委员会因此将和平奖授予他和基辛格，但是他拒绝接受，他说越南并没有真正实现停火和平，南越政府在美国的支持下仍不断地破坏停火协议，只有当越南真正实现了停火与和平，他才接受诺贝尔和平奖。
⑤ 阮文灵（Nguyen Van Linh）（1915—1998），越南政治人物，曾担任越共中央总书记。

选择的转折点。在此后的道路上，市场机制替代了计划指令，个人主义的物质激励替代了集体主义的精神召唤。为了更有效地激起人的生产积极性，承包农产品转为承包土地，有的地方后来索性把土地分给了农民；为了使市场在资源配置中起更大的作用，越南不仅把国有企业的经营自主权下放，而且开放了私有化，鼓励私人企业、私有经济。

这些举措很快收到了成效，1986年后越南的经济持续增长，尤其在1990年代，很多年份的GDP增长率都达到8%，甚至有两年高达9%以上。农业的成功令人赞叹，越南不仅不再需要进口粮食了，还成为出口大国，稻米出口是世界第一，咖啡出口很多年都是世界第二。越南本来并不是一个传统的咖啡生产国，但在革新浪潮的推动下，咖啡业迅猛发展，赶超了传统大国，超过著名的咖啡生产国哥伦比亚，仅次于巴西。

咖啡业的发展帮助很多越南人"脱贫"，由于适于咖啡生长的环境是热带山区，越南这样的山区中有大量的贫困人口。在越南与柬埔寨、老挝交界的地区，在靠近胡志明小道的地区，都是适于种植咖啡的。那些地方在越战中是美军轰炸的重点，遍地弹坑，满目疮痍。就是在这饱受战争创伤的土地上，当年蚂蚁大军的儿女们又以同样的刻苦耐劳，开垦土地，种植咖啡。当然，激励他们刻苦耐劳的不再是奠边府那样的英雄主义、集体主义精神，而是市场理论中所描述的"个人在市场上追求自己的利益"。

我在越南拜访过一户咖啡农，是在南方靠近柬埔寨的山区中，他们是1992年从北方迁徙到这个地区来的。现在他们盖了新房子，虽然不是很高档，但里面有现代化的厨房和卫生间，有冰箱、电视、洗衣机。越南最初的五年计划曾经设想要使每个家庭都能拥有"收音机、电视、冰箱"，但指标完成得很差。而革新改革之后，这些指标却不难实现。

革新之后，越南的实践显示了市场配置资源的成功。越南人在市场上追求个人利益最大化，种稻米、种咖啡、搞私人企业、做私人买卖……结

越南实行革新政策后,人民生活改善很多,农民住房大有改进,以前越战影片中常见的茅竹棚房已看不见,都变成了现代的砖瓦房

这个农民有他家以前的茅竹棚房照片,这竹棚房在 2013 年拆掉了

第九章　越南：通往自由民主的迷惘之路

果的确带来了整个社会的经济繁荣。以前是计划之手配置资源，描画发展宏图，制定各种指标，以为可以快速建成社会主义幸福乐园，结果却是生产下滑、物资匮乏、通货膨胀，反而造成了大量痛苦。现在，人人追求个人利益，让市场的无形之手来配置资源，经济快速发展了，人民生活改善了，大家憧憬着生活将发展得越来越幸福美好。

在憧憬之中，人们也看到了革新带来的一些令人困扰的问题，尤其是贪污腐败。当"追求个人利益"成为社会公认的行为原则时，贪污腐败行为大张旗鼓地登场了，市场中可以获得个人利益的机会又非常多，贪腐现象迅猛发展。越共在1990年代中期已经意识到这个问题的严重性，称其为"贪污腐败危机"。为了应对这个危机，越共采取了许多举措，既有共产党的传统方法，譬如进行思想教育、健全党内监督、加强干部管理等等；也有利用民主体制的新方法，譬如，领导人的财产申报清单在单位公布、政府官员的履职表现和道德作风要接受同级官员的信任投票等等。举措虽多，但贪腐现象却并没有减少。

我2018年在越南时，看到了人们享受着经济发展带来的富裕成果，也听到人们对贪腐的抱怨，深深体验到他们的憧憬以及迷惘。

最抢眼的富裕成果是住宅房屋的改善，尤其令我印象深刻的是农村的房屋。我去了沿海地区的农村，也去了内陆的一些山区，包括少数民族的村落。那些在越战影片中常见的竹棚现在都找不到了，现在绝大多数的房屋是砖瓦结构的，有些达到了别墅级别。在越战著名"遗迹"古芝地道附近，我拜访过一户人家，那房子在美国也称得上是豪宅，他们家拥有一个大农场。在湄公河三角洲，我拜访了另一户人家，他家豪宅的豪华程度让同行的美国朋友大为赞叹，可惜我没有机会询问他家是如何发财致富的。

越南有一位"首富"，登上过《福布斯》杂志富豪榜，他在越南最初的发家生意是做豪华度假村，他认识到那是个商机，外国人会来度假，越

在越南近年大量新建的购物中心里,常可看到衣饰非常新潮的年轻人

南"先富起来"的人也会来,这些人渴望豪华。这位"首富"1960年代末出生于越南的北方,那是越战激烈的年代,他后来成长的年代是战后的和平时期;他曾经到苏联去留学,在乌克兰做过方便面生意,回越南后不做方便面了,而是瞄准"豪华",这是他庞大财富的起点。现在他的生意遍布越南的许多城市、跨了很多行业,其中"豪华"主题的产业占很大的分量,豪华度假村、豪华房地产、豪华商城……以奢侈为标志,以奢侈吸引人。这些豪华成为越南富裕成果中的皇冠明珠。

除了富豪们的皇冠明珠,在城市里还可以看到一般人享受的其他富裕成果,有高档的享乐,有奢华的消费,有迷醉的生活……美国式的大型购物中心近年来在不少越南城市中出现,弥漫着消费主义的享乐快感。当我在里面闲逛时,好像在富裕的美国一样。精美的衣服,豪华的皮包,玲珑的高跟鞋,五彩的化妆品,模特儿姿态诱人,橱窗里灯光炫目……高大的自动扶梯上,人们拎着大包小包上上下下,其中的年轻人穿戴新潮,不少人的头发还染成炫目的颜色。购物中心门外的大街上,霓虹灯的过街拱门一个连一个,从街头到街尾,一眼望不到尽头。这霓虹灯胜景甚至超过美国,灯红酒绿的闪光让人沉醉于物质丰富的幻觉乐园。

富裕后的革命乌托邦怀旧

在享受了这些富裕成果之后,我看到不少越南人没有表现出幸福满足,却显露出迷惘困惑。我遇到一位在胡志明市工作的30多岁的知识女性,她英文很好,又很健谈,我和她进行了深入的交流。她大学是学金融的,毕业后进入国有的大银行工作,负责评核贷款。她在银行工作了十多年后,去年辞职,自己开了一家小民宿。我问她为什么选择开民宿?她说她喜欢旅行,去过东南亚和南亚的不少国家,在旅行时她住民宿,觉得那

越南经济发展富裕后,人们寻找精神寄托。一些人皈依宗教,这些穿着灰布禅服的人是信仰佛教的,常退隐静修

样的生活方式很愉快,所以她决定自己也开个民宿。

当我们更深入交谈之后,她讲到了辞职开民宿的更深层原因。在银行工作了许多年后,她逐渐感觉到,虽然银行工作的收入很稳定很好,但在工作中却难以感受生命的意义,她体验不到真正的精神幸福。在民宿中,她经常可以和来住民宿的朋友交谈这些令她困惑的问题,这些旅行者有不同的生活经历,从不同的角度在思考着幸福。他们扩大了她的视野,还给她介绍了新书新思潮。

她以前很爱看小说,现在她的兴趣转入了心理学和宗教方面。她给我看最近正在读的一本书,那是奥修①的《快乐:幸福来自内心》。奥修是印度哲学家、宗教领袖,倡导冥想的静修方法,主张通过灵性发展和生命觉醒来获得产生自内心的真正幸福。奥修在印度有信众,在欧美也有很多追随者。他在美国搞过一个公社,吸引了很多人去听道,去作静修。不过这个公社和美国政府当局发生过多起法律纠纷,最后他不得不离开美国。他的宗教哲学观点以及行为虽有争议,但他的著作仍有很多人阅读,人们渴望读到真正幸福的启示。

我问她最能使她感受到真正幸福的工作是什么?她说是做一个精神痛苦的"治疗师"(healer)。她说,以前父母总是鼓励子女去学医,做医生不仅收入好,而且能帮助人解除病痛,能够行善积德。她觉得帮助人解除精神痛苦比帮助人解除肉体痛苦更重要,医生只是解除肉体痛苦,精神治疗师是解除精神痛苦。她周围的亲戚朋友,不少人现在都会受到各种各样的精神痛苦困扰,她希望自己能够帮助他们。她喜欢用退隐静修的方法来反省痛苦,来获得内心幸福。在民宿中她常和朋友们一起作禅冥静修,有时还会去寺庙,或者去山中隐居数日,作更深刻的静修。

---

① 奥修(Osho, 1931—1990),印度人,创立了以他为首的宗教组织,但其宗教理论和实践一直被广泛批评,甚至被定性为邪教。

在越南常可看到一些宣传画,里面的人物都穿着老式的革命工农兵服装

第九章 越南：通往自由民主的迷惘之路

她讲到的退隐静修，我在越南看到了不少人在做这类的事情。在很多地方我都看到一些穿着灰布禅服，但蓄发不剃头的人，他们结伴跟随着已经剃度的、穿着棕色袈裟的僧侣。越南朋友告诉我，这些人是佛教徒，但没有出家，他们是跟随僧侣去做退隐静修的，有的是几天，有的是数周，这样的人和这样的活动目前在越南很多，而且越来越多。这些人的简陋灰布土衣，和富裕的时髦服饰形成了强烈的反差。

关于服装，我还看到另一种奇特的现象，那是在宣传海报上。由于是春节期间，越南马路上有很多庆祝春节的海报。这些海报中的人物，穿着像中国雷锋时代的"工农兵服装"。初初看到这些海报，我觉得很别扭很奇怪，现在的越南人，包括工农兵，并不穿这样的衣服，好像时空穿越了半个世纪。我问一位越南朋友，为什么这些画中人物要穿半个世纪前的"工农兵服装"？他告诉我，那些服装代表了一个特殊的时代，象征着那个时代的精神——简朴、奋勇、爱国，现在这些精神消失了，很多人怀旧，喜欢看这样的人物。

后来有人给我讲起 2013 年武元甲葬仪出殡的盛况，数十万人自发涌上街头，含泪向他告别。他说这种盛况出乎很多人的意外，因为现在社会上人们都在追逐浮华虚荣、金钱物质，而武元甲代表的是完全不同的价值，简朴的生活、爱国的勇气、无私的精神，没想到现在会有那么多人悼念他，其中很多是年轻人，这说明人们在怀念武元甲时代的价值。

社会学家鲍曼[①] 2017 年出版了《怀旧的乌托邦》，描述了现代社会中人们的痛苦和由此产生的怀旧情绪。他说，现代化发展给人们构建了现代化生活，在这种生活中浮动着痛苦的旋涡：消费主义带来的道德腐蚀，物质主义带来的精神沦丧，人生价值碎片化的迷茫感，流动不确定的恐惧

[①] 鲍曼（Zygmunt Bauman，1925—2017），当代西方著名社会学家，出生于波兰，长期在英国执教。

照片中的人年轻时参加过抗美战争,曾向一位古巴军事顾问学过吉他,现在他还常弹着吉他唱起战争年代的歌曲

感……这些痛苦使很多人怀旧，想回到旧时代去，因而涌起怀旧乌托邦的情绪。

越南人表现出的怀旧，也很像这种"怀旧的乌托邦"。回想1986年的越共六大，那时发生了道路选择的大转折，武元甲等革命巨头退出了政坛高位，人们渴望告别革命乌托邦，相信告别之后越南将走上一条通向幸福美好生活的道路。但是27年之后，在武元甲的葬仪中，对革命乌托邦的怀旧之情却勃然迸发。

这种迸发是因为在走上转折之路以后，本以为幸福美好生活会来临，但来临的现实却令人迷惘困惑。个人主义、物质主义、消费主义、享乐主义……这些曾经被革命乌托邦压抑的东西被捧上了台面，"追求个人利益最大化"成为金科玉律，大家把全部精力投入了赚钱、消费、享乐，以为会得到幸福。但是当人赚到了金钱、买到了奢侈品、享受了高档消费之后，却发现并没有得到多少真正的幸福感，而且还要承受意想不到的新社会问题：贫富悬殊、贪污腐败、尔虞我诈、人情疏离……①

越南人在革新后产生的迷惘困惑是多方面的，除了经济革新带来的迷惘困惑，还有政治革新引起的迷惘困惑。越南政治革新走过的道路是非常发人深省的。

政治革新的道路探索

越南的革新转型，不仅在经济方面，也在政治方面。越南和中国都是共产党领导的社会主义国家，都进行了市场化的经济改革，在政治方面也都推行了一些改革。

---

① 关于越南社会的详细情况，参阅尹伊文：《幸福与GDP》，北京：生活·读书·新知三联书店，2019年。

越南和中国虽然都是共产党执政，而且都不实行西方的多党竞选执政的制度，但两国的执政情况却是有差别的。在中国，存在着"非共产党"的其他政党，虽然它们不能执政，但"多党"是存在的，中国是"多党存在，一党执政"。在越南，除了共产党，不允许其他政党的存在，越南是"一党独存，一党执政"。这种"一党独存"的政治架构，会使人觉得越南更加"集权"，但是，由于越南共产党的党内权力比较分散，又有人认为越南更加"民主"。

越南共产党内形成的这种权力分散的格局，既有其国情的历史原因，也有其后来的道路选择原因。

越南是一个地形狭长的国家，南北很长，东西很窄。北部的中心是红河三角洲，南部的中心是湄公河三角洲，中部有很多山地。不同的地形以及南北间的巨大间隔，使得不同的地区形成了不同的习俗传统。我在越南时，一位出生成长在湄公河三角洲的南方人告诉我，越南北部、中部、南部的人性格不同。他说，北方人最重视"事业成功"，以前是把考科举当作人生目的，后来又把入党当官当宗旨，现在是把赚钱发财当目标；中部人最刻苦勤劳，干活最能吃苦；南方人比较悠闲放松，愿意自由自在地活着。对于这种区别，他有自己的见解，他认为北方受中国文化影响大，那里的科举考试有近千年的历史，人讲究功名；中部很多人生活在山区，环境艰苦，从小就养成勤劳吃苦的习惯；南方受印度古代文化和佛教的影响比较大，看淡这个世界的功名利禄，不喜欢孜孜以求。他的评论让我想起越南的"首富"，前面介绍过的那位拥有大批豪华产业、荣登《福布斯》富豪榜的亿万富翁，他就是北方人，产业从北方到南方，遍布全国。我又想起在南方毗连地区看到的一些古迹，古印度文化风格非常强烈，与在北方河内见到的中国式建筑的文庙完全不同。

从历史传统来看，越南的国家行政区划长久以来有北、中、南地域之

毗连南方的越南中部美山圣地古迹,是印度教寺庙的遗迹

建国后胡志明住在河内法国总督府大院,但他没住总督府,而是在院中盖了这间竹楼住,他性格中有厚重的谦让元素

分。在被法国殖民统治之前，越南阮朝皇帝把全国分为北圻、中圻、南圻三个部分。法国殖民政府承袭了这种划分，三个部分采用三种不同的统治形式。在抗法斗争中，这三个地方形成了三个共产党：印度支那共产党、印度支那共产主义联盟、安南共产党。1930年在香港，胡志明以共产国际代表的身份，领导了这三党的合并，成立了越南共产党。

胡志明德才兼备，威信极高，在这三个地区，不仅党内人士尊崇他，党外的广大民众也都爱戴他。如果胡志明有"强势领袖"的性格，他可以成为权力集中的领导者，但他的性格并非如此，他性格中有厚重的谦让元素，因此越南共产党在开国领袖时代没有形成权力集中的领导格局。此后的越共领导人，没有人在德才兼备方面、在党内威望方面可以和胡志明相比，因此就更难成为权力集中的领袖。在越共的历史上，黎笋是唯一一位被人评为"强势总书记"的人，他具有"强势领袖"的性格，但是他既没有胡志明的德才和威望，也没有整合党内各派系的能力，因此他没有使党内形成强势领袖的新格局。

黎笋逝世后不久，越共召开了启动革新的六大，阮文灵成为总书记。据说阮文灵最初推动革新政策时，中央部门有人反对，为了获得更多的支持，他给了省级干部很多权力。此后"权力下放"成为趋势，党内的"地方派"人士越来越有势力。随着经济革新的推进，越南和西方的联系日益紧密，当年从南越逃亡到西方的很多越南人回到国内来投资发展，这使得西方关于"民主""选举""参与""分权""制衡""透明"的话语大为流行，成为理想化模式的标志，"分权制衡""选举参与"成为观念潮流。

在如此潮流的影响下，越共推出了一系列政治革新。其中一项重要革新是构建互相制衡的集体领导体制，使参与高层决策的人数增加，2001年越共取消了政治局常委，以中央书记处书记替代他们的工作，政治局常委只有 5 人,而书记处书记则有 10 人以上。基层对中央的影响也有所扩大,自 2001 年越共"九大"以来,党代会的政治报告草案要提前公布,让基层参与讨论,文件起草小组根据搜集到的意见再进行修改。在革新中越南先是形成了"三驾马车"的集体领导制,党总书记、国家主席、政府总理这三驾马车分别拥有不同的权力,互相有所制衡。后来又发展成为"四驾马车",添加了国会主席。

国会是一个实行直接选举的、而且很早就成立的机构,它的第一次选举是在 1946 年举行的,不仅远早于越南统一战争胜利的 1975 年,而且早于根据日内瓦协议在北方成立越盟政府的 1954 年。这个国会是越南在"二战"后的国际复杂形势下的特殊产物。在"二战"之前,越南是法国的殖民地,由法国殖民政府统治。在"二战"期间,法国本土被德国占领,殖民地越南被日本掠去。那时,越共领导成立了越南独立同盟会(越盟),在越南展开了反对殖民统治、争取国家独立的农村游击战争。1945 年,在日本即将投降的 8 月,越盟领导了"八月革命",在全国很多城市发动了起义,越盟领导机构迁入了起义成功的河内。9 月 2 日,胡志明在河内的巴亭广场发表了《独立宣言》。越南的国会就是在这样的背景下成立的。

越南的《独立宣言》引用了美国《独立宣言》中的"人人生而平等"的话语,也引用了法国《人权宣言》中关于"人生来是自由平等"的条文,越盟希望这些话语条文能使美国和法国同意越南独立,但是法国和美国都没有同意。法国派出了大量军队,试图继续统治越南,美国也支持法国的行动。越盟难以抵挡法军的强力进攻,虽然 1946 年举行了国会选举,但 1947 年越盟就被法军赶出了河内。此后越盟进行了八年艰苦的游击战争,终于在 1954 年取得了奠边府大捷。在大捷后的 1954 年日内瓦会谈中,法国已被游击战搞得筋疲力竭,无心再继续统治越南了,它愿意让越南独立。但是参加会议的美国,却从"冷战"的全局考量,不愿意让越盟主导的政府统治越南。经过美、英、苏、中等大国的反复谈判,日内瓦协议最终规定:越南暂时分治,以北纬17度线为界,北方由越盟统治,南方由西贡政府统治;两年之后,越南要举行民主的自由选举,在选举中获胜的一方将统治整个越南。胡志明在整个越南都有极高的威望,如果两年后举行选举,胡志明获胜是没有悬念的。美国认识到这点,为了留有余地,美国没有在日内瓦协议上正式签字。此后,美国派出军队大力支持西贡的反共政府,日内瓦协议所说的"自由选举"一直也没有举行。

1975年西贡政府被推翻,越南走向了统一。此后,国会成为统一的越南政府中的一个机构。在相当长的一段时期内,国会是被形容为"橡皮图章",它不是"三驾马车"之一。在政治革新的进程中,国会自2006年以来逐渐摆脱"橡皮图章"的身份,跻身于"四驾马车"。在每年举行两次的国会会议期间,国会代表们有权对包括总理在内的政府官员进行公开质询,而且整个过程媒体都作直播。代表们还对政府部门的领导官员进行信任票表决,如果某官员连续两次获得"低信任票"超过50%,将对其进行是否罢免的表决。国会还负责批准政府提出的建设项目,2010年国会否决了政府提出的修建南北高铁的计划。这次否决,是国会摆脱"橡皮图章"的重要标志。

越南推行政治革新,既有理想化的观念驱使,也有实际目的。理想观念主要是"民主""选举""参与""分权""制衡""透明",实际目的主要是"提高效率"和"制止腐败"。从是否达到"实际目的"的角度,可以对越南的政治革新举措的结果进行实践检验。

就"提高效率"而言,在革新前的黎笋时代,越南的各种经济举措都由集权的中央制定,结果是经济表现极差,效率极低。革新之后,废止了集中的僵化计划,经济效率大大提高,这是绝大多数人都肯定的"好结果"。不过随着革新强化,"分权""制衡""参与"的各种新举措进一步推出,人们对这些举措是否实现了"提高效率",开始有了不同的看法,譬如国会否决了南北高铁的计划。有人认为,修建高铁的费用太大,应该先修建成本较低的公路;有人认为,越南多山,公路交通不安全,应该修高铁;有人认为,公路交通可以带动汽车消费,能够促进经济增长;有人认为,高铁交通对经济长远发展非常有利……观点林林总总,不同的观点对效率的预测各不相同,究竟哪种观点是正确的,需要更长的时间才能下结论。分权到什么程度?如何具体分权?这些都是需要进一步探索的,不能够简单地下结论。

就"制止腐败"而言,结论可以是简单的,也可以是复杂的。简单的结论是,革新的各种举措并没有制止腐败;复杂的结论是,如果不采取革新举措,也未必能够制止腐败,"分权"没能制止腐败,继续"集权"恐怕也难制止腐败。越南的腐败现象是相当严重的,根据透明国际的清廉指数,2010年在178个国家中,越南的排名是第116位,和非洲的马里、莫桑比克等国是同级的(中国排名第78位);到了2012年,越南的排名又下降了,落到第123位;2013年回升到第116位;总之,越南多年来的排名都很低,且低于中国,有时低四十几位,至少也低十几位。[①] 越南近年来有不少关于"利益集团"与腐败的议论,"利益集团"是在革新中出现的一个新现象,这些人在经济革新中形成了自己的利益集团,在政治革新的分权中瞄准了获得权力的官员,他们通过政治参与来勾结这些官员,然后操纵政治为自己的集团利益服务,这成为腐败的一个重要源泉。

起初,人们对"分权""参与"的预想是:"分权"可以产生制衡的

---

① 参阅 https://tradingeconomics.com/vietnam/corruption-rank,https://tradingeconomics.com/china/corruption-rank; https://www.theguardian.com/news/datablog/2010/oct/26/corruption-index-2010-transparency-international; https://public.tableau.com/en-us/gallery/country-corruption-perception-index-2012?tab=viz-of-the-day&type=viz-of-the-day; http://www.ti-j.org/cpi2013_map_1.pdf. 2020.8.21。

效果，官员再也没有那么大的权力来欲盖弥彰，官员可以互相制衡别人的腐败行为；"参与"可以产生监督效果和透明化效果，大众参与揭开了关闭的黑箱，使人们可以监督其中的运作，制止腐败。很多人看到，在一些民主、分权、参与的国家中，腐败现象的确很少，譬如在透明国际的清廉指数排名中，北欧的民主国家多数名列前茅。不过，如果再进行更全面观察，却可以看到有些民主国家的腐败现象也是很严重的，譬如印度。2019年我在印度的时候，听到人们讲述了许多政治腐败的事实，譬如买选票是各政党在民主选举中普遍使用的"腐败"方法，并没有因为"多党""分权"而得以"制衡"。2012年印度的一些反腐败活动分子在德里组织了一个新的政党，高举起反腐败的大旗，这个党给了很多人希望，不少人满腔热情地参加了它的活动。这个党最初在竞选中表现不错，尤其在2015年的德里立法议会选举中，获得了绝大多数的议席。但是伴随着它政治上的成功，许多人却对它渐渐失望，因为它也逐渐卷入了买选票的腐败活动。我遇到一位满腔热情参与这个政党的女士，她无奈地说："如果不这样买选票，党的竞选人就不能当选。"这个"反腐败"政党没有能够"制衡"其他"腐败"政党，自己却被"制衡"得必须"腐败"才能够生存当选。

反腐败是政府治理中的一项非常复杂的工作，需要根据国情来制定具体的方法，而不能随便照搬"普世"方法。实事求是地来看，民主和清廉在实践中并不是必然相关的，尽管很多人可以用抽象的逻辑来想象"民主必然制止腐败"。纵观世界，民主的国家，有廉洁的（如北欧），也有腐败的（如印度）；威权的不民主国家，有廉洁的（如新加坡），也有腐败的（如埃及）。

抽象的逻辑是简单的，具体的实践是复杂的。要想成功地反腐败，需要在实践中探索，寻找到适合自己国情的具体举措。很多流行的逻辑，会对寻找产生观念影响。对于这些逻辑，应该采取"实践检验"的态度，要看这些逻辑引出的举措是否取得了逻辑预言的结果，然后再进一步作出调整改善。越南和中国都在做这样的努力，各种流行的逻辑对它们都有不同程度的影响，它们顺应逻辑制定出的举措有所不同，这种不同的实践会产生不同的结果，这可以为彼此提供经验和教训。

"民主就是要扩大参与、扩大透明，如此才能实现优良治理。"这个逻辑是非常流行的，很多人坚信不疑。不过，美国在实践了这个逻辑之后，有些学者发出了质疑之声，譬如福山。作为1990年代盛赞西方民主制为"历史终结"的激情呐喊者，福山是相信过这个逻辑的，但是在他2014年出版的《政治秩序和政治衰败》①一书中，他却提出了质疑，此后还发表过很多相关的质疑文章。他并不是完全反对"参与"和"透明"，而是反对不经检验地扩大"参与"和"透明"。他特别指出，有些"参与"和"透明"的举措帮助了利益集团，使他们更容易操纵政客为己牟利，使美国政治衰败。当国会的会议是闭门的、不透明的、外人无法参与时，某些接受了利益集团政治献金的议员，在闭门会议中仍然可以有自己的主见，不必完全按利益集团的要求来行事。当这些会议透明了，外人可以参与了，利益集团雇用的游说专家就能够在这些会议中紧密监视那些接受政治献金的议员，对其施压，使其完全按利益集团的要求来行事。这些透明的会议，普通大众基本不会去参与，因为他们既没有那么多时间，也缺乏专业知识来理解充满各种专业术语的辩论。充裕的时间，专业的知识，恰恰是利益集团雇用的游说专家的特长，他们的时间、知识"特权"，使他们可以通过"透明""参与"来为利益集团提供高效服务。

福山在质疑"透明""参与"时还提到民粹主义，他说，"透明参与越多越好"是民粹主义的幻想。② 民粹主义认为，让越多的平民透明参

---

① 参阅 Francis Fukuyama, *Political Order and Political Decay*, New York：FARRAR, STRAUS AND GIROUX, 2014年。
② 参阅 https：//www.the-american-interest.com/2015/01/04/the-limits-of-transparency/，2020.8.21。

与，就越能够取得良好的社会结果。如果深入思考民粹主义的这个观念，可以看到民粹主义这个结论是建立在以"民"的"数"来衡量好坏的价值逻辑上的，平民数量多于精英，所以平民的主张必然是好的，精英的主张就必然是坏的，而不对这些主张做具体分析和实践检验。西方民主以"一人一票"的"多数决"作为构建政府合法性的准则，也是承袭了这种价值逻辑。

钱穆在分析中西方在政治意见的"从违抉择"时指出，西方传统是"从众"，中国传统是"从贤"。"中国政治上的传统观念，对一意见之从违抉择，往往并不取决于多数，如西方之所谓民主精神。而中国人传统，则常求取于贤人。"① 他说，中国的传统政府是"士人政府"，通过科举考试"取士"，让他们来作政府官员。"所以若说政权，则中国应该是一种士人政权，政府大权都掌握在士——读书人手里，从汉到明都如此。"②

"从众"是以"数"取胜，"从贤"是以"质"取胜。"从众"是民主，让"大多数"做主；"从贤"是优主，让"优贤者"做主。决定"数量"，可以使用"计数"的方法，相对简单易行。决定"质量"，则复杂得多。首先需要确定，什么样的品行是高质量的"贤"；然后还要确定，什么样的程序可以选拔出具有如此质量的人来。从中国的历史实践来看，儒家首先定义了"贤"。有了这个质量定义之后，中国又经历了几百年的尝试，才探索到"科举制"。汉朝最初是实行乡举里选的察举制度，但在实践中出现了很多问题；魏晋时代改为了九品中正制，后来也出现了问题；到了隋唐时代才形成了比较成熟的科举制。科举制是一种相当有效的选择优贤者的方法，为"从贤"的优主政治打造了择优的框架，此后这个

---

① 钱穆：《中国历代政治得失》，北京：生活·读书·新知三联书店，2001年，第35页。
② 同上书，第128页。

春节期间,越南人到陵墓去拜祭他们在战争中牺牲的亲人。
在祭祀活动中,不少人流露出对革命乌托邦的怀旧之情

在河内的文庙中,可以看到很多的中国文化影响

框架延续使用了一千多年。不过,框架虽然被延续使用,框架中的一些具体内容,却又经历了很多次的变革,譬如宋朝和明朝都进行了科举改革。当历史发展了,当社会变化了,旧的科举考试内容变得无法选拔出新形势下的优者,因此必须进行修改。社会变化越巨大,需要作出的修改越巨大。当中国被现代化的西方列强打败,当中国必须面对现代化的巨变,千年的科举制无法为现代治理选拔出合适的优者,科举制终于在1906年被废除。

虽然科举制被废除,但是"从贤"的治理逻辑并没有从中国文化中消失,中国不断探索着超越科举制的、更适合现代治理的选拔优者的方法。当西方民主的选举逻辑在"历史终结"呼啸中泛滥的时候,中国没有改旗易帜跃入"从众"的选举大潮。

越南受儒家文化影响很深,河内的文庙是培养儒家士人的国子监大学,我在那里看到楹联上有很多儒家训诫:"吾儒要通经,要识时,无拘故也,尚思圣训永相敦。""士人报答为何哉,朝廷选就之恩,国家崇尚之意。"……越南的科举考试实行了近千年,直到1919年才废止,比中国废除得还要迟。"从贤"的治理逻辑,也是越南文化的一部分,虽然后来越南完全沦为西方的殖民地,分治时南方又受美国文化的强烈影响,"从众"的逻辑有很大的影响,但是,目前越南的政治生活中仍然可以看到"从贤"的影子。越南把共产党定义为"先锋队",规定共产党是执政党,这闪烁着"从贤""优主"的影子。"先锋队"是贤者优者,让"先锋队"执政,就是让贤者优者主导政治。

"从贤"的优主治理需要不断适应新变化,不断改革择优的举措,这是比"从众"选举复杂得多、艰巨得多的工作。越南在"从贤"和"从众"的逻辑中将如何进行协调?将作出如何的道路选择?这是值得密切关注的。

第十章　缅甸：民主、优主的道路徘徊

缅甸特色的言论自由和民间组织/叛军活跃地区的漂浮酒店/西方的话语，西方的感觉/理想主义者的痛苦与期盼/缅甸的失败与新加坡的成功/交叉曲折的民主、优主历史/民主、优主的双重教训

1991 年，诺贝尔和平奖授予了缅甸的民主运动领袖昂山素季。那时缅甸刚刚经历了 1988 年民主运动的暴风骤雨，那次运动的导火线是奈温军政府倒行逆施的经济政策，缅甸的经济被搞得一团糟，货币畸变，百业萧条，民不聊生。1988 年仰光爆发了学生运动，政府残酷镇压，但运动没有被镇压下去，反而激起了更多民众的加入。昂山素季那时恰好从英国来到仰光照顾她病重的母亲，面对如此的大动荡、大变局，她感到了义不容辞的责任，领导组织了全国民主联盟，投身民主运动。在 1990 年的缅甸议会选举中，全国民主联盟获得了 80% 的席位，但是军政府不承认选举的结果，拒绝交出权力，还将昂山素季长期软禁。昂山素季没有屈服，在恶劣的环境中坚持为民主奋斗献身，她因此获得了诺贝尔和平奖，成为世界敬仰的民主灯塔，西方国家授予了她许多荣誉头衔。经过长期的斗争，民主之光终于在 2011 年以后开始逐渐显现，军人政府一步步退让，2012 年的议会补选使昂山素季当选为议员，2015 年的议会大选使民主联盟成为执政党，2016 年昂山素季成为缅甸的领导人。

当民主之光照亮了缅甸之后，昂山素季这盏民主灯塔却忽然在世界上

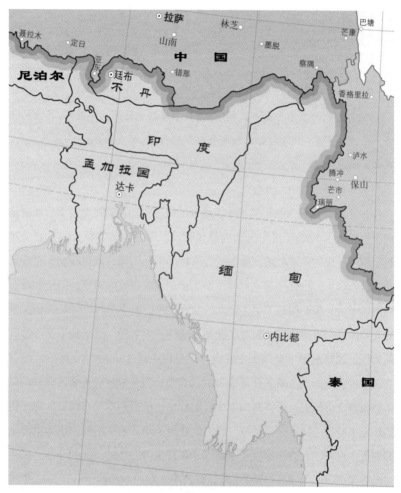

缅甸地理位置示意图

在仰光街上常可看到各种讲演会的海报,其中不少是佛教僧侣主讲的,这种社区演讲会传统悠长,是缅甸特色

黯然失色了。这是因为罗兴亚难民的问题。在民主之光初显的 2012 年，缅甸若开邦爆发了首次暴力攻击罗兴亚人居住区的事件，佛教徒捣毁信奉伊斯兰教的罗兴亚人的房屋。此后，罗兴亚问题演变得越来越严重，尤其是在 2017 年，有 70 万罗兴亚难民逃亡到孟加拉，震惊了国际社会。使西方社会更为震惊的是昂山素季的表现，面对西方媒体称为"反人道""反民主"的迫害罗兴亚人事件，她竟然拒绝谴责迫害罗兴亚人的军方，甚至对叙述暴行的一些报道表示非议，还亲自出庭联合国的国际法院海牙听证会，为被指控的"种族屠杀罪"进行辩护。"灯塔"变色了，西方很多机构纷纷剥夺了以前授予她的荣誉头衔。

为什么民主灯塔会失色呢？缅甸有没有走上民主之路呢？缅甸的民主道路有西方不能理解的特色吗？

缅甸特色的言论自由和民间组织

2013 年我去缅甸，目睹了它在民主道路上的特色步伐，看到了它的特色国情元素。缅甸自 1948 年正式独立之后，走过民主的道路，也走过非民主的道路；在它的国情中，有倾向民主的元素，也有背离民主的元素。有几个元素给我特别深刻的印象，它们既植根于缅甸历史文化之中，又受到了西方文化深深的影响，譬如西方民主理论中的两个重要元素：言论自由和民间团体。我看到这两个元素的缅甸版本，带着基层社区的草根泥土味，闪烁着佛教的光晕，还遗留着英国殖民地的痕迹，又渗透着西方组织近些年来的话语……

2013 年我在缅甸的时候，恰是缅甸民主转型之初。我在仰光看到了很多演讲会的海报，其中有民运活动分子的演讲会。我本以为这些演讲会是民主化之后的言论自由产物，问了缅甸朋友才知道，搞社区讲演会在缅甸

2013年春天，88民主运动的一位学生领袖在仰光的基层社区开讲演会，宣传民主

有很长的传统，并不是民主化之后才出现的。社区的演讲会很多是佛教僧侣搞的，讲述佛教理念，传授禅修方法，五花八门。作家也在社区搞演讲会，朗诵他们的诗歌，讨论他们的小说。政治活动分子搞的演讲会，是传播他们的政治诉求，多数诉求是和社区生活直接相关的，也有超越社区的。在这样的社区演讲会中，听众可以提问，讲者和听者可以进行讨论。演讲会往往使演讲者具有强大的话语权和影响力，不过由于听讲者可以提问讨论，也使听众具有了一定的影响力，尤其是在讨论社区相关问题的时候。我不清楚在民主化之前的时代，这些演讲会的内容是否会受到控制。不过，无论控制与否，这样的公共空间和公共参与在缅甸是存在了很久、实践了很久的。这是很有特色的缅甸国情：特色的社区公共空间，特色的社区民众参与，特色的言论自由。在公共空间作演讲，这是西方民主非常推崇的"言论自由""集会自由"，也使人觉得这大概是西方文化中的独特元素，是促成民主政治的元素，雅典民主时代的广场辩论就是个好例子，想不到缅甸也有这样的"类元素"。

我在仰光街头看到的演讲会海报，很多印着佛教僧侣的头像，这些都是僧侣搞的演讲会。在鼓动佛教徒攻击罗兴亚人的事件中，激进的佛教僧侣起了很大的作用，他们在演讲中宣扬极端观点，指责罗兴亚人在缅甸散布伊斯兰教，侵害了佛教，号召大家护佛，他们说为了护佛就要去打击罗兴亚人……由于民主化，这些观点插上了"言论自由"的翅膀，有了大肆传播的合法性，有了更大的传播力、影响力。不过在仰光看到的那些海报，并不是都和罗兴亚问题相关，演讲的题目各式各样，很多并不涉及罗兴亚问题。

在仰光我没有去听僧侣的演讲，而是去参加了一位民主运动分子的演讲会。他是1988年民主运动的学生领袖，曾经被军人政府关押了很多年。他也贴出了演讲会的海报，晚上我到了他的演讲会场。那会场是在社区的空场上，搭了一个简陋的舞台，下面有一排排的白色塑料椅子，来听演讲的人很多，但没有到拥挤的程度，仍有不少空椅子。舞台上挂着全国民主联盟的旗帜，还有昂山素季的照片。会场周围有小摊贩，卖各种食品，有人边吃边听演讲，显得挺悠闲。他的讲演是缅甸语，可惜我没有翻译，听不懂讲演内容。

除了演讲会这个缅甸特色的民主元素，另一个缅甸特色的民主元素是民间组织。缅甸的民间组织非常多，有宗教的，有慈善的，有政治的，有族裔的……西方民主理论推崇公民社会、非政府组织，缅甸的民间组织可以归于这类机构。

在缅甸活动的非政府组织数量很大，其中不少是西方派去的国际非政府组织，与这些国际组织并肩的，还有更多土生的非政府民间组织。这些土生组织有着深厚的历史文化根基，灵活而多样。缅甸朋友告诉我一种很有特色的组织型态——佛教信托，那是一种很普遍、很灵活的民间组织，多数依托于社区。如果有人想建立一个佛教信托，先要组织一个执行委员会，这执委会虽然不是选举产生的，但社区成员可以表达他们的意见，若某执委被大多数人反对，此人就很难在执委会中继续工作。所以，执委会的成员多数是在社区中有威望、有能力的人。佛教信托往往没有固定的基金，如果要做一个项目，需要去募捐筹款，还需要社区里的人来做义工。对于项目内容和资金运作的情况，执委会需要向社区说明。

我在仰光考察了两个民间组织，一个很大，一个很小。大的是一位著名的电影明星组建的，最初为穷人提供免费的佛教殡葬服务，后来逐渐扩大，又提供医疗和教育服务。在他的医疗服务中心，我看到楼宇和设备都不错，但没有常驻的医生，他的资金毕竟有限，无力雇用常驻医生，只能使用愿意来做义诊的医生。这些医生的本职是在其他医疗机构，当这里病人有需要时，可以约他们过来诊疗。由于佛教价值观强调慈悲和行善积德，

缅甸有不少本地的民间组织,这个尼姑办了一个民间学校,她的办学历程包含着不少缅甸特色的民间组织的故事

愿意来做义诊的医生还不少，所以这个医疗中心可以正常运作。

我去看的那个小民间组织是一位尼姑办的学校，在一个贫困的社区中。那学校的校舍极为简陋，教室墙是竹篾编的，只有半人高；地是泥土的，坑坑洼洼，既没有铺地板，也没有铺水泥；房顶是简易铁皮的。在简陋校舍旁边，有一栋盖了一半的小楼。尼姑告诉我，这是募捐筹建的新校舍，由于募集到的钱不多，现在只能盖一半，等以后募集到更多的钱再继续盖。多年来他们搞的很多项目，都是这么一步一步、一半一半搞的。募捐是他们的主要经济来源，不仅建校舍要募捐，学校的很多开支都依赖募捐。他们的学生都来自贫困人家，学校给他们提供免费米饭，大米是这位尼姑每周两次出去化缘所得。她说旱季的时候比较容易化缘，雨季的时候就很困难，所以雨季期间的饭食会比较紧张。学校的学生都很感谢学校，他们找到工作后，第一次的工资会捐给学校。

尼姑后来讲给我听为什么她会办这所学校，道出了她二三十年来的漫漫心路历程。她年轻时第一次参加高考，成绩不好，没能考上大学。那时她读书的中学是一所"穷学校"，教育资源差。她看到有钱人家的孩子上了好学校，那里优越的教育资源使他们很容易考上大学。那时她就产生了一个心愿，她要办一所学校，给贫穷的孩子提供较好的教育，让他们有更大的机会考上大学。当她第二次参加高考并且考上了大学之后，选择了主修教育学，这是为实现她的心愿做准备。毕业后她开始教学，那时她还没有出家，没有做尼姑。虽然没有出家，但她常去寺庵相关的俗人禅修中心进行禅修。几年来经过多次禅修，她渐渐觉悟自己应该出家，于是她决定正式剃度，成为尼姑。此后她继续投身办学，虽然有不少困难，但学校逐渐发展，她希望学校以后能够办得更好。

这位尼姑所说的俗人禅修中心也是一个缅甸特色的民间组织，不过是在官方的倡导下发展起来的，是缅甸独立后的首位民选总理吴努倡导创立的。缅甸1948年正式独立，在1948—1958以及1960—1962期间是"民主时代"，有多党竞争，有民主选举，吴努在几次选举中都获胜。他是一位虔诚的佛教徒，他大举推动建立俗人禅修中心。缅甸有一位高僧在20世纪前叶创新了禅修的方法，形成了一个新的禅修运动，吴努非常赞赏，俗人禅修中心就是用这种新禅修方法。俗人禅修中心的活动对缅甸人的生活有很大的影响，一位美国人类学家对此做过深入研究，她在缅甸做过很多年的田野调查，还亲自做了几年尼姑。她的哈佛大学博士论文题目是：《缅甸独立后的大众俗人禅修运动与国家-社会关系》。她指出，大众俗人禅修运动帮助独立后的缅甸人构建了身份与世界观的共识，塑造了僧伽、国家和俗人之间的独特关系，还给政府权力提供了合法性。

在俗人禅修中心做过禅修的缅甸人据说有百万以上，我问我的导游翻译是否做过这样的禅修，她说她做过二十多次。她说这是一种"自我清洁"，是在有内心要求的时候去做的，有时是因为紧张的压力，有时是因为做错某件事引起的负疚感，有时是无名阴郁产生的不洁感……通过禅修，她感到压力疏解了，内心净化了，就像是做了一次大扫除。房屋需要大扫除，内心也需要。房屋大扫除让人在物的层面觉得清洁明亮，内心大扫除让人在心的层面觉得清洁明亮。她做这些禅修，有的是在寺庙办的禅修中心，有的是在俗人办的禅修中心。这些中心不仅给禅修者提供食宿，而且有禅修指导。

参加禅修的缅甸人背景多种多样，其中不乏受过全面良好西方教育的，但他们都很诚心地投入这种非西方的缅甸特色活动。这位导游翻译就受过良好的西方教育，她四十多岁，在美国留学，获得美国的硕士学位。和她谈话的时候，最初听到的往往是大量的西方概念、西方话语，但深入向她询问一些问题时，缅甸文化的一些独特元素就会浮现出来，讲禅修就是一个例子。

这个酒店漂浮在茵来湖上,客人进出都要坐小船,这使这家酒店荡漾着浓郁的当地风情

酒店周围的茵来湖上,有渔民驾扁舟捕鱼,他们的渔舟、渔具都颇具韵味

叛军活跃地区的漂浮酒店

在仰光以外的地方,我也考察了一些民间组织。这些组织都深受西方影响,多数与西方非政府、非营利机构直接挂钩,譬如救济儿童的机构、社会经济发展的机构等等。在这些机构中工作的缅甸人,言谈中充斥着西方的话语,不过有些话语表现得很奇葩。譬如在曼德勒,我曾经和几位在非政府组织中工作的人员座谈,一位年轻的女士给我留下深刻的独特印象。她在非政府组织中工作,同时自己还经营一些生意,她说她有咖啡店等10个小微企业,雇用了7个人。她说她不交税,而是把十分之一的收入捐给慈善机构。她使用了"减税""小政府""市场自由"的西方经济理论话语来说明她"不交税"的合理性。她还谈到要到大学去学习商科,她想申请奖学金,但是大学规定商科学生不能申请,她说这是"不民主"。如此使用"民主""自由""市场"的概念,让我觉得很奇葩。

缅甸的民间组织、民间企业、非政府组织、政府组织,有时会互相漂浮渗透,呈现出缅甸特色,透过这特色往往可以窥见到缅甸当代历史发展中的一些重要事件。在缅甸东部的掸邦,我有过一次难忘的窥见经历。

掸邦境内有一个美丽的茵来湖,被很多旅游书称为世外桃源。陶渊明《桃花源记》中的桃花源,洞内美丽祥和,洞外则经历了秦之乱、汉之乱、魏晋之乱。茵来湖也是如此,湖中美丽祥和,湖外则是历经动乱的地区。掸邦少数民族众多,各族要求独立自主的呼声很高,从20世纪40年代末起,就此起彼伏地爆发过各种各样的独立战争。掸邦多山,给叛军提供了打游击的自然环境,武装斗争连绵不断,他们抗击缅族控制的中央政府。经过多年的血腥战争,有几个叛军组织和中央政府达成了停火协议,中央政府给了他们较大的自治权力,他们也放弃了武装斗争,不过,也仍有一

茵来湖酒店墙上的这幅照片是巴奥人的叛军领袖,停火后巴奥人获得了在茵来湖经营酒店的执照

些武装组织继续坚持战斗。

茵来湖是湖区,海拔虽高,但毕竟不是打游击的山区,所以能够有一隅之安。2013年的时候,在掸邦的一些山区中还有叛军的武装活动,可茵来湖是一片平静,的确像是世外桃源,既看不到战争的硝烟,也看不到城市的浊浊烟尘。清晨,我乘一只小船去湖中的酒店,只见湖面上笼罩着渗着湖草沁香的水雾,从雾中时时会闪出独木舟渔船,在修长的船板上,渔民单足独立,用一条腿划桨,用两只手捕鱼。他们擎着鱼叉或者竹篓,从清澈见底、水草盈蔓的湖中捕上鱼来。茵来湖中的水草异常丰盈,我坐在船上就可以看到水下的绿茵茵草蔓,轻柔飘荡,像是一个绿色的神奇世界。

我去的酒店是湖中的浮悬水上建筑,这是茵来湖特有的建筑形式,和湖中的奇特水草生态相关。这里湖中居民的房子都浮悬在水面上,甚至他们的田园也是浮悬的。湖民捞起湖中生长的水草,把水草结成漂浮的草床,再用直插湖底的竹竿把草床固定,建成了漂浮的水田。他们在漂浮草床上种植蔬菜和水稻,由于茵来湖水中含有丰富的氮,这种漂浮田园的产量非常好。

湖面上视野开阔,我远远就看到了我的酒店,那是一座连一座浮悬在水上的小竹楼,用竹竿固定在湖底,和湖民的房子相似。小竹楼外表看起来很乡土,但住在里面可以享受现代的舒适,每个房间都有现代化的浴室卫生间。小竹楼彼此之间用竹桥走廊相连,这些小竹楼当中是一个大竹厅,类似于西式酒店的大堂。

走进大竹厅,在厅的竹墙上我看到一位裹着土著头巾人物的照片,旁边还有一些有关酒店的文字匾牌。正是在这里,一扇窥见缅甸历史的窗户向我打开了……

照片上裹着土著头巾的人物,是巴奥人一个重要政治组织的领袖。巴

这个酒店的主人是佤人,也是当年的叛军,他的经历非常传奇

奥人是掸邦境内的少数民族之一，人数比较多。他们在缅甸独立之初就"拿起枪杆子"，打了四十多年的游击战，直到1991年这个政治组织才和中央政府签署了停火协议，后来又"民主参政"，在2015年的议会选举中获得了几个席位。在缅甸众多的少数民族中，巴奥人是比较幸运的，他们得到了可以自治的几个小区，虽然地域不大，但毕竟有了自治权。当时只有6个少数民族得到这样的自治权，巴奥人就是其中之一。除了自治权，巴奥人还得到了一些经济特权，譬如允许他们投资开采一个玉石矿。他们还得到了在茵来湖地区开设酒店的执照，那竹墙上的文字匾额，讲述的就是他们发展建设巴奥酒店业的"目的"。一共有8个目的，主要是"给地区的年轻人提供工作机会""提高当地社区的社会经济发展水平""保护环境""维护当地的文化遗产""创建具有技能经验的人力资源的社会""从国际社会获得知识和经验"。这些目的都是政治组织的目的，不像是民间私人企业的"利润最大化"目的。

我本以为这个酒店是巴奥人经营的，后来和酒店主人交谈，才知道并非如此，这其中又蕴含了更多的历史细节、缅甸特色。酒店主人是佤族人，那也是掸邦境内的一个少数民族，他们生活在山区，不在湖区。他们原本不会得到在湖区经营酒店的执照，但是由于巴奥人和佤人在武装反叛时代就形成了"战斗友谊"，佤族叛军和巴奥叛军的上层人物之间有很好的关系，巴奥人就让佤人也分享了一些利益。

这位酒店主人曾经参加过叛军，有着传奇的经历。一天傍晚，他端坐竹椅，在微风徐来的竹厅平台上，给我讲述了他的传奇故事。他五十多岁，皮肤黝黑，头上裹着土著的头巾，穿着老农式样的土布褂子，但是他的英语相当流利。他出生在掸邦的大山里，那里比湖区穷得多，他母亲生了12个孩子，只有4个活了下来，山里没有医生，没有助产士，婴儿死亡率非常高。山里连生活用水都缺乏，卫生条件极差，他记得小时候浑身长满虱子,没有水洗澡洗衣服。

他是4个孩子中唯一受过教育的。他们村子里没有学校,他只好到寺院里去学习读书写字,在那里完成了小学教育。为了上中学,他来到城里,但是举目无亲,幸亏一个富商收留了他,让他在家中帮做杂事,也让他上学。每天早上他4点钟起床,给富商收拾花园,清洗汽车,烧煮咖啡,然后8点钟去上学,放学之后他还要给富商做些杂事,晚上才能做功课。他就这样在富商家"半工半读"地完成了他的中学教育。后来富商去了美国,不能再帮助他。为了生存,他在泰国和缅甸之间跑单帮,从泰国贩回一些东西在缅甸的黑市上出售。那时是奈温的"社会主义道路"经济时期,工业实行了国有化,农业虽然没有集体化,但是政府严格控制农产品的价格和买卖,结果公开市场的商品供应不足,黑市猖獗。他跑单帮赚了一些钱,就用这些钱来寻求大学教育。他来到缅甸的第二大城市曼德勒,进入了大学,主修数学。不过,大学教育并没有给他带来好工作,毕业之后他就失业。奈温特色的社会主义并不是像共产党领导的社会主义计划经济,不是按照经济计划来给大学毕业生分配工作,而是找工作必须依靠关系,没有好关系就很难找到工作。由于找不到工作,他只好再去泰国谋生,这次他在泰国遇到了佤族叛军组织的一些人,他们鼓励他加入组织。感召之下他加入叛军回到缅甸,在泰缅边境地区活动。由于他有跑单帮的经商经验,他在叛军的经济部门工作。后来佤族的这个叛军组织和中央政府达成了停火协议,他也因此回归和平生活。归顺之后他学习酒店管理,开始经营酒店,现在他已经拥有几个酒店,是相当成功的商人。那位曾经帮助过他的富商恩人来过他的酒店,对于他的成功非常赞赏。

听了他的传奇故事,又想到巴奥人建酒店的八大目的,我忽然产生了一种奇妙的"漂浮感"。这漂浮不是酒店建筑的漂浮,而是机构概念的漂浮。民间组织、民间企业、非政府组织、政府组织……这些机构在西方的机构概念中是有明确定义、明确边界的，但在这里看到的这些机构，边界模糊，定义飘忽，它们错综复杂地交织着、变幻着、渗透着，漂浮在缅甸特色的大海中。巴奥人的酒店应该算是民间企业，但却是在巴奥人的政治组织主导下建成的，还要完成政治组织的目的。巴奥人的政治组织是民间组织吗？在签署停火协议之前和之后，在民主参政之前和之后，它的组织性质有什么不同吗？它是非政府组织还是政府组织？……这些缅甸特色的机构难以用西方理论概念来定义，来解释，它们是应该用他们自己特色的话语来叙述，来诠释，这样才能更准确地表述现实。

不过，缅甸人似乎还没有发展出自己的话语来，他们很习惯用西方话语、西方概念、西方理论来描述自己，尽管这样的描述会产生问题。缅甸在争取民主的近二三十年来深受西方各种机构的影响，西方的非政府组织在缅甸数量很多，活动量很大。这些组织不仅在大城市活动，也深入乡村。在掸邦，由于战乱频繁，造成了大量的社会问题，西方的慈善机构、关注社会发展的非营利组织在这里就有相当长的活动历史，这里的很多人和很多组织都接受过他们的资助，也接受了他们的话语。

西方话语在世界上占据主导地位，西方人习惯于用自己的话语来指导世界，不发达国家的人看到西方的富裕强大，很容易推崇西方话语，虽然，在他们内心深处，仍然存在着不同于西方的很多元素。

西方的话语，西方的感觉

西方在世界上的中心地位，西方话语的主导威力，使很多西方人不由自主地形成了只从自我的视角来看问题的习惯，以为别人都有和他们一样的感觉、一样的想法。我和美国朋友在蒲甘经历的一件事情，凸显出这个问题。后来在仰光等地，也遇到过这个问题，而且后果影响更坏。

在蒲甘的佛塔区有一个新建的酒店,设计得很合周边氛围。
缅甸人说酒店主人是缅甸大富豪,和军方有特殊关系

蒲甘在缅甸中部，是9世纪至13世纪时强大的蒲甘王朝的首都，蒲甘王朝笃信佛教，修建了无数的佛塔，现在虽然有些损毁，但仍然保留了佛教盛世的氛围。缅甸政府为了保护历史文物，对蒲甘的人口有严格限制。所以在蒲甘参观，没有人多的干扰，可以静静体验。蒲甘现存的佛塔有两千多座，分布在平原上。有些佛塔很大，但也有许多很小的，甚至是迷你型的。这些小佛塔如同是路边的树木、田野中的灌木丛，自然而然地融入了人的生活，让人觉得如此亲近。我们穿过佛塔丛林的时候，雾气缭绕，使我们仿佛迷幻般地穿越了时间隧道，去到了那遥远美丽的时代……那感觉很美，很震撼。当然，这是我们外国游客的感觉。

穿过佛塔丛林后，我们到了蒲甘文物保护机构的办公室，和那里的工作人员座谈。一位美国朋友仍然沉浸在穿越佛塔丛林的美感中，问工作人员："在蒲甘的佛塔丛林中生活真是幸福，你们天天在这里工作，你们的幸福感一定很高，你是如何感受幸福的?"

这位工作人员回答说："我没有感受到幸福。蒲甘王朝是缅甸的极盛时代，而现在缅甸正处于深深的谷底。天天面对这样的反差，我不会感到幸福。天天面对蒲甘的极盛，天天提醒着我今天的衰败、今天的耻辱。我不感到幸福，我感到痛苦。"

他的回答使美国朋友感到惊愕，使我感到的则是刺心的同情，因为我和美国朋友有着不同的祖国历史集体记忆。在美国短短的历史中，有极盛时代，也有衰败耻辱，他们记得大萧条时的衰败，记得越战失败后的耻辱，但这些衰败耻辱的记忆，和缅甸人的历史记忆相差太远。在中国长长的历史中，有汉唐盛世，有鸦片战争后的百年衰败耻辱。我可以想象，在鸦片战争后的百年中，很多中国人面对汉唐盛世遗产时会产生的刺心痛苦感觉，那是和这位缅甸文物工作者的感觉相似的。

用西方人的感觉来判断缅甸人在蒲甘的生活感觉，其后果不会有什么

一个丹麦非政府组织给缅甸民运积极分子提供培训,学员们正在学习印发的材料,内容只重选举,不谈治理

重大的社会影响。但是，用西方人的感觉来判断缅甸人应该如何搞民主，其后果将会对社会产生很重大的影响。在仰光，我拜访过一个丹麦的非政府组织，他们是来帮助缅甸人搞民主的。虽然我没有时间在那里深入考察，但也感觉到了很多问题。

最大的问题是，他们全力注重选举，却不注重治理。在他们给缅甸人办的训练班中，课程全部是关于如何进行竞选、如何在竞选中获胜、如何防止对方在竞选中作弊……却没有关于治理的内容。2013年时，军方承诺2015年举行议会大选，西方倾心关注这次选举，由于军方支持的人士也会参加竞选，如何防止军方人士作弊，如何使昂山素季的民主联盟获胜，成为西方人关心的焦点，是他们觉得最为重要的。在他们的训练班教室里，我看到二三十个缅甸青年人在热切地学习，席地而坐，拿着材料，有的阅读，有的抄写……学习内容都是关于选举的。当时民主联盟已经在2012年的议会补选中大胜，在2015年大选中再次获胜的可能性是很大的，如果获胜，民主联盟就要成为执政党，将面临如何治理的问题。我在缅甸时间不长，就听到人们对政府治理的诸多抱怨，贪污腐败、任人唯亲、经济不公……于是我问负责训练的西方人，除了选举方面的训练，是否也还有治理方面的训练，譬如，如何防止腐败，如何打击贪污。那位负责人似乎很茫然，答不上来，他说他们关注的是公平的选举，而不是具体的治理，所以他们的训练全部是关于选举的。

当时缅甸有不少民意调查，询问民众关心的社会问题。"土地掠夺"是大多数人最关心的问题，是最希望政府能够解决的。这些土地掠夺发生在1988年后的军政府统治时期，1988年的民主运动迫使奈温下了台，取而代之的军政府在经济方面采取了与奈温的"社会主义道路"不同的政策，转向了"资本主义道路"，把国有企业私有化，鼓励发展私有经济。土地是发展资本主义的生产要素，很多与军政府关系密切的人，利用特权，

这个丹麦非政府组织中的工作人员,有西方人,也有不少缅甸人,他们都崇信西式民主的力量

强占土地，农民的土地被大肆掠夺。除了私人经济掠夺土地，政府的一些公有经济发展项目也掠夺土地。这些土地的原本拥有者和传统使用者被强行赶走，只给予很少的补偿，有的甚至不给补偿。二十多年来，掠夺土地造成了大量问题，民众怨声载道。昂山素季的民主联盟在竞选宣言中把解决土地掠夺问题作为核心内容，承诺当选后解决这些问题。

在这个丹麦非政府组织中有一位缅甸的工作人员，我和她谈起土地掠夺问题，她认为解决这些问题的根本关键是制度，如果建立了民主制度，这些问题就都容易解决了。她说，民主选举产生的政府，受到了人民的民主监督，必须回应人民的需要，如果它不能够为人民解决问题，它就不能再当选，就要被能够为人民解决问题的新政府所取代。所以，只要建立了民主制度，就能够解决这个问题。

她的这种想法在2013年的缅甸相当普遍，他们相信民主选举能够产生民主政府，民主政府能够为人民解决各种各样的问题，崇信民主制度的能力。这种崇信原是西方人的"想法""感觉"，在西方话语的主宰下，传播给了非西方的无数人。但是，缅甸的现实没有"跟着感觉走"，在以后的民主选举政府时代，这些问题并没有"容易"地解决，相反，还出现了一些新问题。民主选举产生了民主政府之后，土地掠夺问题依然严重，老问题迟迟拖欠得不到解决，新的土地掠夺却又不时地发生。解决这些问题需要一系列的治理举措，不是简单的"民主选举"。

缅甸的民主选举在土地掠夺方面未能解决问题，在罗兴亚人问题上则加剧了问题的恶化。反罗兴亚人的极端思潮乘着民主选举、言论自由之风，扶摇直上，广为传播；而罗兴亚人中的极端分子，也利用民主自由大环境乘机兴风作浪。

罗兴亚人问题是历史遗留的一个复杂难题。最初出现"罗兴亚人"这个词汇是在1799年，那时一位苏格兰植物学家弗朗西斯·布坎南

(Francis Buchanan)对缅甸的族群进行调查,他首次使用了"罗兴亚"(Rohingya)这个民族名称。不过,在此后的一二百年中,这个名词却几乎再也没人提到过。英国人统治缅甸一百多年,做过不少人口普查,"罗兴亚"这个族群名字,从来没有出现过。因此,很多缅族人和其他一些族裔的佛教徒说,罗兴亚人是近几十年才从南亚次大陆非法迁徙进入缅甸的,由于这些人生育率极高,很快就形成了数目庞大的族群。在奈温的军政府时期,这些罗兴亚人受到排挤迫害,也有一些罗兴亚人因而逃离缅甸,去了孟加拉、巴基斯坦等穆斯林国家。1978年发生了一起最严重的迫害事件,在若开邦缅甸移民官清查罗兴亚"非法移民"时,军人对罗兴亚人采取了大量暴力行动,有20万左右的罗兴亚人被迫逃亡到孟加拉国。这个事件有其当时的特殊国际地缘大背景,1970年代孟加拉人通过武装斗争从巴基斯坦独立出来,建立了自己的独立国家。今日的孟加拉国,以前是巴基斯坦的一部分(东巴基斯坦),孟加拉人的游击队在印度的帮助下,击败了巴基斯坦的军队,宣布独立。也就是在1970年代,罗兴亚人的一个武装组织在若开邦以及缅孟边界地区活跃起来,他们有自治的强烈诉求。1978年奈温政府的军人行动,主要是想肃清这些罗兴亚人,生怕类似孟加拉独立的事件会在缅甸发生。

在奈温之后的新军政府时代,虽然仍有排挤打击罗兴亚人的事件,但不是很严重。在若开邦,当地的若开人(佛教徒)和罗兴亚人都回忆说,2012年之前两个族群的关系是比较和睦的,大家同坐在一个茶馆里聊天,一起在集市上做买卖交易,两族的住所彼此也靠得很近,他们的孩子在一起学习。但是情况在2012年前后发生了变化,激进佛教僧侣的危言耸听开始广为传播。这些危言耸听说,罗兴亚人的生育率是佛教徒的10倍,就像快速繁殖的非洲鲤鱼,能快速抢占本土鱼的生存空间。还举出马来西亚和印度尼西亚的例子,说这两个国家曾经有很多佛教徒,但是穆斯林一来，这两个国家的佛教徒就消失了。并且说罗兴亚人正暗藏着一系列阴谋计划，目的是要取代其他族群。英国统治缅甸时的痛苦记忆也被调动出来，英国侵入缅甸，把僧侣排除出政权，让佛教徒陷入困境，现在如果不未雨绸缪地遏制外来势力，英国入侵式的悲剧就会重演。这些危言耸听让很多若开人忽然产生了焦虑感，忽然对罗兴亚人产生了"癌细胞"的感觉，觉得必须清除他们，以免以后生大病。2012年，若开人开始行动，他们攻击罗兴亚人在若开邦首府的聚居区，将罗兴亚人的家园捣为废墟。

受攻击的罗兴亚人深感困苦，海外的罗兴亚人利用民主化提供的参与新空间来帮助他们。"罗兴亚救世军"在2013年成立了，这个组织的领导人的父母是1960年代因受排挤迫害而逃亡到巴基斯坦的缅甸罗兴亚人，他本人是在巴基斯坦出生的，后来他的家庭移居到沙特阿拉伯，他从小在沙特接受伊斯兰教育，还在清真寺工作。听到罗兴亚人在若开被攻击的消息，他决定去帮助他们，据说他还去激进的伊斯兰组织接受了军事训练。他在若开的罗兴亚人村落活动，招募民众参加罗兴亚救世军来抵抗佛教徒的暴行，来保卫自己。最初罗兴亚救世军成员们的活动主要是保卫自己的村落，他们拿着竹竿棍棒四处巡逻，他们还督促村民们去清真寺祷告。罗兴亚救世军逐渐壮大起来，他们的行为越来越激进，他们和佛教徒及警察军人的矛盾也越来越大，双方你来我往互相攻击。2016年，罗兴亚救世军攻击了缅孟边境的一个缅甸哨所，造成十多名边防人员和士兵的死亡。罗兴亚救世军的这些激进行为引起了缅甸政府军加大力度的镇压，而罗兴亚救世军的反抗也相应加大了力度。2017年8月，罗兴亚救世军在同一时间对好多个警察哨所发动进攻，造成大量死伤。回应这些攻击，缅甸政府军在8月25日对许多罗兴亚人村落进行了大扫荡，大量激进佛教徒民众也前来协力助威，大打出手，结果无数村庄被夷为平地，引发了70万罗兴亚难民逃亡孟加拉的震惊世界的惨剧。

这是88民主运动的几位学生领袖,他们当年都被捕入狱,穿白衬衫者是主要领导人,被关押了二十多年

回想1978年军政府造成了20万罗兴亚难民逃亡，而2017年民主转型后的缅甸发生了70万罗兴亚难民逃亡，这两个数字令人深思。2011年缅甸开始走上民主转型的道路，人们有了更多的言论自由和结社自由，激进言论可以更自由地传播，激进人士可以更自由地结社，结果，激进的佛教徒和激进的穆斯林都得到了更大的政治参与空间，都对社会产生了更大的影响力。国际上的激进人士和激进组织，也利用了民主化形成的更具参与性的政治空间，介入缅甸的社会活动。如何防止激进化带来的社会灾难，需要一系列高技巧的治理举措，需要根据形势、根据变化、根据国情，摸索制定相应的举措，绝不是只依靠"民主选举"就能够解决问题的。但在对民主选举充满激情崇信的缅甸，却很少有人认真考虑治理。

理想主义者的痛苦与期盼

2013年的缅甸，洋溢着民主改革的热情，充满着对民主选举、民主政府的巨大期望。在仰光我拜访了1988民主运动的几位学生领袖，他们为民主奋斗了很多年，付出了巨大的牺牲，献出了他们宝贵的青春。他们将如何投入即将来临的民主选举呢？他们将在民主道路上扮演什么角色呢？

我拜访的几位学生领袖都为追求民主坐过牢，受过酷刑。他们对我说，最使他们痛苦的酷刑是单人牢房监禁。一位在单牢关了一年半的人说，由于在单牢中不能说话，他的声带退化。后来他被关入三人牢房，最初不能正常发声说话，经过很长一段时间才恢复正常说话的功能。另一位学生领袖，由于是民主运动的主要负责人，在单牢中被关了20年，获释才一年多，比其他人晚得多。他说最初在单牢中还不允许看书，更增加了痛苦，心理压力极大。后来经过国际红十字会的介入干预，才允许他看书，他可以看一些宗教方面的书。那些年，他是在思考中度过的。

第十章 缅甸：民主、优主的道路徘徊

在民主大潮的压力下，军人政府渐渐退让，这些学运领袖先后逐渐被释放。他们回到了社会中，此时缅甸的民主运动在国际社会的支持下正蓬勃发展，其中最大的诉求是举行民主选举。2013年，民主派的各路人马都在积极准备参加2015年的议会大选。我问学生领袖，你们是不是要组党参加大选？我猜想，以他们为民主作出过的贡献牺牲的声誉，以他们搞民运的组织经验，他们大概可以在议会中得到一些席位。

他们告诉我，他们还没有决定是否要组建自己的政党。那位学运主要领袖对我说，组建政党需要高素质的人才，搞民主需要在草根基层有新型的人手。他现在主要把精力放在基层教育方面，经常去社区作讲演，希望能够培养出高素质的新人手。我在仰光参加的那次社区演讲会，就是他主讲的，可惜那次演讲会我没有翻译，不清楚他讲的具体内容，不知道他如何通过演讲进行草根教育。

我离开缅甸四年后的2017年，忽然在媒体上看到，88民运的几位学生领袖决定组建政党，他们政党的名称是"8888"，这是因为1988年民主运动的最高潮发生在8月8日，那天的事件对缅甸的民主化有深远的影响。学运领袖们对组建政党发表了一些讲话，没有提到高素质人才和新型人手，而是强调了"责任"。一位领袖说："目前在缅甸的政治阶层中有一个错误的观念，认为政党的唯一目标是获得权力。"他说，组建8888党是为了形成一个机构，其机制是对政党的政治理念承担责任，8888党的目标是"承担政治责任，而不是权力"。

"缅甸的政治阶层"是一个涵盖很广的词汇，是包括民主联盟的。作为国会中最大的党，民主联盟在政治阶层中占的比例相当大。"政党的唯一目标是获得权力"，是不是暗指民主联盟中的一些人有这样的错误观念呢？有报道说，学运领袖和民主联盟的关系近来不如以前那样"亲热"，因为学运领袖多年来一直积极支持民主联盟，但民主联盟总是重用"自己

这位88民主动动的学生领袖被囚禁十年,运动前他主修经济,梦想缅甸经济发展,现在构想着"理想主义"经济模式

人",学运领袖方面的人没有得到担任政府职务的机会。

"为了政治责任而非权力",这是充满了理想主义的政治宣言。30 年前,学运领袖们曾经满怀理想,冲上街头游行示威。30 年中,他们付出了巨大牺牲的代价。30 年后,当他们涉足民主政治的现实泥潭,他们还能真诚地不忘初心、保持理想吗?当民主政治呈现出阴暗面的时候,他们的理想会改变吗?

2013 年在仰光时,一位学运领袖和我谈过他的理想。他曾被囚禁 10 年,在 1988 年民主运动爆发之前,他是主修经济学的,有过当经济学家、发展缅甸经济的梦想。出狱之后,他看到缅甸的法律制度是经济发展的障碍,于是决定学习法律,后来他成为一名律师。在土地掠夺的事件中,他在基层社区给被掠夺者提供法律服务,此外还给民主参政的团体提供法律咨询。他仍然怀有发展缅甸经济的梦想,他告诉了我他的"理想主义"经济发展模式。他说,缅甸的经济发展模式必须注重三大领域,这是基于缅甸的国情。第一个是自然资源领域,缅甸的自然资源非常丰富,资源型工业能够带动缅甸的工业化;在发展这个领域的时候,不能让私有企业独吞掠夺,要形成机制,使资源所在的社区能够分享利益;外资、国资、民资都可以投资资源型工业,但必须有严格的管制;重要的自然资源,应该由国有企业开发。第二个是廉价劳动力的领域,缅甸工资低,劳动力充足,应该发展劳动力密集型行业。第三个是农业领域,缅甸的农业资源丰富,发展潜力巨大,目前的农业产品主要是传统的、附加值低的,应该在农业中推广高科技,增加农业产品的附加值。

他说他提出这个理想主义的发展模式,是为了给缅甸的未来发展,勾勒出经济政策的重点。他希望政党的领导人能够制定出相关的具体政策,他期盼缅甸的经济起飞。

缅甸的失败与新加坡的成功

让缅甸经济起飞,是许多缅甸人的梦想。在二战之前,缅甸人的生活水平比周边国家高,那时缅甸人被邻国视为"富裕人家";现在,缅甸远远落后于它的邻国,成为东南亚的"贫困户"。在奈温1962年政变之前,缅甸的经济在民主政府治理之下就经历了下滑,使缅甸开始落后于一些邻国。1960年,泰国的人均收入比缅甸高了80%。后来这种差距变得越来越大,2013年泰国已比缅甸高了近500%。[①]

新加坡和缅甸之间的差距变化,使得缅甸人感到更加痛心。1965年新加坡刚刚独立时,经济不如缅甸,还把缅甸作为赶超的目标,当时李光耀曾经说:20年后,新加坡将赶上缅甸。而在2017年,缅甸远远落到了后面,人均GDP竟然只是新加坡的2%。[②]

2016年昂山素季在新加坡访问时提到了李光耀的这个讲话,她说:"在新加坡刚刚独立的时候,李光耀总理说,20年后新加坡将赶上缅甸。现在,我们不得不改一下说:20年后缅甸将超过新加坡。"为了让缅甸能够超过新加坡,她呼吁新加坡在"经济上"和"政治上"帮助缅甸,给缅甸提供宝贵建议。在经济方面,缅甸希望得到的新加坡帮助有投资、贸易,还有新加坡在创新和竞争等方面的经验和建议。在政治方面,缅甸希望得到的新加坡经验和建议是什么呢?昂山素季没有具体说明。

根据西方的民主理论,新加坡不是一个民主国家,它的政治体制是

[①] 世界银行数据,http://www.worldbank.org/en/news/opinion/2013/06/01/myanmar-stepping-up-to-asia-and-the-world,2020.8.21。
[②] 世界银行数据,参阅 https://data.worldbank.org/indicator/NY.GDP.PCAP.CD,2020.8.21。

"威权政治",是精英通过威权来实行治理,是精英主义,不是民主主义。新加坡的精英政治特点是,挑选优秀人才,让他们成为体制中掌权的精英,这是和民主政治不同的,可以称为"优主政治"。①

优主政治想要克服民主政治中常常出现的问题。有两个问题是民主制度中很容易出现的,一个是"自毁",另一个是"自弱"。

所谓"自毁",是由于民主选举只强调选举权利,却没有选举责任的约束,使得人们可以不负责任地投票选举,结果很可能造成毁害性的影响。譬如一些利益集团,利用了选民不需进行负责任思考的选举特点,散布不需思考、只重煽情的信息,拉选票谋求当选,这些人当选后作出的决策,有利于小集团的利益,却毁害国家、社会的长远利益,使得国家自毁。

所谓"自弱",是由于民主制强调"多数决"的规则,这使得民主制一方面可以防止智力道德低下的低端者当政,但另一方面也妨碍了优秀的高端者当选,因为大多数人的智力水平是趋中的,不能理解高端的精英,倾向于认同趋中者。"多数决"规则含有趋中效应,难以实现趋强取向的选择。趋中制国家在国际上和趋强制国家竞争,将处于劣势,导致"自弱"。

为了避免民主制的自毁自弱,优主政治瞄准了构建趋强体制的目标,其核心是让优主执政,其关键是选择优贤人士,以便组建贤能优主集团。如何才能形成这样的优贤主政集团呢?下面的五个大原则是选拔和组建优主集团的关键。

第一,优者执政集团的大门是开放的,不应该设置除了"贤能(德智皆优)"之外的任何其他准入条件。执政集团大门不开放会使执政集团

---

① 关于优主政治,参阅本书第十二章。

缺乏多元化的、高素质的人才，也会造成社会大众的不公平感。

第二，执政集团的大门要有"择优"的门槛。"优"的标准是以"为社会长远利益服务的能力和道德"的水平为准，而不是以"为个人利益服务的能力"为准。择优门槛是保证优贤集团能够维持高水平的关键，必须有择优的机制，才能使执政集团在素质方面立于社会的高端。

第三，执政集团内部要有继续自我优化的机制。择优门槛固然能够网罗高素质人才，但如果这些人进入优主集团后就不思进取，便会逐渐沦为非优者。继续自我优化应该特别注重两个方面，一是要加强学习和历练，使能力持续优化；二是要加强道德方面的纪律检查。道德的下滑往往会比能力的降低更容易引起大众的反感，这种反感会败坏优主集团执政的社会共识，从根本上颠覆优主集团执政的正当性、合法性。

第四，执政集团内部的组织机构要有结构优化的趋优化机制，使集团内部的人才配置合理优化，形成趋优化的集团组织结构。要选拔能力适合于某岗位的优者，来担任此岗位的工作，各岗位的人协调配合，形成优化的集团执政能力。同时集团中要有机制，防止出现个人独裁的情况。

第五，优者要和普通大众保持密切联系。优者如果脱离大众，将不能对社会有全面的了解，同时也会失去大众的支持。优者和大众联系密切，一是可以接地气、了解下面的情况、改进自己的认知；二是可以向下面传播自己的智慧，把高素质的意见传播开来，以便提高群体的素质。

新加坡的精英主义威权政治很近似优主模式。优主模式的五大原则可以在新加坡的政治实践中看到明显的印记。

第一，大门开放。新加坡的执政集团的最重要成分是人民行动党，该党在吸收党员时采取了开放性的政策，只要提出申请，几乎都可以加入。新加坡的族裔矛盾曾经非常尖锐，但人民行动党主动吸纳各族党员，不搞族裔排他，还让少数族裔人士担任党的某些高级职位，在政府内阁中，也可以看到相当数量的少数族裔担任了高级职位，如财政部长、外交部长等等。这样的开放性不仅缓解了族裔矛盾，而且还吸纳了更多的优者。

第二，择优门槛。人民行动党的党员分两大类：普通党员和干部党员。虽然对普通党员大门开放，但要成为干部党员则需要跨过一道很高的择优门槛。对于这条原则，新加坡的执政者有高度的自觉认识，人民行动党秘书长李显龙反复强调："新加坡采取精英治理政府的哲学。我们必须挑选各行业的精英来参与国家治理，这些精英需要具备的先决条件是有社会责任感，是愿意为人民服务的。"李光耀提出了"猎头"的方法，强调主动去党外识别选择高素质的人。如果人民行动党相中了某个优秀人才，往往会锲而不舍地与其"茶叙"，想方设法将其纳入旗下。新加坡的执政集团除了设置了政党的择优制度，还设置了非政党的择优制度，譬如在政府中设立了公共服务署，管理政府公务员的任命、晋升、处罚，以保证任人唯贤。公务员并非全部是人民行动党党员，这个机构使得执政集团又多了一个择优门槛。

第三，继续自我优化。在提高执政集团成员的能力素质和防腐反贪方面，新加坡都有制度举措。譬如办干部党员培训班来提高能力、通过贪污调查局和公共服务署来反腐。新加坡曾经贪污腐败泛滥，从英国殖民当局统治的19世纪，到1965年新加坡独立，贪污腐败一直很严重。新加坡独立后，人民行动党的政府对贪污调查局进行了不断的改革，同时又加强了公共服务署在任命、晋升、处罚公务员时的廉正公正措施，使贪腐活动大大减少。另外，新加坡还实行了高薪养廉的防贪政策，配套形成了不想贪、不必贪、不能贪、不敢贪的反贪腐机制。目前，新加坡已成为世界上最廉洁的国家之一。

第四，组织结构趋优化。人民行动党的组织结构反映了这条原则，它的高层组织机构是中央执行委员会，由干部党员选举产生。干部党员已是经过择优门槛挑选出来的精英，他们具有责任感，具有思考识别的能力，由他们选举更高的优者，可以使更优贤胜任的人士担任更高的职务，使高层决策更加趋优，而且也能防止高层的个人独裁。

第五，精英优者和非精英大众密切联系。在新加坡的政治实践中有几项活动与这条原则相关，譬如，人民行动党的上层精英和基层支部之间每月举行沟通联系的月会，议员在自己的选区"会见人民"、搞"走街""家访"等等的活动。近年来当网络成为人际沟通的重要渠道之后，人民行动党也开始使用网络作为上层与基层的沟通手段。

新加坡的优主政治取得了良好的治理结果，1965年新加坡独立建国时人均GDP只是英国的28%，1993年赶上了英国，到了2013年其人均GDP已是英国的140%，弱小的前殖民地国家高效快速赶超了强大的前宗主国。新加坡也有"民主选举"，但它的"优主政治"使民主选举变了形。人民行动党为了防止多党在议会中造成纷争的乱局，总是想法使自己能够获得绝对多数的议席，它主要采用了不断更改选区和选举规则的方法来排斥反对党。当看到反对党的候选人在某个选区将要获胜，人民行动党就会通过自己掌握的立法优势去更改那个选区的规则，使反对派的候选人无法当选，使全民普选变得有名无实。这种方法使得新加坡可以享"民主"之名、行"优主"之实。如此"偷梁换柱"的方法当然是不难被识破的，所以很多西方人士把新加坡称为"威权政体"，而不是"民主政体"。

交叉曲折的民主、优主历史

缅甸和新加坡一样，也曾经是英国的殖民地，它比新加坡早独立17年。缅甸独立后选择的道路，有民主政治的影子，也有优主政治的影子。但无论是民主的道路，还是优主的道路，它走得都不成功。缅甸的不成

第十章 缅甸：民主、优主的道路徘徊

功，可以给民主政治和优主政治提供双重的启示，尤其可以给优主政治提供特殊的教训。

缅甸独立后实行了十年左右的民主制，结果是政党分裂、族群对抗、经济困难、腐败滋生……于是发生了军事政变。此后军人统治了缅甸50年左右，在军人统治的政体框架中，军队被定位的角色带有明显的"优主"色彩。缅甸的军人统治者主张："训练和发展一支强有力的国防部队，使其具有军事、政治、经济和行政的卓见，来承担国家政治领导角色。"①所谓"具有卓见"，就是具有优于普通人的能力；所谓"国家政治领导角色"，就是要当主政者，作"优主"。他们还具体化了军人在国家中作"领头羊"的工作目标："（军人）在前头推进和捍卫国家的12个大目标"。② 这12个大目标包括国家稳定、和平团结、经济发展、道德提升、文化传承等等。③ 不过，缅甸历史发展的实际结果却背离了优主政治的设想，这12大目标并没有如"优主"所愿的实现，缅甸的优主政治是失败的。缅甸的民主和优主都不成功，回顾缅甸自独立以来的历史，可以看到其不成功的曲折道路，也可以反省其不成功的原因。

在缅甸的历史中，既蕴涵着搞民主的国情元素，也蕴涵着搞优主的国情元素。作为英国殖民地，缅甸的精英受西方教育熏陶，接受民主价值观，想搞民主政治是很自然的。但是同时，缅甸军人在独立运动和其后各届政府中扮演的"优越"角色，再加上当时的国际大环境中一些肯定军人优越的思潮，又使得搞"军人优主"的想法也很自然。

---

① 参阅 *Brief History of the Myanmar Army*, Yangon：Defence Services Museum and Historical Institute，1999年。
② 同上。
③ 同上。

领导缅甸独立的精英大部分是军人，譬如昂山、①奈温。而且他们是"体制内"的正规军人，不是"体制外"的游击军人，他们在政府中一直占有"优越"的重要领导地位。他们的独立运动始于1930年代反抗英国殖民当局的活动，由于日本当时要和英国争夺缅甸，日本军国主义政府积极支持缅甸独立运动，昂山等精英去过日本，接受过日本的军事训练。1942年日本全面入侵缅甸，赶走了英国人，成立了所谓的"独立政府"，昂山、奈温等精英在这个政府中担任了部长等高级职务，他们领导的军队是这个政府的"正规军"。1945年春，昂山领导这个"正规军"反戈一击，背弃日本，投向盟国联军；他们继而和英国谈判，最终达成了缅甸在1948年正式独立的协议。在这段缅甸独立的历史进程中，军人在政府体制内扮演了举足轻重的领导角色，带领国家获得了独立，可以自视为是优越的领导者。缅甸独立之后，民主元素显现了力量，成立了议会民主的政府，不过军人仍然在政府中保持着举足轻重的地位。这是因为缅甸独立之后，不断发生少数民族的起义叛乱，溃败的中国国民党军队又进入缅甸占领了大片领土，需要军人来和这些武装势力作战，这使得军人继续有机会表现举足轻重的力量。同时，民主政府的执政表现不佳，政党内斗分裂、经济发展无力、社会治安不稳……这又使得军人可以显现其相对的优越性，鼓励了优主元素的发酵。

在1950年代、1960年代左右，国际上有一派学者肯定军人在国家整合、国家建设中的重要作用，强调军队具有训练素质良好、组织性强、凝聚力大的优势，可以成为维持社会政治稳定的最可靠力量，这种理论当时

---

① 昂山 Aung San（1915—1947），领导缅甸独立的军事领袖，被称为"国父"，在缅甸正式独立前数月遭到暗杀，昂山素季是他的女儿。

第十章 缅甸：民主、优主的道路徘徊

具有相当的市场。① 对于缅甸的军人来说，除了理论，他们还有一次"实践"，使他们可以自称是最可靠的优势力量。这次"实践"是"军人看守政府"在1958年至1960年期间的执政。1958年民主执政的政党发生了严重分裂，冲突激化，很可能引发内战，军队领导人与民主政府的领导人达成共识，进行了一次"共识"的军事政变，由军人组成"看守政府"。此后两年军人"看守政府"的执政绩效相当不错，一改民主政府的混乱低效状况。仅从宏观经济数字就可见一斑，在民主政府执政的1948年至1958年期间，人均GDP一直低于"二战"前英国殖民统治时代的1938年。以1938—1939年为基数100，民主政府时的最低年份甚至只是61，而在军人执政的两年中，人均GDP首次发生了超越，1958—1959年是102，1959—1960年是107。② 不仅是宏观经济数据，在维持治安、稳定物价、改善市政面貌等方面，军人执政期间也都有很明显的进步。

1960年缅甸再次举行民主选举，这是军人"看守政府"在民主元素影响下作出的承诺，要归政于"民主政府"。在竞选中，吴努领导的党派主张要把佛教定为缅甸的国教，由于缅族占缅甸人口的69%左右，佛教是缅族文化的巨大支柱，这样的竞选纲领吸引了大量的缅族支持者，不过同时也冒犯了一些少数族裔（有些族裔不信仰佛教，或者与缅族的文化有很大的差异）。吴努竞选成功之后，几个少数民族的领导人开始酝酿要退出缅甸联邦，根据当时的民主宪法，他们是有权利这样做的。1962年，军人

---

① 关于这一派学者的观点，请参阅 Guy Pauker, "Southeast Asia as a Problem Area in the Next Decade" in *World Politics*, xi (1959/4)。John J. Johnson, *The Military and Society in Latin America*, Stanford: Stanford University Press, 1964。Alfred Stephan, *The Military in Politics*, *Changing Pattern in Brazil*, Princeton: Princeton University Press, 1971。
② 数据来源请参阅 Louis J. Walinsky, *Economic Development in Burma 1951-1960*, New York: The Twentieth Century Fund, Inc., 1962, pp.660—661。

以防止国家分裂为理由，再次发动了政变，这次政变和民主政府是没有"共识"的，军人政府也不再是"看守政府"，而是要长久执政的。

奈温是这次政变的领袖，政变后他领导的政府有两个突出的特点：一是在政治上，权力高度集中于领袖一人之手；二是在经济上，推行了"缅甸社会主义道路"的经济政策。在"缅甸社会主义道路"政策的指导下，工商业进行了大规模的国有化，农业虽然没有搞大规模的集体化，但是政府控制农产品的价格和买卖，还强势指导许多农业活动。在奈温政府时期（1962—1988），缅甸的经济表现不尽如人意。据传奈温1967年在内部高官圈中讲话时说：缅甸"二战"前是世界上最大的稻米出口国，但现在却喂不饱自己了。① 此后政府推出了一些改革措施，并且大力引进推广国际"绿色革命"的高产改良品种，使得农业产出有了不错的改进，农产品出口大为增加。从出口总额的数字来看，军政府开始执政的1962年是2.6亿美元，1970年跌到1亿美元，"绿色革命"后的1980年大大上升至4.7亿美元。② 但是到了1980年代的后期，"绿色革命"的效力渐弱，1987年出口总额降到2亿美元左右，1988年更是跌到1.5亿美元，GDP也出现大幅度的下降。③ 在奈温执政的晚期，他曾经做出过一些匪夷所思的经济决策，譬如废止某些面值的纸币。1987年9月政府突然宣布面值25、35、75缅元的纸币全部作废，同时推出面值45缅元和90缅元的新纸币。如此怪异的决定据说是因为根据缅甸的占星术和命理学，奈温相信"9"是吉祥数字，用能被9整除的数额作货币面值可以使缅甸经济繁荣，还可以使他自己活

---

① 参阅 David Steinberg, *Burma/Myanmar: What Everyone Needs to Know* (2nd ed.), New York: Oxford University Press, 2013。
② 数据来源请参阅 Khin Maung Kyi, Ronald Findley, et al: *Economic Development of Burma: a Vision and Strategy*, Stockholm: Olof Palme International Center, 2000。
③ 出口数字来源同上。GDP数字参阅 https://data.worldbank.org/indicator/NY.GDP.MKTP.KD.ZG? locations = MM, 2020.8.21。

第十章　缅甸：民主、优主的道路徘徊

到90岁。① 这次废止货币是突然宣布的，而且不允许持有旧币的人兑换新币，这使得很多人的财富骤然化为乌有，因此引起民众强烈的不满。这种不满成为1988年爆发的民主反抗运动的重要原因。

在1988年的大规模民众反抗和激烈社会动荡之中，奈温于7月辞职，军人又在9月发动了一次政变，成立了"国家法律和秩序恢复委员会"（State Law and Order Restoration Council，SLORC），从此，奈温时代结束，缅甸进入了新军政府时代。② 这个新军政府和奈温政府相比，有两点不同。第一，在政治上新军政府是小集团的"集体领导"，而不是奈温式的"个人独裁"③；第二，在经济上新军政府推行了私有化、市场化等等新政策，而不再走"缅甸社会主义道路"。在新军政府执政的1988—2011年期间，缅甸的经济有相对较好的增长，官方公布的年增长数字有时候高达10%以上，虽然这些数字被不少海外学者质疑，但即使增长率没有官方数字那样高，缅甸经济还是有了相当不错的发展。在平息少数民族叛乱方面，新军政府也取得了一些成绩，与几个少数民族的叛军达成了停火协议，我访问过的巴奥人和佤族人的叛军组织，就是在这个时期和中央政府达成的停火协议。新军政府的私有化和对外开放的经济政策，虽然带来了经济增长，但也带来了大量的贪污腐败。新军政府的人士在国企私有化时低价鲸吞国有资产，在开放吸引外国投资时利用特权跻身厚利的合资企业，在推行开发项目时大量掠夺土地……不少军队精英，还有与新军政府有特殊关系的人，在这期间暴富起来，而广大平民，尤其是失去土地的农民，则处于贫困之中，"缅甸社会主义道路"时代的平均主义被新军政府时代的贫富悬

---

① 参阅 David Steinberg, *Burma/Myanmar: What Everyone Needs to Know* (2nd ed.), New York: Oxford University Press, 2013。
② SLORC 在1997年转型更名为 State Peace and Development Council（SPDC），为叙述简便起见，新军政府是泛指1988—2011年期间的缅甸政府。
③ 小集团中有一位相对重要的领导人，但其权力不似奈温那样绝对与强大。

殊所取代。2007年，为了推行市场化的价格改革，军政府取消了燃油价格补贴，导致各种燃料的价格上涨一倍至五倍。这次市场化的价格剧涨，使贫困民众的生活雪上加霜，引起了强烈的社会不满，引发了"番红花革命"。反对派的政治人士和学生，以及穿着番红花色袈裟的僧侣走上街头，举行大规模的游行示威。军政府对这次游行的强力镇压，遭到了国内广大民众的抗议，也遭到国际上很多国家的谴责。在内外压力之下，民主元素再次显现力量，军政府被迫进行了朝"民主化"的转向，于2008年推出了新宪法，并且举行了批准宪法的公投。虽然这部新宪法含有维持军人参与政治领导的成分，譬如议会下院（Pyithu Hluttaw）的25%议席由军人占据，但也含有西方民主的成分，譬如两院制、多党竞争、权力制衡、保障个人基本自由权利等。根据宪法，2010年举行了大选，一些"民主派"人士和少数民族党派的人士当选为议员，总统也不再是现役军人。① 军政府统治在大选之后的2011年正式结束。

缅甸政府"民主化"转型之后，进行了一系列民主改革，譬如释放政治犯、取消审查制度、开放报禁等等。在经济方面也进行了更为开放、更为市场化的改革，积极吸引外国投资来促进缅甸的经济发展。民主化使西方国家减少了对缅甸的经济制裁，外资进入缅甸的数量大为增加，在2012年至2015年期间，缅甸的GDP年增长率在7%—8%左右，其后三年在6%左右。② 不过在民主化进程中也出现了一些问题，尤其是穆斯林和佛教徒之间的暴力冲突，频频不断地爆发，先是造成数百人丧生，后来更是发展成为震惊世界的罗兴亚难民危机。关于罗兴亚问题前面讨论过，引发冲突的一个原因是佛教徒中的激进分子活动，在解禁后的言论自由

---

① 总统登盛是退役军人，昂山素季在2012年当选为国会议员。
② 世界银行数据，参阅 https://data.worldbank.org/indicator/NY.GDP.MKTP.KD.ZG，2020.8.21。

第十章 缅甸：民主、优主的道路徘徊

大环境中，激进的僧侣可以随意发表偏激蛊惑的演说，结社自由更使极端主义运动有了自由发展的大空间，给暴力冲突孕育了参与者，提供了导火索。

民主、优主的双重教训

回顾自独立以来70年左右的历史，可以看到缅甸的执政实践有半个世纪是要搞优主政治的，想把军队打造成"具有军事、政治、经济和行政卓见"的优秀集团，"来承担国家政治领导角色"，来实现和平团结、经济发展、道德提升等有利于社会长远利益的伟大目标。但是，无论是"个人独裁"的奈温政府，还是"集体领导"的新军政府，都没有很好地实现这些目标，更没有实现军队的真正"优化"。寻找缅甸失败的原因，可以从优主政治的五大原则来逐一分析。缅甸军政府的执政实践显示，这五大原则都没有被遵循。

第一，大门开放的原则。虽然缅甸军队的大门没有明文规定"不开放"，但在实践中却有许多排他的、不包容的做法。譬如，克伦族的军人在"二战"以及缅甸独立斗争中贡献很大，独立之初缅甸军队中有不少克伦族的官兵，总参谋长也由克伦族将军史密斯·董[①]担任。但当发生了克伦族起义叛乱之后，虽然这些克伦官兵效忠政府，没有参与叛乱，却被清洗出军队。史密斯·董是一位堪称德才双全的"优贤"将军，在才能方面，他在军事学院受训时就表现突出，获得了军事学院的最高荣誉奖项（英国殖民统治时期）；在战争的实践中，他也表现了突出的才能，"二战"期间他被空投到敌占区，在伊洛瓦底江三角洲领导了成功的军事抵抗

---

① Smith Dun（1906-1979）。

活动。在道德方面,他能够顾全大局忍辱负重,虽然他被缅族精英不公正地清洗,但为了国家团结统一的群体长远利益,他没有投入叛军,而且还能够约束手下的克伦族官兵不造反。如此贤能的优者却被排除,这明显违背了优主政治的大门开放原则。

第二,择优门槛的原则。缅甸的军队不按"贤能"的条件来择优发展,没有优贤的门槛,而搞任人唯亲,一方面把诸多"优者"挡在大门之外,另一方面又把许多"亲者"吸纳进来。在战争时代,奈温是第四缅甸步枪团(The Fourth Burma Rifles)的领导人,战后他大力提拔跟随他的第四步枪团成员,使第四步枪团的军人占据了军队和政府的许多要职,这些人未必都是优贤之士,有的甚至素质很差。第四步枪团军人通过任人唯亲的提拔,在政府中形成了自己的"随从体系"(entourage system),[①] 成为左右政府决策的强大力量。奈温辞职之后,在新军政府中,第四步枪团军人仍然占据要津,其第一任主席兼总理苏貌,就是第四步枪团军人,此人教育程度不高,只读过8年书。苏貌任职4年后神秘地辞职了,据说他心理状况不稳定,认为自己是蒲甘王朝11世纪的一位缅甸国王的转世投胎,还身着王朝服装举行各种仪式。也有传说,对苏貌心理状况的非议是政敌营造的谣言,目的是要把他赶下台。无论是苏貌心理状况不佳却被提拔为高级领导人,还是政敌通过造谣把高级领导人拉下马,都是违背择优门槛原则的。搞随从体系的并非只是奈温和第四步枪团,缅甸很多大大小小的领导人都有各种各样的随从体系,因此往往是"一人得道,随从升天",任人唯亲。注重随从关系在缅甸文化中有长久的传统,缅甸军人集团想搞"优主",却没有采取措施来防范这个问题,结果是"随从"替代了"优贤",任人唯亲颠覆了优主政治。

---

① 参阅 David Steinberg, *Burma/Myanmar: What Everyone Needs to Know* (2nd ed.), New York: Oxford University Press, 2013。

第三,内部继续优化的原则。这条原则特别注重的两个方面是"加强学习"和"防止腐败",而缅甸军队在这两方面都有缺陷,尤其是在防止腐败方面。缅甸的腐败情况非常严重,被"透明国际"列为最腐败的国家之一,在全世界170多个国家的清廉指数排名中,位于很低的位置。① 缅甸的腐败状况在1988年之前还相对较好,以后日益恶化。1988年政变之后,新军政府强力扩大军队,从1988年的168个营(battalion)逐渐增扩到504个营,② 入伍军人数目从1988年的20万增至2002年的40万。③ 急速扩招很难控制进入军队的人员素质,并且由于军队享有很多特权,参军对钻营牟利者有很大的吸引力,因此很多贪图私利的"劣者"进入了军队。在1988年后的市场化经济改革中,军队在国企私有化、吸引外资、经营合资企业等方面享尽特权,获利极丰,其中掩藏着无数贪污腐败活动。腐败侵入了缅甸政府的各种机构,前几年被媒体广泛报道的一位仰光法官索贿15万美元的事件,只是冰山一角。相关报道指出,法官索贿已形成"市场价格",什么样的案件收什么价格的贿赂,什么价格的贿赂可以得到什么样的判决结果,而且还出现了招揽客户的中介服务,专职于法官与诉讼客户之间的贿赂沟通。关于军队内部的腐败活动,虽然有很多传闻,但具体详细的报道比较少,因为军队善于保守"机密",同时具有能力和手段影响媒体。军队腐败事件往往是在政坛高层派系斗争时暴露出细节来,譬如2004年军人总理钦纽突然被拉下马,后来被控贪污受贿等罪,他的随从体系人员也被控贪腐而纷纷落马,这次贪腐曝光据说是与钦纽和

---

① 参阅透明国际官方网站 https://tradingeconomics.com/myanmar/corruption-rank, 2020.8.21。
② 参阅 David Steinberg, *Burma/Myanmar: What Everyone Needs to Know* (2nd ed.), New York: Oxford University Press, 2013, 第103页。
③ 参阅 Ian Holliday, *Burma Redux: Global Justice and the Quest for Political Reform in Myanmar*, New York: Columbia University Press, 2012, 第72页。

丹瑞之间的派系斗争直接相关的。和"防止腐败"相比，缅甸军队在"加强学习"方面做得比较好一些。缅甸军方在军队中设立了很多教育训练机构，还开办了大学和研究院。这些机构中除了有纯属军事方面的专业之外，还有医学、工程、护理等专业，研究院的教育则注重于"国际关系"和"战略研究"。这些学校是要为军队和国家培养领导人才的，实现军方给自己的定位，使军人"具有军事、政治、经济和行政的卓见，来承担国家政治领导角色"。军人政府中绝大多数高级官员都毕业于这些教育机构，譬如在新军政府的117位部长、副部长中，有101位是军人，这些军人的81%（82人）是这些院校的毕业生。[①] 政府高官多为校友的现象，折射出随从体系的严重性，这些军队院校既帮助了军人的学习，也帮助了军人随从体系的构建。相比于非军队经营的普通院校，这些院校的资源更为丰富，这一方面虽可有利于军队培养专业人才，但另一方面却更突出了军队的特权。如此的培养，很可能只是培养了专业才能，而未必是优主所必需的贤能，这正是缅甸军队在"加强学习""继续优化"方面的严重缺陷。

第四，内部组织结构趋优化和防止个人独裁的原则。趋优化是要选拔优贤水平相对高的优者，任职相对重要的位置；选拔能力适合于某岗位的优者，担任此岗位的工作。但是由于随从体系的问题，缅甸军队并不能很好地实行这条原则。从上而下的任命是任人唯亲，从下而上的跟从是尾随亲者，随从关系严重影响了组织结构，不是趋优化，而是趋亲化。史密斯·董的被清除、苏貌的提升与下台，都表现了"趋亲"，而不是"趋优"。奈温时代实行个人独裁，更是从根本上违背了这条原则。

第五，与非精英大众密切联系的原则。缅甸军队给自己成立了医院、

[①] 参阅 Maung Aung Myoe, "Officer Education and Leadership Training in Tatmadaw: a Survey" (working paper #346), Strategic and Defence Studies Center, Australian National University, 2000年5月，第15页。

第十章　缅甸：民主、优主的道路徘徊

学校等等服务机构，只有军队成员和他们的家属才能进入这些机构，享受相关的服务。军队建立这套机构体系的结果，至少形成了两道"墙"，有违于"与非精英大众密切联系"的原则。第一道是阻碍接触的有形之墙，军人和他们的家人去这些排外性的机构，不接触平民，自成一体，形成小圈子，自己筑墙隔绝联系。第二道是特权引起的仇富、仇军的无形之墙，军队机构获得政府给予的丰富资源，军人有特权可以排他享用，平民只能望洋兴叹。在军政府统治下，军人得到了大量特权，使他们很容易致富，而平民则分不到一杯羹。譬如，在1988年后的私有化、市场化经济改革中，政府成立了一些大型的综合企业集团，把很多"缅甸社会主义道路"时代的国有企业归于这些集团旗下，同时还授权这些集团经营一些利润极丰的项目，有宝石开采、大型银行、购物中心、工业园区、经济特区，还有各种各样的制造业、旅游业、进出口贸易的公司等等。这些集团的大部分股份是由现役或退役的高级军官持有，平民无权获得。特权之墙使平民对军队产生了强烈的反感，形成了抗拒的心理，而且特权给军人带来的财富和造成的贫富差距，还使得军人难以理解平民在无权、无财状况下的体验和想法。这种隔阂，使得优主政治所需的"优者精英接地气、了解下面的情况、改进自己的认知""把高素质的意见传播开来，提高群体的素质"，都无法实现。主政者在与民隔阂的情况下，很可能作出完全脱离实际的有害决策，奈温晚年关于货币的荒唐决定就是一个突出的例子。

缅甸的军政府原本是企望把军队打造成优秀的精英组织，成为国家的领导栋梁，但是由于它没有遵循优主政治的五大原则，没有根据国情构建符合五大原则的具体举措，因此军人集团腐败劣化，难以成为"优主"，堕落沉沦为"腐主""劣主"。缅甸的启示是，民主会发生问题，优主也不是说"优"就能够"优"的，需要在大原则的指导下构建一系列具体的举措来"择优""持优""行优"，才能够实现执政集团的真正优化，使贤者领导国家，使优者主导政府。

缅甸 1950 年代实行民主政治，虽然有民主的选举，但没有良政的治理，结果经济下滑、国家衰落，因而被军人政府取代。军人政府希图实行优主政治，使缅甸发展强盛，但是军人政府没有遵循优主政治的五大原则，结果民怨载道，民主运动再次涌起。2015 年的民主选举使民主联盟成为执政党，缅甸再次实行民主政治。在这 21 世纪的民主政治再尝试中，缅甸又出现了许多问题……

　　昂山素季希望新加坡在政治方面提供帮助和建议，她是要学习新加坡的优主政治？2019 年春天我在华盛顿参加了一个关于缅甸的研讨会，和一位来自印度的缅甸问题专家谈起这个问题，他经常去缅甸，对缅甸情况很熟悉。我问他昂山素季想向新加坡学习什么经验？他说，昂山素季想学习新加坡实现社会稳定的经验，譬如新加坡人民行动党能够在议会中长期保持稳定的绝对多数，能够稳定地执政。我说，人民行动党是使用改变选举规则来保持多数的，这是她想学习的经验吗？他笑着点点头。

　　如果昂山素季只是想学习新加坡的选举经验，那么她即使学到了，恐怕缅甸无论是走民主道路还是优主道路，都还会有问题。新加坡的选举经验是为优主集团能够在议会中保持绝对多数服务的，而新加坡成功的关键是，人民行动党通过遵循五大原则把自己建设成为真正的优主集团。如果执政党不是真正的"优主"，即使能够在议会中保持绝对多数，也很难取得可持续的优良治理结果。稳定固然是保证经济发展的重要因素，但还需要其他的重要因素。最关键的因素是"优主"，优秀贤能的执政者不仅能够在复杂的情况下维持社会的稳定，而且还能够制定出高质量的政策，实行高质量的治理举措，使经济在世界错综变化的环境中良好发展。

　　缅甸未来的道路将如何走呢？缅甸能够在 20 年后超过新加坡吗？这些现在还都是未知数。在过去的 70 多年中，缅甸经历了曲折的道路选择，而那些选择留下的多数是教训，而不是成功的经验。希望在未来的岁月中，缅甸的道路选择不仅能够提供教训，还能够提供经验。

第十一章　不丹：另类道路步入主流中心

大国压顶下的不自由国情/韬光养晦的独立之路/融合传统的政治现代化/民主化后面临的新挑战/避免不幸福陷阱的经济现代化/如何配置资源才能促进幸福

在选择发展道路的时候，边缘的、后发展的国家往往会仿效和跟随西方发达国家的发展模式。这样的选择是非常可以理解的，因为发达国家展示了成功的发展结果，它们高质量的物质生活，高水平的生产能力，都是后发展国家想要实现的目标，而且由于中心国家主宰了世界的话语，它们标榜的发展模式被广泛地传播，成为压倒性的主流意识，边缘国家很容易受到影响，把主流模式视为圭臬。

在众多的边缘后发展国家中，不丹是一个罕见的例外，它没有跟随中心主流的发展模式，而是创造了自己的边缘另类发展模式。更令人意想不到的是，经过30多年的发展实践，不丹的另类模式竟然对主流话语产生了巨大影响，被主流捧入了中心。不丹的另类模式是以"国民幸福总值"（GNH）[①]为核心的发展模式，不同于主流的以"国民生产总值"（GNP 或者 GDP）[②]

[①]　GNH 是 Gross National Happiness 的缩写。
[②]　GNP 是 Gross National Product 的缩写，GDP 是 Gross Domestic Product 的缩写。GNP 是国民生产总值，GDP 是国内生产总值，二者的关系是 GNP 等于 GDP 加上在外国的资本和劳务的收入，再减去外国投在本国的资本和劳务的收入。二者间差距一般不是很大。

不丹地理位置示意图

为核心的发展模式。不丹是在 1970 年代就提出了这个另类模式的理念，当时主宰世界的发展话语是 GDP，发展目标是 GDP，发展举措是围着 GDP 转……那时极少有人注意不丹那个边缘的另类声音。但是 2008 年的金融危机海啸，深深震撼了西方的经济理论思想，单纯追求 GDP 的主流发展模式开始被很多人质疑。2008 年 11 月，几十位西方国家的经济学家和政府官员去了不丹，考察另类的模式，寻求另类的思路。不丹的以国民幸福总值为核心的发展模式开始被西方主流重视。2011 年联合国大会通过决议，把幸福作为全方位发展的目标，不丹模式成为范式。2012 年联合国召开了一次高层会议，名为"幸福：定义新的经济范式"，不丹首相是会议的主持人。

不丹当年作出如此的道路选择，有其国情的根源，譬如它的佛教传统、它的上层内部协商传统。不过，在它的国情中，也包含着不利于它背离主流模式自主选择的元素，因为它的国家主权被国际条约蒙上了阴影，它缺乏外交的独立自由，它的选择自由受到限制。2017 年围绕不丹发生的中印洞朗对峙，只是不丹错综复杂的"不自由"中的一个小例子，它所承受的，远远超过洞朗。不丹能够在"不自由"的国情中，作出"自由"的道路选择，的确堪称奇迹。我去不丹考察过它的奇迹，看到它在不自由中作自由选择的艰难，理解了它的选择后来能够被主流捧入中心的原因。

我去不丹做考察的时候，不是乘飞机降临不丹，而是从印度的大吉岭出发，穿过杜阿尔斯平原，由陆路进入不丹。大吉岭以前属于锡金，杜阿尔斯原本属于不丹，是英国在 19 世纪利用不平等条约迫使锡金和不丹割让了这些领土，如今这些领土都属于印度，而那时候印度则是完全丧失主权的英国殖民地……西方强国的影响、地区大国的沉浮、喜马拉雅小国的变迁，构成了这个地区错综复杂的历史和现实，而不丹错综复杂的"不自由"，正是深嵌于此。

在这错综复杂的境况中，不丹作出了艰难的、但最终成功的道路选择。不丹是如何在错综复杂的境况中走过来的呢？

大国压顶下的不自由国情

要理解不丹的错综复杂的"不自由"国情，需要回溯到19世纪。

在19世纪的南亚次大陆的版图上，英国完全占领了印度，建立了英属印度的殖民政府。在次大陆北部的喜马拉雅山麓，几个小王国还保持着独立，但是不断遭到英国的蚕食，频频和英国发生冲突摩擦。从18世纪开始，不丹和英国就发生过几次冲突，其结果有时是不丹割地，有时是不丹出让部分统治权、英国向不丹支付一些补偿金。1864年11月，不丹和英国爆发了一次最大的冲突，史称"杜阿尔斯战争"。当时不丹完全没有现代化武器，也没有正规军。不丹的军队是由地方宗厦的卫兵组成，最先进的武器是火绳枪，多数士兵拿着弓箭、大刀、弹弓。这样的军队当然难以抵御英军，虽然也有几个小战斗利用熟悉地形的优势得到小胜，但是五个月后，不丹被彻底击败。双方经过谈判，签定了《辛楚拉条约》。根据这个条约，不丹割让了南方大片土地，其面积是不丹南方平原的三分之一，大约相当于不丹全部领土的7%。不丹北方多是喜马拉雅的高山高寒地带，南方平原对不丹的经济和政府的岁入有重大意义。但是作为战败国，不丹只能割爱。不过，割爱之余，不丹通过谈判争回一点点东西：英国承诺不干涉不丹内政，另外，英国每年支付不丹5万卢比作津贴。

1910年，《辛楚拉条约》又有了新的发展。那时喜马拉雅地区的形势变得更为错综复杂，英国要染指西藏，中国为了防止英国出兵，加强了对西藏的管控，同时中国对喜马拉雅山麓的那几个小王国也进行拉拢，施展控制。在这种形势下，英国需要稳住不丹，不丹则想要得到保护和获得更

第十一章 不丹：另类道路步入主流中心

多的利益。于是，双方在普那卡签订了一个新的条约。《普那卡条约》对《辛楚拉条约》作了两点修改。第一，英国给不丹的津贴将增加一倍，从5万卢比增加到10万卢比。第二，英国虽然承诺不干涉不丹内政，但不丹的外交要接受英国的"指导"。这是"不自由"外交的开端。

看到不丹的这段历史，中国人可能会有一种又熟悉又陌生的感觉。熟悉的是，西方国家进行殖民战争，东方国家战败而被迫签订屈辱的条约。这和中国的历史很相似，杜阿尔斯战争和第二次鸦片战争发生的时间相差不过三四年，中国那时也签订了许多不平等条约。陌生的是，不丹作为战败国，虽然割了地，但却能让战胜国给它支付津贴。中国签订的那些条约，都是又要割地、又要向战胜国赔款的。《南京条约》割让了香港岛，又要赔给英国2100万银元；《马关条约》割让了台湾、澎湖、辽东半岛，又要赔给日本两亿两白银。我不知道不丹的谈判代表如何施展了外交手腕，能够得到这样让英国倒贴津贴的条款。不丹的外交手腕是很有独到之处的，以后在它处理和印度的关系上，更可以看到它独特的精明。

1947年印度独立，它继承了英属印度的领土和权利。为了使印度和不丹的关系更明确化，1949年两国在《普那卡条约》的基础上又签订了《印度政府和不丹政府友好条约》。根据这个条约，在领土方面，印度继续占领当年不丹割让的土地，只把其中极小的一块还给了不丹；在津贴方面，印度继续支付给不丹，金额从每年10万卢比增加到每年50万卢比；在内政方面，印度承诺不干涉不丹内政；在外交方面，不丹要接受印度的"指导"。

对于这个友好条约，不丹最敏感的是它的第二条：不丹的外交要接受印度的指导。这项条款使不丹的独立国地位蒙上了阴影，如果不丹的外交必须受印度指导，不丹就是印度的"受保护国"，而不是一个完全独立的主权国家。诡异的是，条约的英文版本和不丹文字的版本在这第二条的语意上有模糊的差异，英文的意思是不丹有条约义务接受印度的指导，不丹文字的意思是不丹"可以"接受印度的指导。

韬光养晦的独立之路

不丹采取了韬光养晦的策略来争取自己的主权独立国地位。在条约签订后的最初20多年中，不丹没有向印度提起这个问题，让"第二条"静卧在模糊中。不丹也没有和世界上的大多数国家建立外交关系，联合国安理会五个常任理事国美、苏、中、英、法，没有一个和不丹有外交关系的，许多国家都是通过印度渠道来和不丹联系。不丹的策略是要取得印度的信任，有了信任之后，再讨论如何解决分歧。不丹认识到，印度愿意不愿意让不丹独立，很大程度取决于印度对不丹未来行为的评估预测上，如果印度觉得不丹独立后会成为一个在国际事务中支持印度的、可信任的友好国家，印度会愿意让不丹独立；如果印度觉得不丹独立后会成为一个在国际事务中与印度作对的国家，印度当然不会愿意让不丹独立。

不丹的判断很正确，它的韬光养晦策略也很明智，这使它能够成功地处理和印度的关系。与不丹的成功相比，锡金在这方面的国策是失败的，锡金和不丹的历史情况相似，都是喜马拉雅小王国，19世纪的时候也被英国割去了大片领土，其中包括最有名的大吉岭，印度独立后也成了印度的"受保护国"（锡金和不丹稍有不同，1950年印度与锡金签订的条约明确规定锡金是"受保护国"）。但是锡金没有采取韬光养晦的策略，锡金缺乏韬晦的一个著名例子是锡金王后的一篇文章。1966年锡金王后发表了一篇重新审视锡金历史的文章，其中大谈大吉岭的问题。她说，当年锡金国王只是把大吉岭的使用权让给英国，因为英国想在那里建一个疗养院，避开瘟疫流行的孟加拉湿热平原，但是英国滥用权力，把使用权出让变成了主权割让。文章的言外之意是,印度现在占有大吉岭是继续滥用权力。这篇文章引起印度对锡金的极度不信任。

锡金的这位王后是一个美国人,英文名字是 Hope Cook,她 19 岁的时候在大吉岭的云达摩尔酒店的酒吧邂逅锡金未来的国王。当时国王还是王储,36 岁正在鳏居,他的第一任妻子是中国的西藏人,两年前去世。王储和这位美国女大学生堕入爱河,四年后他们正式结婚,很快王储登基成为国王,美国妻子成为王后。

一年之后,王后发表了那篇"著名"文章,锡金和印度的关系开始紧张起来,几年后变得越来越坏。1975 年 4 月,趁着锡金境内尼泊尔人的动乱,印度军队侵入锡金,包围了王宫,软禁了国王。然后马上匆匆举行了一场所谓的公民投票,表决锡金是否并入印度。开票神速,结果极端:97.5% 的票数支持锡金并入印度。5 月 16 日,锡金正式宣布成为印度的一个邦。

在短短的一个月之间,锡金国王丧失了自己的王位,也丧失了国家的独立。他的美国王后在两年前已经离他而去,离开了锡金,再也没有回来过。我在锡金曾远眺当年的皇宫,那是座西藏风格的建筑,里面皇室人去楼空,锡金国王早在 30 多年前患癌症在美国的医院离世。

在大吉岭的时候,我住在萌发了这段皇室浪漫史的云达摩尔酒店。那是一个很有怀旧感的酒店,弥漫着英国殖民地时代的遗风,不是现代的高楼大厦,而是一座座老式别墅,散布在山麓旁英国风格的花园里。客房里有壁炉,傍晚会生上火,我去时虽只是初秋,大吉岭的夜晚已经很冷了,因为是在喜马拉雅山中。19 世纪的时候,这里是来自英格兰和苏格兰的单身茶叶种植园主寄宿的地方(这个地区盛产著名的大吉岭茶),后来改成了酒店。

我在印度和不丹曾与当地一些人谈论过这段皇室浪漫史,他们对这位美国王后都很反感。印度人说，她是垂涎王后的名号才下嫁锡金国王，当她看到锡金和印度的关系越来越紧张、王后位子保不住了，就一走了之；在她丈夫最痛苦、最需要她的时候，她却抛弃了他。不丹人很憎恨她写的那篇搅事文章，表面上像是要为锡金争回领土，实际上却把锡金彻底葬送掉。美国人对她当然比较同情，一位美国记者说，根据王后的自传，她离开锡金国王完全是私人方面的原因，毕竟她恋爱结婚的时候是那么年轻，对人生和生活还懂得太少。

的确，19岁的年轻人是很难懂得韬光养晦的，激进与浪漫是他们的特点。不过，也有一些例外的年轻人懂得韬晦，譬如不丹一位年轻的国王，17岁继承王位，就非常懂得韬晦，不丹的韬光养晦政策一直实行得很到位。

不丹的韬光养晦增强了印度的信任感，印度觉得不丹的领导人比锡金的领导人聪明谨慎，比较靠得住、不会搅局。当印度和中国的关系在1960年代恶化之后，印度很需要有更多的国际支持，让不丹加入联合国，可以多一个赞成票。1971年，不丹加入了联合国，这使不丹离独立国家的地位近了一步。不过联合国的席位还不能等同于独立，在苏联时代乌克兰、白俄罗斯等都有联合国席位，但它们作为苏联的加盟共和国，事实上都不独立。

不丹是一步一步慢慢地实现事实上的独立的。1971年，不丹把驻印度的代表升级为"大使级"，1978年正式把驻印度的外交机构升级为"大使馆"。这一步步的举动都争取到印度的共识认同，没有遭到印度的反对。于是，1979年，不丹国王正式声明，印度和不丹的友好条约需要"更新"。所谓"更新"，就是要按照不丹的意思来诠释"第二条"：不丹在外交事务上没有条约义务接受印度的指导。此时双方的信任已久经考验，印度没有异议，同意了不丹的诠释。此后，不丹为了显示它确实不必接受印度的

第十一章 不丹：另类道路步入主流中心

指导，在联合国表决一些与印度关系不大的议案的时候，它有时会不追随印度的取向来投票。譬如，1979年表决是否赞成红色高棉政府继续保持柬埔寨的联合国席位，不丹没有追随印度，而是随着中国投了赞成票。

不丹和印度、中国之间有着错综微妙的关系，不丹要在这错综微妙的关系中寻求独立和发展。就不丹的独立国地位而言，不丹处于很不利的历史网络中，因为印度和中国对不丹都有历史留下的、模糊的"宗主权"遗产，印度有《普那卡条约》，中国有不丹和西藏之间的臣属传统。不丹长期以来向西藏缴纳贡金，虽然是名义上的，但西藏接受贡金就象征着有"宗主权"。

尽管历史的网络对不丹不利，但在现实的网络中，却存在着对不丹有利的因素，这就是印度和中国有边界纠纷，双方都不愿意看到对方吞并不丹。面对这样的有利因素，如果是缺乏韬晦的策略家，会很张扬地打"敌国牌"，向印度讨价还价时打"中国牌"，向中国讨价还价时打"印度牌"。打"敌国牌"的策略有很大的危险性，它会增加猜疑和敌意，有可能触发对方过激的反应，成事不足败事有余。如果不丹张扬地向印度打"中国牌"，表示若是印度不给它某些利益，它就要投向中国，就要在中印冲突时不帮助印度，很可能会引起锡金的美国王后引发的效应，使印度认为不丹是个不可信任的"心腹之患"，而生出灭掉"心腹之患"的决心。在不丹向印度争取独立国地位的漫长过程中，不丹从来没有打过"中国牌"。

不丹没有打"中国牌"向印度索取利益，印度倒是在中印关系复杂化的阴影下，主动把利益送到了不丹手中。从印度安全防卫的角度来考虑，不丹是印度北方防线中的软肋，中世纪状态的不丹完全没有现代的防卫能力，外国军队可以长驱直入通过不丹侵入印度。印度需要一个比较现代化的、比较有力的缓冲区，既然不丹是可信任的伙伴，就应该让它强大一点儿,以便在危急时刻可以帮一把手。1958年,不丹还没有修通公路,印度总理尼赫鲁骑马来到不丹,劝说不丹结束中世纪式的封闭落后状态,恳求不丹接受印度的援助搞现代化。为了怕不丹担忧接受援助后不能保持独立自主,尼赫鲁再三保证,不丹虽然接受印度的援助,但是不丹完全可以"按照你们自己的愿望,选择前进的道路"。以后,在不丹大量的现代化建设项目中,印度的援助占了很大的分量。

不丹虽然未能摆脱外交"不自由"的阴影,但它得到了"选择前进道路"的自由,在进行现代化的社会发展方面,它可以不听印度的"指导",可以不走主流模式的道路。

融合传统的政治现代化

不丹的现代化是在政治和经济两个领域展开的。在政治现代化方面,西方主流的模式是"民主化",不丹的政治现代化吸收了西方民主模式中的一些元素,但也保持了自己传统国情中的一些元素,走了一条不丹特色的道路。

不丹的传统政治体制有两个:一是沙布隆政教二元化体制,二是世俗君主专制体制,这两种体制都有些相关元素被融入不丹的政治现代化。

沙布隆体制是不丹在1616年建国时的政治制度,是由一位西藏喇嘛阿旺·纳姆伽尔所创建。他是藏传佛教中的噶举派,当时西藏是格鲁派主宰,对噶举派进行了排挤和迫害,他因而逃到不丹。在得到当地许多有势力的家族的支持之后,他建立了噶举派的国家,摆脱了西藏格鲁派达赖喇嘛的控制。不丹建国后不久,格鲁派领导的西藏军队曾三次进攻不丹,但都被不丹击退。

阿旺·纳姆伽尔建立的国家实行政教二元化的国家制度,最高首领是

第十一章 不丹：另类道路步入主流中心

"沙布隆"，下面有二元化的宗教主管和行政主管。沙布隆号称是转世投胎的，宗教主管则由宗教团体的精英选举，行政主管最初由寺院委员会选举，后来改为由国务委员会选举。国务委员会的成员包括沙布隆的近侍、地方长官领袖，还有行政主管自己。在很多时候，行政主管的真正权力并不是很大，地方长官领袖才是实权派。不丹最初是分为东、中、西三个大区，每个大区有一位大区长官；后来演变成两个大区：帕罗区（西）和汤萨区（中、东），大区下面再设小区，由小区长官负责管理。大区长官是不丹政治中真正的实权握有者，他们掌管地方税收，负责司法治安，统领地方军队，还为中央政府采购物资。

在 19 世纪西方列强殖民扩张的险峻环境中，这种中央权力弱化的国家暴露出种种弱点，于是不丹的政治制度经历了一次转型。那是在大区长官经过权力较量之后发生的，汤萨大区长官胜过了帕罗大区长官，他把帕罗大区原长官撤掉，将自己的支持者扶上帕罗大区长官的位置。1903 年沙布隆逝世，3 年后据称找不到他的转世投胎者，于是沙布隆制度宣告终结，沙布隆手下的中央行政主管也被迫退休。1907 年，不丹召开了一个由僧侣精英、政府官员、有势力的家族首脑参加的大会，这个上层精英大会经过协商达成共识，宣布实行了近三百年的沙布隆体制结束，不丹要建立世俗的君主专制体制，并且选举了那位在权力较量中胜出的汤萨大区长官为世袭国王，由此开始了旺楚克王朝。

从沙布隆体制到君主专制并不是一次政治现代化的转型，而是在外部现代压力下的一次内部调整、权力集中。旺楚克王朝的第一和第二位国王致力于要把散沙般的国家统一起来，他们通过集权加强了统一，增强了对抗英国殖民扩张的力量。

不丹的政治现代化始于第三位国王，吉格梅·道吉，他 1952 年登基。他的妻子是锡金国王的表姐妹，在欧洲接受过教育，据说她对国王的"现

在现代化的进程中,不丹通过协商重新分配权力,保持了传统,避免了冲突,佛教理念和社区传统始终是生活的重心。在佛教的传统节日期间,宗厦里举行丰富的传统表演,民众积极参与,是重要的社区活动

代化"思想有很大影响。由于长期闭关自守,不丹绝大多数民众与外部世界隔绝,全然不知"现代化"为何物,国王必须自上而下地推动现代化的改革。好在那时不丹很"集权",国王的祖父和父亲给他留下了集权的遗产,他有强大的、集中的权力来贯彻实行现代化改革的政策,譬如土地改革、解放农奴、寺院与政府关系的调整、司法与行政的分权、国民议会的建立等等。

通过集权搞现代化有一个隐含的自我悖论,因为现代化有分权的倾向,国王必须在集权推行现代化的过程中,不断地削减自己的权力。要想在悖论中取胜,集权执政者需要具备两个特点。第一,得有无私的胸怀,因为他必须从历史发展和社会责任的角度来考虑问题,要能够超越个人的得失。第二,得有重新分配权力的高超技巧,因为重新分配权力会涉及太多的利益纠纷和观念转变,需要有高超的技巧来完成这个复杂的历史过渡。

吉格梅·道吉是一个聪明的国王,他利用手中的集权优势进行了"具有不丹特色的"现代化的分权改革,他没有走全盘西化的道路。西方民主强调分权制衡,强调获取权力要通过公开的竞选。吉格梅·道吉虽然建立了西方式的三权分立的框架,但框架里面的内容充满不丹特色。他设立了司法的高等法院,又建立了立法的国民议会,搭出了三权分立的西式框架,不过框架里面的议员产生方法,却是不丹式的。三分之一左右的国民议会议员是委任的,包括寺院的代表和政府的官员,另外三分之二左右的议员是非直接选举产生的,总之,不采取公开竞选的方式,而是采用传统的、协商的方法,通过协商达到共识,避免公开对立的冲突。

通过上层人士协商达成共识是不丹的传统,国王在推进现代化改革的时候,一直尽力使用这样的传统方法。譬如对寺院的调整改革,就是通过和寺院上层人士协商来重新分配财产和权力的。寺院曾经拥有大量的土地,

在宗教节日举行表演的时候,政府官员和宗教僧侣正坐在一起,边观看边交谈

第十一章 不丹：另类道路步入主流中心

用以维持寺院的各项开支。在进行解放农奴和土地改革的时候，国王和寺院通过协商达成共识，把寺院的土地收归国有再分配给解放了的农奴，寺院的开支则由政府补贴，僧侣领取政府的工资。

这样的财产和权力的再分配方式有几大好处。首先，农奴离开了昔日的农奴主，既没有去"共产"主人的土地而引起彼此的"阶级仇恨"，也没有继续在旧主人的眼皮下生活而不能摆脱自卑感。他们来到了一个新的空间，得到了一片新的土地，开始了新的生活。

其次，寺院和政府的关系有了新的调整，寺院失去了一些旧财产旧权力，得到了一些新财产新权力，使寺院可以在新的社会框架中扮演更适当的"现代化"角色。在现代化的改革中，寺院不仅失去了土地，还失去了他们对教育的"垄断"。以前，不丹没有现代化的学校，只有寺院办的宗教学校，这些学校给了寺院极大的软实力。在国王的现代化改革计划中，开办现代化学校是最重要的内容之一，因为国王急需通过现代化教育来培养现代化的人力资源。现代化学校的开办使寺院失去了对教育的"垄断"，不过它也得到了"补偿"。这"补偿"不是钱，而是体制安排，使寺院能够通过现代化的渠道参与国家决策。在国民议会中，寺院得到近三分之一的议员席位，在国王的皇家顾问委员会中也有寺院的代表。另外，寺院所主张的佛教原则，更是深深地渗透进入了国家的现代化政策。所以，失去旧权力的寺院并没有成为反对现代化的阻力，相反还通过使用新权力，成为积极参与"不丹特色"的现代化改革的动力，在推行国民幸福总值为中心的发展模式时，僧侣发挥了很特殊作用。

不丹通过协商重新分配权力的道路，使社会避免了许多动乱和冲突。它没有发生一个阶级推翻另一个阶级的暴力革命，没有"斗地主"式的疾风暴雨土改，没有美国废奴的南北战争，没有法国大革命的断头台，没有欧洲宗教改革纷争的血腥。

当然，这场走向现代化的财产权力再分配的变革，也不是完全没有流血事件。1964年，当国王在瑞士治病时，首相在不丹被一名军士刺杀。这次刺杀事件的表面原因是首相得罪了军人，因为他限制军人使用军车，还强迫五十名军官退休。更深层的原因则复杂得多，据说牵扯到不丹两个最有势力的家族间的权力斗争，牵扯到对现代化改革进程的速度、对与印度关系的不同意见等等。虽然矛盾如此错综复杂，最后一切还是通过协商达成了共识，没有演变成更大的暴力冲突。

吉格梅·道吉国王被不丹人称为"现代化之父"，他启动了不丹的现代化，在财产和权力现代化再分配的改革中，他完成了最棘手、最会引发冲突的那部分工作。完成这部分工作之后，他英年早逝，1972年因病突然去世，王位传给了他17岁的儿子吉格梅·辛格。

年纪轻轻的吉格梅·辛格作为旺楚克王朝的第四位国王，面对的是他父亲给他留下的复杂政治遗产。1968年他父亲为了政治现代化主动让国民议会获得了"迫使国王退位权"（三分之二议员对国王投不信任票可迫使国王退位），而国王1972年的突然逝世，使议会的这种权力有可能造成不丹的政治不稳定。因为国王有一位西藏情妇，给国王生下几个孩子，这位西藏情妇以及她的父亲颇有政治野心，很想让西藏情妇与国王生的儿子成为王位继承人。如果议会拥有迫使国王退位的权力，西藏情妇的势力可能利用议会权力制造国王退位的混乱。尤其是新国王如此年轻，执政经验不足，会使不丹的政治大局出现动荡。好在不丹的政治精英有"顾大局"的"让权"海量，议会的议员们主动自我削权，1973年议会全票通过决议，终止了议会的"迫使国王退位权"。到了1998年，新国王吉格梅·辛格成长了，形势也稳定了，国王又主动恢复了议会的"迫使国王退位权"。不丹的这种国王与议会在政治现代化过程中互相让权的现象，和英国的国王与议会因争权而导致内战的历史形成了鲜明的对比，这可视为不丹的国情特色。

第十一章　不丹：另类道路步入主流中心

民主化后面临的新挑战

进入 21 世纪之后，不丹国王再度主动让权，向政治现代化迈出了更大的一步。2005 年国王吉格梅·辛格宣布他一年之后要退位，不丹要改制成为君主立宪的民主体制，要进行两党竞选。我 2006 年去不丹的时候，正是不丹将要首次进行两党竞选之前。在那次竞选中，虽然不丹学习了西方的民主竞选，但还是保留了自己的特色。我观察到的最明显特色是对竞选话题的限制，它规定竞选人不能谈论国家安全政策问题。这和我所熟悉的美国大选全然不同，美国的国家安全政策是竞选人谈得最多的问题之一，美国人认为，要让大众来参与决定国家安全的大政方针，这才能体现民主。另外，从争取选票的角度看，国家安全与每个公民的安全利害有关，竞选人谈论这样的问题很容易打动选民。

不丹人是如何解释他们对竞选话题的这种限制呢？他们认为，国家安全政策有两大特点：第一，它很重要，涉及国家和每个公民的根本利益，如果出了问题，为害面极大，而且它还牵扯到外国的反应，难以控制后果，难以挽回差错；第二，它很复杂，由于涉及外国，大多数人不容易了解全面的情况，让不了解情况的人来影响选举结果、来参与决策是不明智的。细想起来，他们的说法很有道理。尤其根据不丹自己的历史经验，可以清楚地看到这种限制的必要性。不丹历史上最重要的安全问题是国家独立，不丹能从印度手中争取到实质性的独立、能使印度同意更新 1949 年友好条约第二条，全仰赖二十多年韬光养晦的外交政策赢得了印度的信任和好感。如果那时不丹实行美国式的民主制度，两党在竞选中大谈国家安全问题，韬光养晦的政策就很难执行得如此巧妙。一些竞选人很可能发表像锡金王后那样的言论，说不丹的领土在杜阿尔斯战争中被英国非法掳去，

街上常可看到不丹人扛着液化石油气罐。液化石油气是从印度进口的,为了干涉2013年大选,印度在选前突然提价

说《普那卡条约》是不平等条约……这样的言论可以打"民族情绪牌",攻击政敌在维护国家安全独立方面是"懦夫",可以煽动民族情绪吸引选票。但是,这样的言论也很可能把不丹彻底葬送,使锡金的亡国悲剧在不丹上演。

不丹的第一次两党竞争的议会选举在2008年举行,虽然竞选中有话题限制,但也得到西方民主国家的极大赞扬,选举进行得很平稳,获胜的政党上台执政了。不过,2013年举行的第二次大选却出现了一个意想不到的问题:外国干涉不丹大选,把执政党推下台。

这个问题发生的来龙去脉是:2008年当选的执政党领导不丹政府实行了靠近中国的政策,认为靠拢中国对不丹的长远发展有利,是前瞻性的战略选择;这种政策引起了印度的不满,印度希望改变不丹外交政策的方向;不丹的液化石油气是从印度进口的,印度就在不丹选举之前提高了石油气价格,造成了大量选民的不满,使执政党下台了。

印度有丰富的选举经验,知道选民是短视而情绪化的,知道竞选的两党为了现时的"当选"会放弃前瞻的政策。印度的估计是准确的,干涉立竿见影。这个事件向不丹展示了一个严酷的事实:印度可以通过影响选举来干涉不丹的政策。在获得独立国地位之前,不丹不得不忍受"外交接受印度指导",想不到在获得了独立国地位之后,民主选举却使不丹陷入了"外交接受印度干涉"的窘境,这是对不丹道路的新挑战。

在政治现代化的道路上,不丹遭遇了很多次印度干涉的挑战,洞朗对峙也是其中之一,印度干涉的目也是要限制不丹和中国建立紧密的关系。洞朗是中国和不丹交界地区的中方领土,2017年中国在那里修筑公路。印度突然派兵进入洞朗地区和中国军队对峙,阻止公路的修建。印度声称洞朗是不丹的领土,它是来保护不丹的,还说公路距离印度的战略要冲西里古里走廊非常近,会威胁到印度的国家安全。这些都是印度牵强附会的借口，它真正的目的是怕公路使不丹和中国的联系更加紧密，而紧密关系可以帮助不丹以后彻底摆脱印度的掌控。

2016年夏天，中国和不丹在北京举行了第24轮边界谈判，这次谈判有不同寻常的进展。中国和不丹的边界谈判从1984年就开始了，但三十多年都没有结果，主要是因为印度从中作梗。近年来中国和不丹的边界谈判有了比较好的进展，尤其是通过2016年的谈判，双方很有可能正式建立外交关系。这使印度如坐针毡，就是在这样的背景下，印度挑起了洞朗事件。在洞朗对峙期间，我在华盛顿智库的相关研讨会中，曾听一位印度前外交官员说，如果不丹和中国建立了外交关系、中国在不丹设立了大使馆，印度是无法容忍的。

从君主制到民主制，不丹的政治现代化走过了颇具特色的道路。目前，这条道路引导不丹来到了一个新的节点，这里与它以前的内外环境已大不相同，内部有民主选举带来的新问题，外部有地缘政治形成的新格局。如何从这里继续成功地走下去，是对不丹的新考验，考验着它能否像以前那样把主流现代化模式的元素和国情传统的元素巧妙地融合，解决错综复杂的问题。

避免不幸福陷阱的经济现代化

不丹的经济现代化道路，比它的政治现代化道路，更为成功，更为世界瞩目。它的经济现代化道路极有特色，与主流发展模式完全不同，不以GDP为目标，而以幸福为目标，走的是以"国民幸福总值"为核心的发展道路。

这条道路是年纪轻轻就登基的吉格梅·辛格选择的，在他父亲1972年逝世之前，他曾经留学印度和英国。留学期间，他目睹了西方现代化之后的种种问题,污染、犯罪、战争、失业、工作压力、社会冲突、人际疏离……虽然物质丰富了、收入提高了、国民生产总值增加了,但人们并没有感到更加幸福。这使他困惑深思,以 GDP 为核心发展目标的西方现代化模式是不是正确的呢?那时候正是著名的 1960 年代,西方国家的青年运动风起云涌席卷欧美,这些运动都在诉求着经济发展之外的东西——和平、正义、平等、环保……这些运动也对战后西方的主流模式提出了质疑。当时的环保运动在西方发达国家尚属前卫,非西方的发展中国家绝大多数对此是无动于衷的,但是吉格梅·辛格却能把这些后现代的前卫观念吸收进入不丹现代化的思考之中。他回国后曾用两年时间步行全国进行调研,从最根本的问题"人需要什么"来考察发展的目标,他发现无论是在首都,还是在穷乡僻壤,人们真正渴望的、需要的都是"幸福"。于是,以"幸福"为核心目标的发展理念在他心中渐渐清晰起来,环保、公平等后现代的前卫思考也都融入了进来。最终,不丹提出了"国民幸福总值"的发展模式。

什么是"国民幸福总值"(GNH)呢?这个词汇是不丹自己杜撰的,是和主流的"国民生产总值"(GNP)相对应的,是为了强调幸福是发展的核心目标,而不是主流目标的 GNP 或者 GDP。不过,当世界主流开始接受"幸福为核心"的发展模式之后,有一个新词汇——"国民幸福指数"(GNH-index)——流行起来,并且编制出了许多幸福指数,用以量化幸福,衡量发展是否增加了幸福。主流使用的这种指数方法和增加幸福的思路,和不丹创造"国民幸福总值"的"初心"有相当大的差异。

不丹当年没有使用任何指数来表达"国民幸福总值",而是提出了"国民幸福总值"四大支柱:(1)环境和资源的保护;(2)公平和可持续的经济发展;(3)优良的治理制度;(4)传统文化的保留和发扬。不丹认为国民幸福总值是由这四大支柱支撑的,需要通过实现这四个具体的支柱性目标,来促进抽象的国民幸福总值。

不丹对国民幸福总值的理解,更多的是从"避免不幸福"的角度,而不是从主流熟悉的"增加幸福"的角度。在不丹我和一位喇嘛讨论过这个问题。他说,佛教认为"苦"是人生的本质,快乐都是暂时的,快乐总会带来痛苦,只有涅槃才可以使人最终彻底摆脱人生之苦,国民幸福总值可以做到的是使人在经历人生之苦时减少一些痛苦、避免一些不幸福。喇嘛的话语清楚地指出,要从"避免不幸福"的角度来理解幸福,而不是从"增加幸福"的角度,这是不丹人佛教传统的思维方式。中国人对幸福的观念,和不丹人的这种"避免不幸福"观念有明显的差异。现在中国人讲到"幸福感"的时候,往往紧跟另一个词"获得感",常常听到这样的叙述:"增加了幸福感获得感",这是增加幸福的思维,不是避免不幸福的思维。佛教在中国传统里不是主流,所以普通中国人缺乏佛教观念,尤其是没有这种否定形态的思维方法(遮诠法)是可以理解的。

不丹这种佛教思维方式,使他们在看到别人追求增加 GDP 的时候,考虑到 GDP 快乐是暂时的,是会带来痛苦的,是会增加不幸福的,因而创造了避免不幸福的独特发展模式,他们不是贪婪地追求增加幸福,而只是希望能够减少不幸福。

从不丹的实践结果来看,它的确避免了三个"不幸福"陷阱,而这三个陷阱是大多数发展中国家在现代化发展过程中难以避免的。这三个陷阱是:环境污染,贪污腐败,贫富悬殊。不丹是如何避免这些陷阱的呢?

国民幸福总值的第一个支柱是"环境和资源的保护"。正是在这个支柱原则的指导下,不丹在现代化初始之时,就从对环境和资源的保护角度来考虑如何选择重点产业。它不是"先污染后治理",而是从一开始就重视"不污染",这种"不污染"的理念主导了它对重点产业的选择。

不丹有三种资源优势,林业资源、矿产资源、水电资源。这三种优势

不丹的水电出口印度,在山野中可看到输电的高压电塔。政府用水电收入,资助实现国民幸福总值的各种项目

都可以利用来发展经济和增加 GDP。利用林业资源可以发展木材工业及相关的造纸工业，可以短平快地增加 GDP，因为这些产业不需要太多的资金投入，也不需要高深科技；但是这些产业很可能造成滥伐森林和破坏环境，因此不丹没有选择这条发展道路，甚至为了保护森林资源还颁布了《森林法》，把所有森林资源都收归国有，连私人土地上的森林，政府也拥有绝对的所有权，授权政府林业官员保护、管理和控制所有森林，以防有人为了私利而偷偷砍伐。不丹周边的很多国家在现代化的发展过程中，都出现了滥伐森林而使森林面积大减的现象，譬如尼泊尔在 30 年间丧失了 50% 的森林。而不丹的森林覆盖率在现代化过程中不仅没有减少，还有所增加，目前它的森林覆盖率达到 70% 以上。

矿产资源也是不丹可以利用的一个优势，发展矿业可以快速增加 GDP，但是对环境会有负面影响，而且矿产资源会耗竭，存在着不可持续性的问题，因此不丹在发展矿业时非常谨慎。

不丹可以利用的第三个资源是水电。水电是可再生的能源，不存在资源耗竭的问题，而且设计良好的水电项目对环境的影响是很小的，这都是水电的优点。但水电也有缺点，由于水电是资本密集行业，需要很高的技术和大量的资金，而且建设周期漫长，不能短平快地增加 GDP。衡量优缺利弊之后，不丹还是选择了水电作为发展的重点产业，因为它要追求的是国民幸福总值，而不是 GDP。在最初踏上这条道路时，不丹还处于非常贫穷的阶段。不丹的第一个大型水电站 1975 年开始修建，1988 年全部竣工。在这漫长的十多年中，不丹的政府和人民都忍受着贫困，由于遵循国民幸福总值的支柱原则，他们勒紧裤带，不去砍伐森林赚快钱，而是默默等待，相信"国民幸福"将会来临。果然，当水电站投产之后，经济效益立刻显现，水电大量出口，政府的岁入巨幅增长，因为水电站是国有的，水电收入全部归政府。在如何使用水电收入方面，不丹也是遵循着国民幸福总值的原则。

山中小店挂着提出国民幸福总值概念的国王照片,孩子们受益于国民幸福总值推出的公平教育,他们都能说英语

这是不丹的地方法院,在传统宗厦里,后面是寺院。佛教理念和传统在国民幸福总值的良政治理中扮演重要角色

法院门口的墙上画着一个佛教的曼陀罗,象征着慈悲和正义,这是传统道德和现代治理的融合

"公平和可持续的经济发展"是第二个支柱原则。不丹使用水电收入的方式，遵循的就是这条原则。这些水电收入没有支付给政府官员，没有落入私企手中，也没有平分给百姓大众，而是用来投入基本建设和医疗教育福利。如此使用是为了实现公平可持续的藏富于民。对于藏富于民，主流思维的有些人强调"藏金钱资本"，主张直接发钱；不丹注重的则是"藏人力资本"，通过加强医疗教育福利来增加人民的人力资本财富，政府给全民提供免费的医疗教育福利，而不是直接给老百姓发钱。如果直接发钱的话，百姓拿到钱后并不一定能够买到自己需要的教育医疗服务，尤其是那些居住在边远地区的弱势群体，那些地方缺少学校、医院，有钱也上不了学、看不了病。不丹的"藏富于民"则是通过修建公路、在边远地区办学校、医院，提供医疗教育福利，使得弱势群体的人力资本可以逐渐提高，打下共同富裕的人力资源基础。这些人力资本具有可持续性，不像现金是可能一次性花光的；这些人力资本可以长久存在，获得这些资本的人可以在可持续的经济发展中过上公平共富的生活。不丹在推进现代化的过程中，基尼系数有很好的改善，反映了公平共富政策取得的成果。

"优良的治理制度"是第三个支柱原则。在这条原则的指导下，不丹避免了贪污腐败的陷阱。从清廉指数的世界排名来看，不丹的排名相当不错，2015年在175个国家中名列第27，远高于其他非西方的发展中国家。[①]它周围的国家如印度（第76）、尼泊尔（第130）、孟加拉（第139），还有中国（第83）都远远落后于它。在进行反贪防腐的时候，不丹的特色是利用国情中的佛教传统，用佛教的道德规范来使人抵御现代化的物质金钱诱惑。在现代化的转型中，由于忽然涌现出许多新事物、形成了许多新领域，往往会造成价值真空的现象。不丹通过发扬传统道德，让传统道德进

---

① 排名靠前的往往都是西方发达国家，尤其是北欧国家，譬如丹麦、瑞典、芬兰名列第1、2、3。

多山的国情,使不丹非常重视修建公路,以便实现国民幸福。这是山谷中的一条公路

保持文化传统是国民幸福总值的四大支柱之一,政府规定建筑物必须保持不丹的传统风格,这是不丹的机场大楼

不丹的国门是典型的不丹建筑,透过国门可以看到印度那边的情况,显得杂乱拥塞

为了保持传统，政府规定在正式活动场合要穿传统的不丹服装，到宗厦里去参加宗教节日男士还得披一条白巾

入了这些真空，使社会始终笼罩在传统道德的价值氛围之中，因而人们的行为能够始终被传统道德规范，这是不丹能够避免贪污腐败陷阱的重要原因。

"传统文化的保留和发扬"是第四个支柱原则。它和其他的三个支柱配合得很好。在反贪防腐时，它提供传统道德规范；在环保时，它宣扬"万物有情""轮回"等相关的佛家话语；在公平共享时，它强调"慈悲""施舍"等佛家情怀。把传统价值观和现代化融合起来，是不丹的"国民幸福总值"发展战略的一大特色。许多第三世界国家在搞现代化的时候都排斥和否定自己的传统文化价值，认为那是封建的、落后的，那是造成自己国家不发达的原因，若要想让自己的国家发展得像西方国家那样发达，就得抛弃传统价值，就得让自己的价值观变得像西方那样。不丹对自己的传统价值则很有自信，坚持保留传统文化，并且能够使传统价值观和现代化融合起来，用传统价值协助现代化。

国民幸福总值的模式使不丹避免了三个现代化的陷阱，这个模式有没有给不丹带来现代化的经济发展呢？很多人猜想，不丹重视幸福，不重视GDP，它的GDP增长一定很慢。我常听到有人说："不丹的幸福指数很高，但是GDP很低、很贫穷""不丹是世界上最贫穷的国家之一"。不过，只要去查一下世界银行等国际权威组织的数据，就会看到，不丹并不是世界上最贫穷的国家之一，而且已经不是低收入的贫穷国家。

2016年不丹的人均GDP比印度高60%以上，比越南高30%以上，比欧洲的中等收入国家乌克兰高34%。[①] 不丹曾经是很贫穷的国家，但是早在十年之前，不丹就"脱贫"进入了中等收入国家的行列。不丹的GDP

---

① 人均GDP及下文的GDP构成数据均为世界银行数据。人均GDP参阅https：//data.worldbank.org/indicator/NY.GDP.PCAP.CD，2020.8.21。GDP构成参阅 The World Bank，*The Little Data Book on Private Sector Development 13*，Washington DC.：The World Bank，2013，第40页。

在国民幸福总值理念的指导下,政府为全民提供了免费医疗。这是家医院,里面有西医,也有不丹传统的藏医

构成也摆脱了低收入国家的特征,2011年它的GDP构成已是农业15.9%、工业43.9%、服务业40.2%,工业成为经济的主要成分。

和其他中等收入国家相比,不丹的脱贫有一个更为令人赞叹的亮点,因为它是在比大多数国家都低得多的起点上取得的成功。在1960年之前,不丹还处于极端贫困落后的中世纪状态,没有现代的学校、医院、工业,甚至没有公路,连印度总理来访都只得骑马。从迈出中世纪的门槛,到进入中等收入国家行列,不丹的GDP增速是很快的。虽然它不以GDP为发展目标,但它的GDP增速并不逊于那些以GDP为目标的国家。在2000年至2005年期间,不丹的GDP年均增速是7.9%,印度只有6.7%;在2005年至2012年期间,不丹的增速是9.3%,印度是7.6%。①

不丹不仅GDP增速快,它的健康、教育等社会指数也改进得很快。譬如,预期寿命在1990年只有53岁,2000年增至61岁,2010年上升到68岁;5岁以下儿童死亡率(每千名),在1990年高达127名,2000年降至78名,2010年减少到43名。在1990年时,不丹的预期寿命和儿童死亡率都不如印度,但到了2010年,不丹都超过了印度。②

不丹在教育方面取得的进步可以通过小学完成率和中学入学率的变化看到,1990年不丹的小学完成率不到四分之一,文盲占绝大多数,2000年有一半适龄人上完小学了,到了2012年,小学完成率达到了99%。不丹中学入学率也有很大改进,1990年中学入学率低得只有百分之十几,2000

---

① 世界银行数据。参阅 The World Bank, *The Little Data Book on Information and Communication Technology 14*, Washington DC.: The World Bank, 2014, 第40、104页。
② 印度的预期寿命,1990年58岁,2000年63岁,2010年67岁;5岁以下儿童死亡率(每千名),1990年126名,2000年92名,2010年58名。此处数据均为世界银行数据。参阅 https://data.worldbank.org/indicator/SP.DYN.LE00.IN 和 https://data.worldbank.org/indicator/SH.DYN.MORT, 2020.8.21。

政府为全民提供了免费教育，这是山区里的学生。不丹多山，居住分散，很多学校还提供住宿

年上升到30%，2016年更是增加到了85%，远远超过了印度。①

不丹的国民幸福总值模式虽然以幸福为发展目标，但是GDP仍可有较快的增长，而且是更加全面的可持续增长，不丹以其独特的道路取得了这个成果。②

如何配置资源才能促进幸福

不丹的成果令人深思，给人启示。如果从资源配置的角度来分析国民幸福总值的模式，其启示尤其值得深思。资源配置是主流经济学的核心课题，在国民幸福总值的模式中，资源是如何配置的呢？"幸福"是如何通过资源配置来获得的？市场扮演了什么角色？市场配置资源是否能够带来"幸福"？

根据西方古典经济学鼻祖亚当·斯密的理论，市场的无形之手配置资源可以使消费者得到想消费的东西，使生产者得到想得到的利润，可以实现社会资源的合理配置。这种合理的配置是否就是"幸福"呢？

消费者得到了想消费的东西，生产者得到了想获得的利润，这些似乎都是"幸福"。不过，认真深入地思考一下可以看到，消费者想消费的东西，很可能是满足眼前快乐的，未必是有利于长远幸福的；生产者想获得的利润，很可能是个人暂时利益最大化，未必能够增加社会长远幸福。

从不丹的实践来看，在他们实现国民幸福总值的发展过程中，市场没

---

① 印度的中学入学率，2016年是75%。此处的小学完成率与中学入学率均为世界银行数据。参阅 https://data.worldbank.org/indicator/SE.PRM.CMPT.ZS 和 https://data.worldbank.org/indicator/SE.SEC.ENRR，2020.8.21。

② 关于不丹是如何取得"幸福"与"GDP"的双赢以及其后的新问题和进行的新探索，参阅尹伊文：《幸福与GDP》，北京：生活·读书·新知三联书店，2019，有详细论述。

有扮演资源配置的决定性角色。如果市场扮演决定性角色,水电就不会成为重点产业,而与森林资源相关的产业,很可能就会主导不丹的经济。在教育和医疗方面,如果市场扮演决定性的角色,这两个领域也不会得到如此丰富的资源。

国民幸福总值关注的是社会的长远幸福,而市场中消费者和生产者关注的往往是个人眼前的快乐。长远幸福和眼前快乐有时矛盾不大,有时却会冲突尖锐。有些东西既能满足人的眼前快乐,也能有利于长远幸福,譬如温饱产品;有些东西能满足人的眼前快乐,却不利于长远幸福,譬如吸烟;有些东西不能满足人的眼前快乐,但有利于长远幸福,譬如进行辛苦的健身锻炼。

在温饱满足之后,如何使资源配置有利于社会长远幸福,将是一个更加复杂的问题。因为温饱满足后,非温饱类消费品的比例会大大增加,眼前快乐和长远幸福的关系,在非温饱类消费品中,远比在温饱类消费品中更为复杂。因此温饱之后,如何把资源配置给有利于长远幸福的生产和消费,而不是有损于长远幸福的生产和消费,就更需要前瞻的理性。

什么人具有前瞻理性而且能够决定资源配置呢?

消费者、生产者、政府是对资源配置具有决定作用的三者,此三者都有潜能可以具有前瞻理性,但也未必一定能够如此。消费者中有些人具有前瞻理性,有些人不具有,如果消费者整体中有前瞻理性的成员比例很大,在消费时遵循前瞻理性的原则,这个社会的市场无形之手就会顺应这些前瞻理性的消费需求把资源配置得有利于社会长远幸福。生产者也是如此,有的具有前瞻理性,有的不具有,如果大多数生产者能够在企业社会责任感的指导下,不单纯追求企业利润最大化,而是顾及社会的长远幸福来进行生产投资,那么资源的配置也能够倾向于社会长远幸福。有的政府是具有前瞻理性的,不丹政府提出国民幸福总值发展模式就表现出高度的前瞻理性,在这个模式的指导下,不丹的确在社会长远幸福方面取得了很好的成绩。当然,并非所有政府都是有前瞻理性的,没有前瞻理性的政府对市场进行干预,很可能产生负面影响。①

不同的国家,拥有不同的政府、不同的消费者、不同的生产者,这是各国不同的国情三元素。有的国家的消费者中具有前瞻理性的人比较多,有的国家的生产者比较能够平衡企业社会责任和利润最大化,有的国家的政府体制有利于前瞻理性者决策……要想使一个国家实现有利于社会长远幸福的发展,需要利用其有利的元素,同时需要改造其不利的元素。这种利用和改造,是道路选择时要处理的重要问题,是道路选择的重要部分。选择了适合国情的道路,就能够使社会获得长远幸福。

道路的选择,受到选择者头脑中的思想理念指导。在西方实现现代化,并且取得世界主宰权的历史进程中,西方的一些理念对选择者们有着举足轻重的影响力。

西方现代化的思潮始于启蒙运动,启蒙运动崇尚自由,相信人类可以建立自由和理性的现代社会。在现代化的过程中,西方形成了三个核心理念:自由、民主、市场,这三个理念成为现代化道路选择的指南。按照西方的现代化理念,现代国家应该实行自由主义的民主体制,进行自由市场的资源配置,这将是人类历史的终极状态,此后将不再、也无需再改变,这就是历史的终结,且这终结是幸福的。但是,正如本书前面数章所展示的,这样的国家体制,这样的资源配置,并没有带来真正的幸福,而是存在着各种各样的问题,暗藏着各种各样的陷阱,面临着各种各样的挑战。本书的最后一章将从理论的角度,对自由、民主、市场的西方理念进行分析。通过分析,指出其局限性,甚至误导性,并且提出相关的新理念。重新审视西方的三大理念,可以有助于发展新的理念。人类的继续前进,社会的继续发展,需要新的理念。

---

① 关于资源配置的前瞻理性,参阅本书第十二章。

第十二章　理论梳理：对自由、民主、市场的反思

民主理论的三大逻辑误区／优主政治的五大原则／自由的二重性／个人自由与人类自由／温饱满足前后的市场质变／温饱后的六个"幸福行业"／要点大纲

本书在前面数章中讲述了十几个国家的道路选择，它们是在走向现代化的历史进程中做出这些选择的。它们的选择受到西方理论的深刻影响，尤其是西方启蒙运动以来关于自由、民主、市场的理论，这些理论主宰了很多国家的道路选择思维。从它们的选择后果来看，西方的理论暴露出不少问题，譬如在埃及、缅甸、东欧……为了对道路选择进行理论层面的认识，本章将对自由、民主、市场这三个西方理论的核心理念进行概括性的梳理和审视。这些理论具有历史的局限性，存在着逻辑误区，在"普世"地指导国家进行道路选择时，出现很多误导。本章也相应提出了新理念，这些理念在一些国家的实践中已有良好的表现，譬如新加坡、纳米比亚、北欧、不丹。从理论层面进行梳理总结，可以更深刻地认识国情与道路中的选择问题。

民主理论的三大逻辑误区

20世纪末叶，柏林墙倒塌、苏联解体，西方自由主义的民主理论戴

着历史终结者的桂冠席卷全球,世界上出现了一股民主化的高潮。但是当21世纪来临之后,民主化却出现了退潮。之所以出现退潮,是因为很多国家在实行民主体制之后,发生了许多与预期相反的现象。原本以为可以实现"民有、民治、民享",但现实却与民主预言背道而驰。面对这些背离预期的现象,如果只以"实践中的误差"来解释,将忽略了民主理论中隐含的缺陷,因此需要从理论的角度,对民主理论进行更为深刻的理论反思。

检验民主理论中的基本逻辑,可以发现其中存在三个逻辑误区,正是这些误区导致了民主体制背离预期的问题。

民主理论中的三大逻辑误区是:(一)人民的群体本位性与权利的个体本位性之间的概念矛盾,(二)不负责任的民主权利导致的自毁机制,(三)民主选举的趋中化效应造成的自弱机制。

在第一个误区中,民主理论混淆了"人民"与"个人"这两个不同本位的概念。正是这种混淆,引起民主体制内不同人群以"人民"的名义恶斗,导致无数恶果。在西方民主的话语叙述中,"人民统治"和"个人权利"被设定为没有矛盾的一对概念,民主就是要保障个人权利,只有保障了个人权利才能实现人民统治的民主。但是,此处存在着深层的逻辑矛盾。因为,"人民"是一个群体本位的概念,而"个人权利"是一个个体本位的概念。在个体本位的框架中,人民是无数个人的集合,这些个人具有各自不同的利益和意见,不存在整体化的"人民利益"和"民意"。所谓"人民利益"其实是很多互相冲突的利益,所谓"民意"是无数彼此歧异的意见。忽视这个逻辑矛盾的结果是,个人以"人民"之名来要求个人利益,而且把不同个人之间的矛盾上升到了"人民"与"反人民"的对立,这种对立酿成了民主恶斗的一系列乱局,造成了与民主预言背道而驰的现象。在"阿拉伯之春"后的埃及民主运动中(参阅第二章),可以清楚地看到这个误区引发的矛盾与恶果，埃及的伊斯兰派和自由派都说自己是"人民"、自己的意愿是"民意"，伊斯兰派通过民主程序改写了宪法，自由派说那是违反民意的，自由派称自己是"人民"，高举"人民要求政权下台"的大旗进行抗争，搞街头恶斗，最终导致军事政变。除了埃及，世界上还有很多类似的案例，譬如泰国的"红衫军"和"黄衫军"，各自持有不同的意愿和利益，他们都说自己是"人民"，并且不断地以"人民"的名义搞街头恶斗，严重扰乱社会正常生活，恶斗与混乱最终也导致军事政变。

在第二个误区中，民主理论分离了权力与责任，只强调权利不强调责任，不负责任的权利享用，会造成权利的滥用，对体制产生自我损毁的影响。在西方民主体制中，个人有选举权利却没有选举责任的制约，这使得不负责任的人可以任意参与主导社会长远利益的决策，使民主体制形成了"自毁机制"。这就如同允许没有驾照的人去不负责任地开车，开车需要驾照是因为缺乏驾驶技能的开车者会造成交通事故，考驾照是为了保证开车者具有驾驶技能，减少交通事故。投票所能影响的社会长远利益，远比交通事故重大，如此重大的问题却允许"无照驾车"，是很不理智的。选民没有责任去理解选举所涉及的大政内容，却可以随心所欲地投票，在这样的体制中，多金的利益集团很容易通过忽悠来拉选票，他们针对不负责任、不动脑筋的选民，编造抢眼球的低智蛊惑信息，使有利于小集团、却有害于社会的政策能够堂而皇之地获得多数选票。不负责任的选举造成了"小集团强势化""政治低智化"，导致了体制的自毁。这种现象不仅出现在新兴的民主国家中，而且在老牌发达民主国家中也表现突出。譬如美国的医疗改革，在近年来的美国选举中，医疗改革是一个重要的议题，但是由于医疗保险制度涉及许多复杂的、专业的问题，多数选民没有花费时间精力去了解这些问题，选举也没有要求选民理解之后才能投票，因此医疗

第十二章 理论梳理：对自由、民主、市场的反思

保险公司利用了选民不了解情况的弱点，作出蛊惑人心的误导广告，使选民把票投给有利于保险公司的候选人，结果是保险公司在国会通过了对其有利的法案，使美国的医疗费用不断高涨，而健康效果却劣于绝大多数发达国家，甚至比一些发展中国家还要差（参阅第五章）。西方民主制以选举为中心，而选举又是"只有权利没有责任"的，这使得低素质的选举活动主宰了政治，大家围着选票转，无暇顾及治理和执行力，而治理和执行力对国家社会的发展是具有极重要影响的，无暇顾及的结果是社会混乱衰败，委内瑞拉是鲜明的案例（参阅第六章）。

在第三个误区中，民主理论主张的"多数决"导致了高优者被平庸者排斥。民主多数制规则形成了趋中化的"自弱机制"，虽然民主制可以防止智力和道德低下的低端者当政，但也妨碍了优秀的高端者当选，因为大多数人的智力水平是趋中的，不能理解高端，倾向于认同趋中者。趋中制国家在国际上和趋强制国家竞争，将处于劣势。在关于叙利亚的外交决策中（参阅第三章），美国自我决策的错误导致的自伤自弱表现得非常清楚，美国并非没有智者的外交政策高见，只是在美国的民主制中，趋中化是其结构性的决策机制缺陷，决策总是拒绝智者的高见，而倾向于平庸的趋中意见，再加上利益集团的游说和蛊惑，使大部分民意往往被误导，造成政府决策有利于小集团，有损于国家社会的长远利益。在苏联解体的冷战结束之初，美国的世界实力曾处于不可一世的高点，但30年来却不断地下降，如此下降并非外力攻击所致，而是由不断的自我决策错误造成，是其体制趋中化的自弱结果。

优主政治的五大原则

要想走出民主制的逻辑误区，可以考虑两条出路。一条是体制内的改

革,保留民主选举制,设法解决选民责任等问题。另一条是体制外的创新,摆脱民主选举制,探索趋强化的优主政治体制。所谓"优主",就是要超越趋中化,通过择优,让高智慧和高道德的优贤者形成执政集团。优主政治不强调固定的、普世的程序,主张不同的国家应该创造适合自己国情的程序。优主政治不是程序取向,而是原则取向和结果取向。所谓结果就是要取得社会长远利益的优化,所谓原则就是构建优主集团时需要遵循的方向性宗旨。构建优主集团的方向性宗旨有五大原则:(1)保持大门开放,(2)设置择优门槛,(3)内部反腐优化,(4)组织结构趋优,(5)与大众保持密切联系。

在缅甸的道路那章中(参阅第十章),通过对比缅甸和新加坡的治理体制,笔者对优主政治的五大原则进行过具体探讨,描述了五大原则在这两个国家的不同实践,以及不同结果。为什么五大原则对构建优主集团如此重要呢?

第一条的"大门开放"原则,是保证优主集团能够不排斥优秀人才,能够使广大的优贤人士进入其中。优主执政集团的大门应该向所有人开放,不应该设置除了"贤能(德智皆优)"之外的任何其他准入条件。执政集团大门不开放会使执政集团缺乏多元化的、高素质的人才,也会造成社会大众的不公平感。

第二条的"择优门槛"原则,是保证进入优主集团的人是真正的优者。虽然优主执政集团的大门应该开放,但是必须有"择优"的门槛,只有优贤者才能够进入。所谓优贤,是以"为社会长远利益服务的能力和道德"的水平为准,而不是以"为个人利益服务的能力"为准。择优门槛是保证优贤集团能够维持高水平的关键,必须有择优的机制,才能使执政集团在素质方面立于社会的高端。

第三条的"内部优化"原则,是保证优主集团不出现腐化蜕化。执

第十二章 理论梳理：对自由、民主、市场的反思

政集团内部需要有继续自我优化的机制，择优门槛把高素质优贤人才网罗进来，但如果这些人进入优主集团后就不再思进取，便会逐渐退化为非优者，因此必须有保持优贤、继续优化的机制。自我继续优化应该特别注重两个方面，一是要加强学习和历练以便在能力方面继续表现优越，二是要加强道德方面的纪律检查，使优者不能在道德方面蜕化。道德的下滑往往会比能力的降低更容易引起大众的反感，这种反感会败坏优贤集团执政的社会共识，从根本上颠覆优主集团执政的正当性、合法性。

第四条的"结构趋优"原则，是为了使优主集团具有更优化的集体执政能力。第三条的"内部优化"原则针对的是优主集团内的个人，强调保持成员个人的优贤，而此条的"结构优化"原则针对的是优主集团的结构，强调的是集团结构的优化。执政集团内部的组织机构要形成结构优化的趋优化机制，选拔优贤水平相对高的优者，任职相对重要的位置；选拔能力适合于某岗位的优者，担任此岗位的工作……通过这样的选拔形成的集团结构，可以具有结构优化的特点，使优主集团具有更优越的团队执政能力。同时优主集团内部还要有机制防止高端出现个人独裁的情况，以免独裁带来的恶果。

第五条的"联系群众"原则，是防止优主集团脱离大众。优主集团中的优贤精英要和社会中的非精英保持密切联系，精英如果脱离大众，将不能全面了解社会，同时也会失去社会大众的支持。优者精英和社会大众联系密切，一是可以接地气，了解下面的情况，改进自己的认知，二是可以向下面传播自己的理念，把高素质的意见传播开来，以便提高群体的素质。

这五大原则表达的是方向，而不是具体的程序。这正是优主政治与民主政治的不同之处，西方的民主理论用具体程序来定义民主，把一人一票的选举程序视为民主的核心，如果一个政府不是通过一人一票选举产生

的，即使其执政结果是为人民的，也不能被定义为"民主"。优主政治不用程序来定义，五大原则是优主集团进行构建时的方向性宗旨，实行五大原则的具体程序各国要根据国情来制定，制定出来的程序是否能够实现优主，要通过实践结果来检验。如果按其程序构建的执政集团能够带来"社会长远利益优化"的结果，这个执政集团就是优主集团，实行的政治就可以被称为优主政治。如果这套程序被另一个国家采用，但因国情不同带来的结果并不是"社会长远利益优化"，那么这个国家的执政集团就不能被称为优主集团，其政治也不能被称为优主政治。优主政治要达到的结果是"社会长远利益的优化"，优主政治是要根据结果来定义，而不是根据程序。

自由的二重性

可以预见，优主政治将遭到自由主义的强烈批评，尤其是会批评优主政治忽视个人自由。自启蒙运动以来，自由主义坚信"人生而自由"，自由是个人不可剥夺的权利，这是自由主义的核心理念。但是对于这个核心理念，自由主义却是既没有进行实证检验，也没有正视人对自由有二重性的要求。

不过，在西方国家实践了自由民主制度之后，由于暴露了很多实际问题，西方的一些思想家对二重性的问题有所反思。譬如法兰克福学派的心理学家弗洛姆[①]认识到，人既向往自由，又逃避自由。他在《逃避自由》一书中描述了人的逃避自由的倾向，人和世界原本有着原始纽带的联系，这既表现在儿童和父母的关系上，也表现在传统社会中个人和社会的关系

[①] E. 弗洛姆（Erich Fromm, 1900—1980），德裔美国心理学家、哲学家。

第十二章 理论梳理：对自由、民主、市场的反思

上。在原始纽带主宰的群体中，个人的自由受到束缚，被束缚的个人在群体中有稳定的位置，因而有归属感和安全感。随着个人的成长和社会的现代化，原始纽带被割裂了，人挣脱了束缚，人得到了自由。但是，在这个自由的新天地中，人却陷入了孤独和迷惘，失去了原始纽带的维系和支撑，人感到无力无助、不安焦虑。为了摆脱这种焦虑，很多人会逃避自由，让自己再次绑上有归属感和安全感的束缚纽带。越南在自由主义的"革新"之后，出现了很多怀旧表现，就是"逃避自由"的例子（参阅第九章），"逃避自由"的心理倾向和人对自由的二重性心理，反映在心理学"依附理论"的研究中。依附理论深入分析了人的依附行为，指出"依附"是一种人际间稳固的情感关系，它不同于"合伙做生意"等基于物质功利的人际关系，它是基于情感的关系，人从中得到的是心理上的安全、归属和幸福的感觉，如果失去依附，人会感到痛苦焦虑。依附是一种不自由，但人天生本能地需要这种不自由，因为依附能够在心理上给人提供一个安全的、可以归属的"家"。这个心理上的家，对个人的成长和群体的发展都有重要意义。

"逃避自由""依附群体"的现象被许多学者在不同的学科、以不同的形式探讨过，他们构建了一些极具启示意义的理论和概念。譬如政治哲学中的"社群主义"，① 他们批评自由主义把个人原子化和抽象化，割裂了个人与社群的依附纽带。他们认为个人的自我是植根于社群的，自我构成的要素是由社群的历史文化传统以及诸多的社群属性所提供的。个人自我身份的认同和发现，是要通过在社群中的实践经验，通过和其他社群成员的互动及反省，通过体验和认识自我和社群的构成性关系来实现的。

启蒙运动的"自由"概念是"个人自由"的概念，表达了人"向往

---

① 关于社群主义的观点可参阅 C. 泰勒（Charles Taylor）、M. 桑德尔（Michael Sandel）等人的著作。

自由"的心理,但是忽略了人"逃避自由"的心理。这种自由的概念没有认识到人对自由的二重性心理,否认了人的"逃避自由""依附群体"的心理本能。虽然300多年来,这种片面的个人自由概念被不断地宣扬,但却不能改变人的二重性心理本能。"逃避自由""依附群体"的心理始终存在着,一直在影响着人的行为。

个人自由与人类自由

在西方自由主义的理论中,支撑其理论体系的核心观念是"人生而自由",这个观念是被表述为客观存在的事实,但对这个"事实"却没有进行实证检验。

自由主义鼻祖洛克表述了"人生而自由":上帝创造了人类,上帝造出的人是自由的,这是自然状态,因此自由是人的自然权利,这种自然权利是生而具有的,是不可剥夺的。[①]"上帝造人""自由是自然状态",都是没有经过实证检验的命题,洛克只是通过逻辑推衍,导出了"人生而自由"的结论。

人真的是生而自由的吗?进行实证检验后可以看到,人和很多动物相比,表现出相对的"生而不自由",人出生之后在行动和饮食方面都不能自理,都没有自由,而很多动物出生后的行动自由和饮食自由就要比人类的婴儿强得多,鱼从卵中孵化出来就能自由地游泳觅食,哺乳动物虽然需要依赖母乳,但牛犊马驹在哺乳期已经能够自由行走。除了和动物相比所表现出来的行动和饮食的不自由,人还在其他方面展现了"生而不自由"的特性。

---

① 洛克(John Locke,1632—1704),英国哲学家。关于"人生而自由"的论证,参看他的《政府论》。

第十二章　理论梳理：对自由、民主、市场的反思

第一是生存的不自由。人不仅在婴儿时期不能生存自理，就是成长后能够生活自理了，还要经受为了生存而参与社会劳动工作所引来的一系列不自由。尤其在生产力发达的复杂社会，人不能像在农业社会那样相对独立地工作劳动，人必须接受许多"不自由"的束缚。在现代发达的社会中，人需要接受教育训练才能参与工作，人的生存水平是与教育程度紧密挂钩的，越高的教育能够带来越高的收入和越高的生存水平。而根据福柯的理论，现代学校是权力实行思想控制的工具，教育可以使人变得更加正常化、标准化。人只有被正常化、标准化了，才能在社会上找到正常、标准的工作，才能在社会中生存。这种生存，并非是真正的自由生存，而是丧失了自由的正常化、标准化的生存。不过，正常化和标准化也使社会能够正常、标准地运作，为社会的整体发展提供了机会。

第二是发展的不自由。这种不自由突出地表现在人格发展方面。幼年是人最不自由的时期，但幼年又是人格形成的极重要阶段。发展心理学的许多研究证实了幼年经验在塑造人格方面的巨大作用。从学习的角度来看，幼年和青年时期是人的重要学习阶段，此时期人的学习能力有如下特点：记忆力强，但理解力并非很强。记忆力强而理解力不强的学习能力，使人能够高效率地模仿别人的行为，而不花费时间进行独立自由的理解。人的高效模仿关键期，恰恰是在最受他人控制摆布的年龄、是最不自由的时段。在这个关键期，人不可能完全自由地发展自己的人格，而是要去模仿社会和家庭认可的习俗行为、不自由地塑造自己的人格。这个生存不自由期与学习模仿关键期的重合，从生理心理结构上决定了人格行为发展的不自由。不过，这种生理心理结构虽然使个人不自由，却给社会增加了教化的力量，使群体能更有效率地教化出被社会、文化、传统认可的成员来。

第三是语言的不自由。人可以有言论自由，但没有语言自由。人很难

自由创造语言，绝大多数人只能使用已经存在的语言。语言人类学提出了语言相对性原理，认为不同的语言中所包含的文化概念和分类形式会影响人对现实世界的认知，人会因语言差异而产生思考方式和行为方式的不同。譬如在社会关系的概念方面，熟悉中英文的人都知道，中文有伯伯、叔叔、舅舅、姑父、姨夫等称谓，而英文只有 uncle 一词。中文的细致分类反映了中国传统的亲属礼教关系，使用这些细致分类的称谓，可以使人形成不同的亲属类别的概念，认同与此相关的礼教。传统礼教通过语言潜移默化人的行为，语言扮演了无形规范者的重要角色。语言使人套上了无形的枷锁，人想要表达自己的思想，不得不使用群体的语言词汇，但这些语言词汇都负载着群体的文化结构，只要使用一种语言，人就会身不由己地套上这个语言的结构枷锁。不过，当人套上了负载着文化结构的语言枷锁之时，却也得到了群体文化积累的知识遗产。通过语言，人可以轻易地学习前人积累的知识经验，而不必自己再从头摸索。语言的出现是人类进化的一大飞跃，给人套上了枷锁，也给人插上了翅膀。

第四是思想的不自由。当语言给人套上枷锁的时候，也给思想缚上了锁链，因为思想和语言是不可分割的。语言负载的结构、意识、概念等等，都会通过这条锁链引导思维、影响思想。当然，这锁链并非是刚性的，它不会像刚性的铸模，把人的思想都铸得一丝不差。这是一条弹性的锁链，人可以有一定的自由空间，但同时也要受到社会的影响，受到外在观念的引导。在弹性锁链的束缚下，思想既有自由的一面，也有不自由的一面。社会的影响诱导并不能硬性规定人的思想，它只是撒开了一张软性的、弹性的罗网，人的思路可以在其间游动，这是一种不自由的自由。但西方的"人生而自由"观念却完全没有表达出这不自由的一面，而是片面夸大了自由的一面。

行动的不自由，饮食的不自由，生存的不自由，发展的不自由，语言

第十二章 理论梳理：对自由、民主、市场的反思

的不自由，思想的不自由……这些都是人"生而"面临的不自由。虽然，人对这些不自由已经习以为常，而且其中的一些不自由还给人类的发展带来了好处，但是不可否认，这些实证事例都显示了一个千真万确的客观事实：人生而不自由。

在看到"人生而不自由"的事实的同时，却也能看到另一个与之相反却又相关的事实——"人类生而自由"。前面讲到的那些不自由，是从个人自由的角度来分析的，若从人类自由的角度来审视，就可以看到一幅全然不同的图景。人类不仅比动物有更多的自由，而且随着人类社会的发展，人类在各个方面都获得了越来越大的自由。

在行动方面，人类创造了各种交通工具，不断突破速度的限制，不断挺进未知的空间。在饮食方面，人类农业生产技术的进步，给人以食物的安全保障；营养科技创造了更有益于健康的食品，提供了更有益于发展的自由机会。

在生存方面，生产和科技的进步大大改善了人类的全面生存能力，使人可以战胜自然灾害、瘟疫疾病等对生存自由的制约，给人类带来更大的生存自由。

在语言方面，人类不断地丰富自己的语言，创造了数学语言、音乐语言、电脑语言等等，这些语言赋予人更多的表达能力、分析能力，使人能够自由地进入新的精神领域和知识疆界。

在发展方面，人类获得的自由更是空前。生物的发展受自然选择的控制，人类的发展也曾在自然选择的控制之下。但人类早就懂得驯化动植物，进行人工选择，如今人类破解了基因的密码，自然选择的禁锢就出现了更大的裂痕。人类冲破了自然选择的专制独裁，使发展有了更大的自由。

"个人自由"和"人类自由"（群体自由）之间有着复杂的关系。发

挥个人自由，可以增加创新动力，使群体的人类自由受益；但放纵个人自由，也可能增加社会动乱，使群体的人类自由受损。对个人自由进行纪律管束，可以使集体行动更为有序，使需要集体合作才能创造的产品更有效地生产出来，使人类自由增加；但对个人自由过度束缚制约，又会使个人的创造力被压抑，减弱社会革新改进的力量，损害人类自由。当一个社会过度禁锢个人自由，会使社会丧失发明创新的动力；但当一个国家过度纵容个人自由，会销蚀国家的凝聚力，削弱群体的人类自由，使社会的长远利益受损。

人类的进化就是要在这矛盾的两极中寻找一个最佳的平衡点。不同的国家、不同的社会，在其发展道路上形成了不同的平衡点，有的较佳，有的较差，在全球化的生存竞争中，它们会显现出各自的优势和劣势。

优主政治着眼于社会的长远利益，因此更为重视人类自由，而不是偏颇地把个人自由视为核心目标，优主政治要达到的目标是优化社会的长远利益。为了达到这个目标，优主政治需要恰当适度地处理个人自由，既不能放纵，也不能禁锢，要选择合适的平衡点，使个人自由能够为人类自由服务，为优化社会的长远利益做出最佳贡献。

温饱满足前后的市场质变

要想优化社会的长远利益，需要解决的一个重要问题是资源配置。如何配置资源才能够优化社会的长远利益呢？这个问题可以从两个方面来分析，一是如何确定什么是社会的长远利益？二是如何使得资源配置能够高效率地实现这个社会长远利益目标？

启蒙运动思想家亚当·斯密对这两个问题的答案是：市场。他认为，个人在市场上的逐利行为会"受一只无形之手的指导……往往他们追求自己的利益,能够达到促进社会利益的目的,而且比他们有意追求社会利益时更有效率"。①

这个无形之手能使社会资源合理配置的理念,成为自由主义经济学理论的核心观念。其逻辑是人是理性的,知道购买什么东西才能够满足自己的利益,人会根据自己的利益需要在市场上发出消费需求的购买信号,当某种商品的消费需求增大,该商品的价格也会增高,生产该商品的利润就会增加,追逐自我利益的理性会使生产者把更多的资源投入该商品的生产;当该商品的供给增加之后,其价格会降低,利润会减少,生产者也会逐渐减少对该商品的投入,转而把资源投入其他需求大、价格高、利润多的商品。如此基于个人追逐利益的理性而形成的资源配置,正是无形之手通过市场的价格机制所造就的,最终使消费者得到了想消费的东西,使生产者得到了想获取的利润,是社会资源的高效合理配置。满足了消费者和生产者的个人利益,也满足了社会利益。

在这个理论叙述中,关于市场配置资源所涉及的"利益"没有作"时间性"的说明,无论是消费者的利益,生产者的利益,还是社会的利益,都没有明确地说明是现时利益,还是未来利益。不过可以谅解的是,由于已经假设人是理性的,消费者和生产者都是理性人,都是理性地追逐自己的利益,其追逐应该是会理性地兼顾现时和未来,因此,所述的"利益"也就不需要细分为现时利益和未来利益,就可以统而称之。

这种统而称之的叙述以及对人理性的肯定,在分析某些产品时是基本没有问题的,尤其是温饱满足之前的、与温饱相关的产品。因为温饱相关产品是要满足人的现时温饱利益,而人只有满足了温饱,才能生存,才能有未来的发展,才能有未来利益的满足,所以在消费和生产这类产品时,

---

① Adam Smith, *Wealth of Nations*, ed. Kathryn Sutherland, Oxford: Oxford University Press, 1998, p. 292.

现时利益和未来利益基本是统一的、兼顾的，不必细分。而且，在温饱满足之前，人是必须把大部分收入用于温饱产品的，无论人的理性程度如何，绝大多数人都会首先顾及温饱。

但是，这种温饱相关产品所表现出的统一性、兼顾性，在其他的许多产品和服务方面，就未必如此，譬如"教育"，接受教育往往需要寒窗苦读，是一件现时利益要减损的事情，但未来利益却会增加；又譬如"抽烟"，享受了现时利益，却损害了未来利益。

由于温饱相关产品具有的现时利益和未来利益的统一性、兼顾性，当人们消费的大部分产品是这类温饱产品时，他们发出的市场消费信号会使市场的无形之手把资源配置到生产这些产品的地方，如此的资源配置，既有利于现时利益，也有利于未来利益，是合理的资源配置。在亚当·斯密提出无形之手概念后的很长时期内，社会中大部分人的消费是以温饱产品为主，直到20世纪这种情况才有所改变。譬如在1900年至1910年期间，美国家庭的食品支出在总支出中的比例是在40%—45%之间，到了1920年代，下降为30%或以下。[①]

当经济发展之后，社会逐渐从贫困变得丰裕，大多数人的温饱逐渐得到了满足，此时生活必需品的消费也逐渐成为总消费中的小部分，非生活必需品的消费成为总消费中的大部分。非生活必需品的消费对未来发展的影响是相当复杂的，有的有利，有的无利，有的甚至有害。譬如教育的消费是对未来发展有利的，买奢侈品的消费对未来发展就未必有利，消费对健康有害的产品、对环境有高污染的产品则对未来发展是有害的。以生活必需品为主的消费结构，一般来说会对未来发展有利。而以非生活必需品为主的消费结构对未来发展的影响则需要做进一步的分析，如果其中对未

---

① 此处的食品消费包括烟酒，参阅 Stanley Lebergott, *Consumption Expenditures*: *New Measures and Old Motives*, Princeton: Princeton University Press, 1996。

第十二章 理论梳理：对自由、民主、市场的反思

来发展有害的成分很大，就会对未来发展不利；如果其中对未来发展有利的成分很大，就会对未来发展有利。当市场中的消费结构，从以生活必需品为主转变为以非生活必需品为主之后，无形之手的性质会发生变化。之前的无形之手可以把资源配置得对未来发展有利，之后的无形之手就未必能够保持这种效力了。

温饱后的六个"幸福行业"

在温饱满足之后的时代，在以非生活必需品为主的消费结构中，如何配置资源才能够有利于优化社会的长远利益呢？要回答这个问题，可以从生存和发展两个角度来分析，因为生存和发展是社会长远利益要面对的最基本问题，如何才能更好地克服生存的障碍？如何才能更好地克服发展的障碍？当影响生存和发展的障碍被克服了，社会的长远利益才能够有所保障。

把资源配置给什么行业才能更好地克服生存障碍呢？在温饱满足之后，人类面临的生存障碍主要有三个。第一个是疾病，它直接威胁着人类的生存；第二个是环境污染和资源耗竭，这是对人类生存可持续性的威胁；第三个是外族外国的入侵，这是对一个社会、一个国家的整体生存的颠覆。因此，如何保持健康，如何保护环境，如何防御侵略，是温饱后迫切需要解决的三个克服生存障碍的问题。市场是否能够合理高效地把资源配置给解决这三大问题的行业呢？

解决疾病健康问题需要医疗行业，解决环境资源问题需要环保行业，解决外敌入侵问题需要国防行业。这是三个非常特殊的行业，市场配置资源往往出现失灵。医疗行业的特殊性在第七章讨论古巴的医疗体制时做过分析，其特殊性造成的市场失灵在美国和其他国家都有大量的例子。环保

行业的特殊性主要表现在"外部性"方面，环保受益者是整个社会，而负担成本的却是个人，这就使得很多个人不愿意付出成本，只愿意"搭便车"。国防行业的外部性也很强烈，同时国防对规模要求很高，市场难以供给。因此，在为医疗、环保、国防行业配置资源的时候，市场往往是失灵的。

除了要克服生存方面的障碍，保障社会长远利益还必须克服发展方面的障碍。应对发展方面的障碍，需要的是另外三大类的产品和服务，一是教育，二是科研，三是基建。在提供这三类产品和服务的时候，市场的表现相当复杂。一方面市场可以提供一些优质的产品和服务，但另一方面却也表现出局限性。从很多国家的实践中可以看到，配置资源给这三个行业，政府扮演着重要角色。

温饱满足之后，人们向往着更加幸福美好的生活，这六个行业可以说是关系美好生活的"幸福行业"，是实现社会群体长远利益优化的关键性"刀刃行业"。如何为这六个行业高效率地进行资源配置，是对配置者的考验，考验其智慧理性。市场表现失灵，需要政府扮演重要角色，但政府也可能失灵，具有智慧理性的政府才能够减少失灵。

在为社会长远利益配置资源方面，市场的失灵与消费者和生产者的理性觉悟相关，如果一个国家的消费者具有高度的理性觉悟，能够持续发出有利于社会未来发展的消费信号；如果一个国家的生产者具有高度的理性觉悟，能够认真实践企业社会责任，那么这个国家的市场就会少一些失灵。消费者与生产者的理性觉悟程度，各国有所差异，既源于不同的国情，也源于各国选择的培育理性觉悟的举措。

政府的失灵与政府中的决策者的理性觉悟相关。优主政治强调构建高智慧和高道德的优贤者组成的执政集团，这样的执政集团领导的政府，能够具有智慧理性，因此可以在资源配置方面减少失灵，使社会的长远利益得以优化。智慧理性的政府可以根据国情来进行资源配置，选择能够优化社会长远利益的发展道路，如此的道路选择能够使整个社会获得可持续的美好生活。

在走向现代化的历史进程中，西方的自由、民主、市场理论发挥了巨大的影响力，被广为传播，成为现代化道路选择的指南。在各国使用这个指南的时候，曾经相信可以根据指南抵达历史终结的现代化美好境地，但是却遭遇了很多问题。因此，这个指南正被重新审视。本书通过十几个国家的道路选择实践，展现了这些问题。本章从理论的角度对自由、民主、市场进行了分析，指出民主理论的误区、自由理论的误导、市场理论的缺陷，并提出了优主政治、人类自由、市场在温饱后的质变等新理念。希望人类在继续现代化的道路上，可以有更多样化的思考，有更丰富的参考借鉴。此章所做的是理论概述，不是全面的理论表达，更为深入全面的分析阐释，笔者在另外的理论专著中作论述。

要 点 大 纲

本章对自由、民主、市场这三个西方理论的核心理念进行的反思，以及提出的相关新理念，可以概括总结为下述要点大纲。此大纲从讨论自由展开，继而分析民主，最后探讨市场。

- "人生而自由"是西方自由主义的基石，但这一论断缺乏理性论证。
- 理性分析和实践检验显示，人是生而不自由的。而且，心理学的实证研究指出，人虽有"要自由"的心理需求，但同时也有"要依附"的"逃避自由"的心理需求。
- 虽然个人是不自由的，但"人类"却有很大的自由，人类创造的生产力使人类在生存发展方面获得了极大的自由。

- 人类自由的增长可以扩大个人自由,但是需要以牺牲一定程度的个人自由为代价;个人自由的创新力和个人不自由的向心凝聚力,是增加人类自由的两个不可或缺的要素。二者需要平衡。
- 有利于人类社会发展的优良政治体制是在个人自由和人类自由之间形成优良平衡点。什么政治体制能够有利于形成这样的平衡点?什么政治体制是优良的呢?
- 西方民主理论认为民主制度是优良政治体制,但民主制在实践中出现了许多问题,这些问题折射出民主理论中的三个逻辑误区。

误区一:人民的群体本位性与个人权利的个体本位性之间的概念矛盾。这个逻辑矛盾导致不同意见的个人以"人民"之名合法恶斗。

误区二:不负责任的权利导致自毁机制。有选举权利却没有选举责任的制约,使不负责任的人参与主导社会长远利益的决策,如同允许无照驾驶,导致自毁事故。

误区三:普选的趋中化效应造成自弱机制。民主多数决使得中等水平占上风,因为大多数人不能理解最高超的见解,倾向于认同趋中者。在国际竞争中,趋中制弱于趋强制,将导致国家趋弱。

- 走出民主误区的两种选择:(1)体制内的民主选举制度改革;(2)体制外的优主政治探索。
- "优主"的核心问题是选拔超越"趋中"的"优者",构建优贤者的优主集团,由优者执政,形成趋强制。
- 优主政治遵循五大原则:(1)保持大门开放,(2)设置择优门槛,(3)内部反腐优化,(4)组织结构趋优,(5)与大众保持密切联系。
- 优主政治不是程序取向,而是原则取向和结果取向。不同的国家根据原则创造适合自己的程序，并在发展中不断优化自己的程序，以便实现"优化社会长远利益"的结果。

- 优良的政治体制必须考虑：如何配置社会资源才能更有利于优化社会长远利益？
- 经济自由主义认为市场能够最高效地进行有利于社会发展的资源配置，并以市场经济在资本主义崛起发展过程中的成功为证。这种观点忽略了一个对资源配置有着巨大影响的因素——温饱满足，因而无法看清市场无形之手在温饱满足前后发生的质变。
- 这种市场观念忽视了利益的时间性，市场配置资源追求现时利益、忽略未来利益。在温饱满足前，由于温饱产品的现时利益和未来利益基本一致，市场配置资源可以表现得合理，但在温饱满足后，市场配置资源对未来利益的影响就非常复杂。
- 温饱满足后，妨碍人类自由的主要障碍是：疾病、环境、国家安全。要克服这些障碍，需要把资源配置给医疗、环保、国防、教育、科研、基建六大行业。
- 优主政治利用体制优势，可以更合理有效地把资源配置给这些行业，使温饱后的资源配置更加有利于未来发展，更加有利于社会的长远利益优化，更加能够实现幸福美好生活。

图书在版编目（CIP）数据

优主治国/尹伊文著. —北京：北京大学出版社，2021.1
ISBN 978-7-301-31763-1

Ⅰ. ①优⋯　Ⅱ. ①尹⋯　Ⅲ. ①社会发展—研究—世界　Ⅳ. ①D569

中国版本图书馆 CIP 数据核字（2020）第 199402 号

书　　　名	优主治国
	YOUZHU ZHIGUO
著作责任者	尹伊文　著
责 任 编 辑	王立刚
标 准 书 号	ISBN 978-7-301-31763-1
出 版 发 行	北京大学出版社
地　　　址	北京市海淀区成府路 205 号　100871
网　　　址	http://www.pup.cn　新浪微博：@北京大学出版社
电 子 信 箱	pkuwsz@126.com
电　　　话	邮购部 010-62752015　发行部 010-62750672
	编辑部 010-62755217
印 刷 者	北京中科印刷有限公司
经 销 者	新华书店
	880 毫米×1230 毫米　A5　14.25 印张　365 千字
	2021 年 1 月第 1 版　2022 年 11 月第 3 次印刷
定　　　价	58.00 元

未经许可，不得以任何方式复制或抄袭本书之部分或全部内容。
版权所有，侵权必究
举报电话：010-62752024　电子信箱：fd@pup.pku.edu.cn
图书如有印装质量问题，请与出版部联系，电话：010-62756370